I0881757

Die Entwickelung der deutschen Invaliden-Versicherung

Eine volkswirtschaftlich-statistische Untersuchung

von

Dr. Oswald Keiner
Beamter der k. b. Versicherungskammer

München 1904
J. Schweitzer Verlag (Arthur Sellier).

J. Schweitzer Verlag (Arthur Sellier) München

Annalen des Deutschen Reichs

für Gesetzgebung, Verwaltung und Volkswirtschaft

Rechts- u. staatswissenschaftliche Zeitschrift u. Materialiensammlung

Begründet von **Dr. Georg Hirth** und **Dr. Max von Seydel**

Herausgegeben von

Dr. Karl Theodor Eheberg und **Dr. Anton Dyroff.**

Die „Annalen" erscheinen monatlich und kosten halbjährlich (6 Nummern) Mk. 8.—. **Abonnements** bei allen Buchhandlungen und Postanstalten des In- und Auslandes, sowie direkt durch die Verlagsbuchhandlung.

Die „Annalen" bringen als rechts- und staatswissenschaftliche Zeitschrift allgemeineren Charakters eine grosse Anzahl von Abhandlungen und Artikeln aus weiten Gebieten der **Finanz-** und **Volkswirtschaft, Gesetzgebung** und **Verwaltung.**

Urteile:

Regierungsrat Dr. Eger, Berlin in **Eisenbahnrechtl. Entscheidungen, XVIII, H. 1:**
. . . Die vorliegenden Hefte beweisen, dass es den neuen tatkräftigen Herausgebern und dem rührigen Verlage nicht nur gelungen ist, die hervorragende Zeitschrift auf ihrer bisherigen Höhe zu erhalten, sondern in vorzüglicher Weise ihr Ansehen zu steigern. Die Annalen sind eine Zeitschrift ersten Ranges, welche ihre wichtige Aufgabe . . . in glänzender und vornehmer Weise erfüllt.

Badische Rechtspraxis Nr. 4 vom 15. Februar 1902:
. . . An Vielseitigkeit und Aktualität des Inhalts werden die „Annalen des Deutschen Reichs" von keiner verwandten Zeitschrift übertroffen.

Frankfurter Börsen- und Handelszeitung Nr. 25 vom 23. März 1902:
. . . Wir brauchen wohl nicht mehr darauf hinzuweisen, dass die „Annalen", welche von jeher eine ehrenvolle Stellung in der Literatur behaupteten, unter ihrer neuen Redaktion erhöhte Bedeutung gewonnen haben.

Das systematische Gesamtregister

über die Jahrgänge 1868—1902 gibt einen Einblick in den ungeheuren Reichtum der „Annalen" an Abhandlungen aus weiten Gebieten der Rechts- und Staatswissenschaften, der Finanz- und Volkswirtschaft, des Verkehrs- und Eisenbahnwesens, der gesamten Versicherungswissenschaft etc. etc., dessen Grösse und Bedeutsamkeit noch lange nicht in genügendem Masse bekannt ist und gewürdigt wird. Jedem Interessenten steht es **postfrei** und **kostenlos** zur Verfügung.

Den Abonnenten der „Annalen" werden regelmässig die von juristischen Autoritäten als zuverlässiger Ratgeber anerkannten

Literarischen Mitteilungen

der Annalen des Deutschen Reichs

Monatsbericht über Neuerscheinungen auf dem Gebiete der

Rechts- und Staatswissenschaften

Unter ständiger Mitarbeiterschaft von

Prof. **Dr. Ernst Jaeger** in Würzburg und Prof. **Dr. Ph. Allfeld** in Erlangen,

herausgegeben von

Prof. **Dr. K. Th. Eheberg** in Erlangen und Prof. **Dr. A. Dyroff** in München

kostenlos geliefert.

Die
Entwickelung der deutschen
Invaliden-Versicherung

Eine volkswirtschaftlich-statistische Untersuchung

von

Dr. Oswald Keiner
Beamter der k. b. Versicherungskammer

München
J. Schweitzer Verlag (Arthur Sellier)
1904.

Vorwort.

Wenn ich es als junger Nationalökonom wage, mit der Behandlung einer so schwierigen Frage, wie es die staatliche Versicherung gegen Alter und Invalidität ist, in die Oeffentlichkeit zu treten, so bewog mich dazu einmal das rege Interesse, das ich für die Entwickelung und Ausgestaltung unserer sozialen Gesetzgebung im allgemeinen hege und zum anderen das Bewußtsein, daß man, um zu klarer Erkenntnis der Bedeutung dieser Gesetzgebung bezw. eines Zweiges derselben zu gelangen, vor allem — wie überall in der Wirtschaftswissenschaft, so auch hier — dies nur auf empirischem Wege erreichen könne.

Aus diesem Bewußtsein heraus versuchte ich durch eingehendes Quellenstudium ein entwickelungsgeschichtliches Bild von der Deutschen J.V.-Gesetzgebung zu schaffen und zu zeigen, aus welchen Erwägungen heraus das bestehende Invalidenversicherungsgesetz zustande kam, welche Wirkungen ihm auf Grund wirtschaftlicher und sozialer Erscheinungen zukommen und welche praktischen Ergebnisse dasselbe bis jetzt geliefert hat und endlich, welche Reformen und warum diese ihm noch fehlen.

Dabei mußte ich, durch Zeitmangel und durch persönliche Verhältnisse gezwungen, es mir leider versagen, die betreffende Gesetzgebung der außerdeutschen Länder zum Vergleich heranzuziehen und konnte auch bei Betrachtung der deutschen Entwickelung auf die Einzelheiten nicht so eingehen, wie ich es anfänglich beabsichtigt hatte; ich habe aber diese meine Absicht nur aufgeschoben nicht aufgehoben.

Dieser Vorwurf, den ich mir machen muß, trifft besonders den letzten Teil des Buches, der die Wirkungen der J.V. behandelt. Jedoch dient mir als Entschuldigungsgrund die Erwägung, daß ich bei der Kürze der Zeitdauer, während welcher das Gesetz in Kraft ist, jetzt den Zeitpunkt noch nicht für gekommen erachte, an dem man ein in jeder Hinsicht völlig ungetrübtes, in sich abgeschlossenes Bild der Wirkungen der deutschen J.V. entwerfen könnte, daß man vielmehr auch jetzt noch vielfach auf Vermutungen und auf wissenschaftlich zwar richtige Folgerungen angewiesen ist, denen aber völlig untrügliche Belege aus der Wirklichkeit nicht selten fehlen.

Gleichwohl hoffe ich einerseits mit dem Buche einen kleinen Beitrag zur wissenschaftlichen Lösung der dem Gesetze noch anhaftenden Mängel gegeben und einen brauchbaren Weg zu weiterem Studium der Frage der allgemeinen Volksversicherung gegen Alter und Invalidität angedeutet zu haben; andererseits gewährt es mir eine innere Befriedigung, daß das Resultat meiner Untersuchung einen großen Teil der Angriffe zurückweisen konnte, die ungerechtfertigter Weise gegen diesen Teil unserer Sozialpolitik erhoben wurden und noch werden.

Die Anregung zu vorliegender wissenschaftlicher Arbeit, die von der staatswirtschaftlichen Fakultät der Universität zu München als Dissertationsschrift anerkannt wurde, verdanke ich meinem verehrten Lehrer, Herrn Unterstaatssekretär z. D. Prof. Dr. G. v. Mayr, der mich, besonders in formaler Hinsicht, während meiner Angehörigkeit zum statistischen Seminar der genannten Universität als Leiter desselben bei Abfassung der Arbeit freundlichst unterstützt hat.

München, den 1. Januar 1904.

Der Verfasser.

Inhaltsverzeichnis.

Seite

Erster Abschnitt.

Die Entwickelung der Invalidenversicherungsgesetzgebung.

Zweiter Abschnitt.

Die Ergebnisse der Invalidenversicherungsgesetzgebung.

Quellenangabe.

I. Amtliche Berichte.

A. N. d. R. V.-A. = Amtliche Nachrichten des Reichsversicherungsamts.
Enquete „über die in bayerischen Fabriken und größeren Gewerbebetrieben zum Besten der Arbeiter getroffenen Einrichtungen“, durch das kgl. bayer. Staatsministerium des Innern veröffentlicht. München 1874.
Leitfaden zur Arbeiter-Versicherung des deutschen Reichs. Berlin 1900 u. 1902. (Bearbeitet von Dr. Zacher.)
St. Ber. d. R. = Stenographische Berichte des Reichstags.

II. Bücher und Zeitschriften.

Aerztliche Sachverständigen-Zeitung 8. Jahrg.
Allgemeine Zeitung. Jahrg. 1888.
Arb.-Versorg. = Arbeiter-Versorgung (Zeitschrift).
Arbeiterwohl (Zeitschrift).
Archiv des deutschen Landwirtschaftsrats.
Archiv für soziale Gesetzgebung und Statistik.
O. Arendt: „Allgemeine Staatsversicherung und Versicherungssteuer“. Leipzig 1881.
G. Behm: „Statistik der Mortalitäts-, Invaliditäts- und Sterblichkeitsverhältnisse“. Berlin.
Bielefeld: „Die Heilbehandlung der gegen Unfall und Invalidität versicherten Arbeiter in Deutschland“. Berlin 1900.
Blätter für administrative Praxis (Zeitschrift).
T. Bödiker: „Die Arbeiter-Versicherung.“ Leipzig 1895.
C. Bornhak: „Die deutsche Sozialgesetzgebung“. Tübingen u. Leipzig 1900.
L. Brentano: „Die Arbeiterversicherung gemäß der heutigen Wirtschaftsordnung.“ Leipzig 1879; „Der Arbeiterversicherungszwang, seine Voraussetzungen und seine Folgen“. Berlin 1881.
Bulletin de l'institut international de statistique (Zeitschrift).
G. Cohn: „System der National-Okonomie“ Bd. III. Stuttgart 1898.
R. Freund: „Die Zentralisation der Arbeiter-Versicherung“. Berlin 1888; „Armenpflege und Arbeiterversicherung“. Leipzig 1895; „Die Vereinfachung der Arbeiter-Versicherung“. Berlin 1896 (auch in „Preußische Jahrbücher“ Mai 1896 S. 281).
H. Gebhard: „Die Reform der Invaliditäts- u. Altersversicherung“ Mainz. 1893; „Der Entwurf des J.V.G. von 1897“. Hamburg. — Kommentar zum J.V.G., herausgegeben in Gemeinschaft mit A. Düttmann.
Gerkrath: „Ueber die Höhe der Beiträge für die Arbeiterversicherung“. Berlin 1881.
Amtliche Mitteilungen aus den Jahresberichten der Gewerbeaufsichtsbeamten. Jahrg. 1895 ꝛc.
H.W. d. St.W. = Handwörterbuch der Staatswissenschaften.
H. Herkner: „Die Arbeiterfrage“. Berlin 1897.
Jahrbuch für Gesetzgebung, Verwaltung und Volkswirtschaft im Deutschen Reich (herausgegeben von G. Schmoller).
Jahrbuch für National-Oekonomie und Statistik (herausgeg. von Bruno Hildebrand, fortgesetzt von J. Conrad).
D.J. u. A.V. i. d. R. = Die Invaliditäts- und Altersversicherung im Deutschen Reich (Zeitschr.).
Knobloch: „Die Beseitigung der Beitragsmarke“. Jena 1895.
Korrespondenzblatt der deutschen Gewerkschaften.
Landmann und Rasp: „Kommentar zum J. u. A.V.G.“. München 1891, 2. Aufl. von Graßmann.
Laß u. Zahn: „Einrichtung und Wirkung der deutschen Arbeiter-Versicherung“. Berlin 1900.
E. Lück: „Eisenbahnpensionsanstalten oder Renten- und Lebensversicherung. Geschichtliches zur Beurteilung von Pensionsanstalten ꝛc.“ Berlin 1895.

G. Mayr: „Statistik des Bergwerks-, Salinen- und Hüttenbetriebs in Bayern während der Jahre 1871 u. 1872 ꝛc." (Zeitschrift des kgl. bayer. stat. Bureau, Jahrg. 5); „Statistik der in bayerischen Fabriken und größeren Gewerbebetrieben zum Besten der Arbeiter getroffenen Einrichtungen" (ebenda Jahrg. 1875).
Oldenberg: „Gewerkvereine in Deutschland".
H. v. Poschinger: „Aktenstücke zur Wirtschaftspolitik des Fürsten Bismarck" 1. Bd. 1890.
Preußische Jahrbücher.
Reichsanzeiger.
H. Rosin: „Das Recht der Arbeiter-Versicherung". Berlin 1893.
Schäffle: „Die Grundsätze der Steuerpolitik" Tübingen 1888; „Der korporative Hilfskassenzwang". Tübingen 1894.
Schriften des Vereins für Armenpflege und Wohltätigkeit.
K. Seybold: „Das Gesamtversicherungsgesetz; u. s. w." Straßburg 1894.
Soziale Praxis.
Sozialistische Monatshefte.
Statistik der Knappschaftsvereine im bayer. Staat 23. Jahrg.
Statistische Korrespondenz.
Statistisches Jahrbuch für das Deutsche Reich.
Statistisches Jahrbuch für das Königreich Bayern.
Eug. Véron: „Les institutions ouvrières de Mulhouse". Paris 1866.
Vierteljahrshefte zur Statistik des Deutschen Reichs.
v. der Osten: „Grundzüge einer Reform der Arbeiter-Versicherung". Mainz 1894.
Ad. Wagner: „Der Staat und das Versicherungswesen" (abgedruckt in der Zeitschrift für die gesamte Staatswissenschaft. 37. Bd. Tübingen 1881).
v. Woedtke: Kommentar zum J.V.G.
Wörterbuch der Volkswirtschaft von Elster.
Zimmermann: „Ueber Dienstunfähigkeits- und Sterblichkeitsverhältnisse" u. „Beiträge zur Theorie der Dienstunfähigkeits- und Sterbestatistik". Berlin 1886, 1887, u. 1888.

Abkürzungen.

J.V(ers.) = Invalidenversicherung(s).
A.V(ers.) = Altersversicherung(s).
A.J.V. = Alters- und Invaliditätsversicherung(s).
J.A.V. = Invaliditäts- und Altersversicherung(s).
A.J.V.G. bezw. J.A.V.G. = Alters- und Invaliditätsversicherungsgesetz bezw. Invaliditäts- und Altersversicherungsgesetz.
J.V.G. = Invalidenversicherungsgesetz.
Arb.V. od. Arb.Vers. = Arbeiter-Versicherung.
U.V(ers.) = Unfall-Versicherung.
U.V.G. = Unfall-Versicherungsgesetz.
Kr.V(ers.) = Kranken-Versicherung.
Kr.V.G. = Kranken-Versicherungsgesetz.
R.V.A. = Reichs-Versicherungsamt.
J.R. bezw. A.R. bezw. U.R. bezw. Kr.R. = Invaliden- ꝛc. Rente(n).
V.Anst. = Versicherungs-Anstalten. } = V.Tr. = Versicherungsträger.
K.E. = Kasseneinrichtungen. }
D. = Deutschland.
D.R. = Deutsches Reich.

Erster Abschnitt.

Die Entwickelung der Invalidenversicherungsgesetzgebung.

§ 1.

A. Einleitung.

Die geschichtlichen Vorläufer der deutschen Invalidenversicherung.[1])

Die bedeutendste Schöpfung des neuen Deutschen Reiches auf dem Gebiete der Sozialpolitik, wie sie in der Weltgeschichte ihres Gleichen sucht, war die deutsche Arb.V.

Sie ist aus dem Zusammenwirken mannigfaltiger Elemente und voraufgehender Richtungen des sozialen Versicherungsgedankens entstanden: „Zunächst aus der elementaren Anregung jener alten genossenschaftlichen Kassen der Gilden und Zünfte, die sich in den Formen der freien Gemeinnützigkeit und Selbsthilfe, besonders in der neueren Zeit fortentwickelt haben; dann der Einwirkung der rationellen Ausbildung der Lebensversicherung mit ihren statistischen Grundlagen, die hauptsächlich in ihren Anfangsgründen der politischen Arithmetik von Graunt, Petty und Halley (in der 2. Hälfte des 17. und zu Anfang des 18. Jahrhunderts) zu verdanken sind und endlich dem Einfluß der erst neuerdings entstandenen U.V. im engeren Sinne, von welcher die hauptsächliche Erscheinung auf dem Gebiete der Arb.V., die Gesetzgebung des Deutschen Reiches geradezu ihren Anfang genommen hat[2])".

Gleichwohl begann der Aufbau der Arb.V.-Gesetzgebung nicht mit der U.V.[3]), sondern mit dem Kr.V.G. (vom 15. Juni 1883)[4]); es folgte dann in den

---

[1]) Vergl. H.W.B. d. St.W. 2. Auflage: Artikel „Arbeiterversicherung", „Invaliditäts- und Altersversicherung," „Gewerkvereine"; ferner: Wörterbuch der Volkswirtschaft von Elster, 1. Bd. S. 61 ff. und 134; ferner: „Kommentar zum J.V.G. von Landmann und Rasp S. 1 ff.

[2]) Die verbündeten Regierungen hatten zunächst die Schaffung eines Gesetzes über U.V. im Auge und bereits am 8. März 1881 dem Reichstage eine diesbezügliche Vorlage unterbreitet; da aber der Reichstag Aenderungen derselben wünschte (z. B. Wegfall des Reichszuschusses, Ersetzung der Reichsanstalt durch Landesanstalten), denen die Regierungen ihre Zustimmung versagten, so wurde zunächst die Kr.V.-Gesetzgebung in Angriff genommen, während man inzwischen durch unfallstatistische Erhebungen weitere Unterlagen für eine U.V.-Gesetzgebung zu beschaffen suchte. — Vergl. Cohn, System der Nat.Oek. 3 Bd. S. 66.

[3]—[4]) U.V.G. vom 6. Juli 1884; das Gesetz über die Ausdehnung der U.- und Kr.V. vom 28. Mai 1885; das Gesetz, betreffend die U.- und Kr.V. der in land- und forstwirtschaftlichen

folgenden Jahren die U.V.-Gesetzgebung mit ihren verschiedenen Zweiggesetzen und die Ausdehnungsgesetze zum Krankenkassengesetz von 1883, und als dritte und letzte Etage des gewaltigen Gebäudes erschien am 22. Juni 1889 das Gesetz betreffend die Invaliditäts- und Altersversicherung, in der revidierten Fassung vom 13. Juli 1899 mit der neuen Bezeichnung „Invalidenversicherungsgesetz".

Ich habe mir den jüngsten und nach der U.V. bedeutendsten Zweig der deutschen Arb.V. als Thema dieser Abhandlung gewählt, um durch eine Darlegung der geschichtlichen Entwickelung der Gesetzgebung sowohl, wie der Leistungen und Wirkungen der J.V. einer möglichst gerechten Kritik dieses Gesetzgebungswerkes die Wege zu ebnen.

Mit der Schaffung einer öffentlich rechtlichen Versicherung gegen Alter- und Erwerbsunfähigkeit wollte man für die zahlreichen Angehörigen der ärmeren Klassen durch zweckentsprechende Kapitalerhaltung unter Heranziehung ihrer eigenen finanziellen Kräfte eine unbedingt sichere Vorsorge für die Zukunft treffen, daß sie beim Nachlassen der Arbeitskraft nicht dem Elende oder der öffentlichen Unterstützung anheimfallen würden. Es war also keine Reformierung des öffentlichen Unterstützungswesens, sondern eine Ersetzung des Unterstützungsgedankens im öffentlichen Körper durch den Versicherungsgedanken, wodurch eine große Masse Staatsangehöriger in ihrer öffentlich rechtlichen und gesellschaftlichen Stellung auf eine höhere Stufe gebracht und mit der jetzigen Gesellschaftsordnung zufriedener gemacht werden sollte. —

Die geschichtliche Entwickelung der A.J.V. ist wesentlich bedingt durch die ganze wirtschaftliche und soziale Entwickelung der neuesten Zeit und hängt mit der allgemeinen Entwickelung der Personenversicherung überhaupt eng zusammen. —

Die frühesten Ansätze zu einer Versicherung gegen Invalidität und Alter haben wir in den mittelalterlichen Gilden, namentlich bei den Handwerkergilden oder Zünften und den Gesellenverbänden zu suchen, wo das Unterstützungswesen besonders ausgebildet war. Das Hauptgebiet der Fürsorge war damals Krankheit und Sterbefälle; gleichwohl erstreckte sich dieselbe auch auf andere Notfälle des Lebens. „Reiche Zünfte bauten sich sogar, gleich Rittern und Geistlichen, eigene Hospitäler für ihre arbeitsunfähigen Mitglieder[1])." Ähnlich wie beim Handwerk war auch beim Bergbau das Unterstützungswesen geregelt. Hier hatte von Alters her unter den Grubeninhabern eine Gildegenossenschaft bestanden, während die Knappen in besonderen Bruderschaften zu gegenseitiger Unterstützung organisiert waren. Bereits in den ältesten Bergordnungen finden wir, außer „Arztgelder" für erkrankte Bergleute, „Gnadenlöhne" für Invalide, Witwen und Waisen aus den gewerkschaftlichen Kassen festgesetzt. Die hierzu erforderlichen Mittel wurden durch obligatorische Beiträge aufgebracht; jedoch war der Zwang hierzu bloß statutarisch, nicht gesetzlich.

Eine neue Epoche begann mit dem Entstehen des absolutistischen Fürstenstaates. An die Stelle der bloß statutarischen Unterstützungspflicht trat die gesetzliche.

Die Bestimmungen der zahlreichen Bergordnungen für die einzelnen Landesteile sehen wir im preußischen allgemeinen Landrecht vom 5. Februar 1794 in etwas modifizierter Form wiederkehren.

Betrieben beschäftigten Personen vom 5. Mai 1886; das Gesetz betreffend die U.V. der bei Bauten beschäftigten Personen vom 11. Juli 1887; das Gesetz betreffend die U.V. der Seeleute und anderer bei der Seeschiffahrt beteiligter Personen vom 13. Juli 1887. — Bis jetzt existieren zu dem Krankenkassengesetz und den Unfallgesetzen folgende Novellen:

Novellen zum Kr.V.G. vom 10. April 1892 und 25. Mai 1903; Novelle zu den U.V.-Gesetzen vom 30. Juni 1900. —

[1]) H.W.B. d. St.W. Art. Arb.V. S. 621.

Nach Einführung der Zugs-, Gewerbe- und Koalitionsfreiheit blieben die zahlreichen Gesellen- und Knappschaftskassen vielfach fortbestehen; jedoch wurden die bestehenden freien Kassen durch die einheitliche Ordnung des Gewerbewesens nicht unerheblich erschüttert, zumal da durch das Eingreifen einzelner deutscher Staaten besonders Preußens, im Verlaufe der vierziger und fünfziger Jahre dieselben zu einem System örtlicher Zwangskassen fortgebildet wurden, während es in anderen Staaten, wie Thüringen, Sachsen, Braunschweig rc. bei der Statuierung eines mehr oder weniger umfassenden Kassenzwangs blieb. Zur Veranschaulichung der nun kommenden Entwickelung sollen uns besonders die Vorgänge in Preußen dienen. Hier hatte das gewerbliche Unterstützungswesen eine bedenkliche Lockerung erfahren, und die Armenlast war infolgedessen erheblich gestiegen. Dazu kamen furchtbare Krisen, die die Not der Arbeiter noch mehr steigerten. Um diesen Mißständen und der Notlage der Arbeiter einigermaßen abzuhelfen, wurde durch die Gewerbeordnung vom 17. Januar 1845 nicht nur die Beibehaltung und Neugründung gewerblicher Hilfskassen gestattet, sondern auch ein ortsstatutarischer auf die am Platze beschäftigten Gesellen und Gehilfen sich erstreckender Beitragszwang zugelassen und diese Bestimmung auch auf die Fabrikarbeiter ausgedehnt. Die Novelle vom 9. Februar 1849 räumte sogar den Gemeinden die Befugnis ein, den Kassenzwang bei den selbständigen Gewerbetreibenden durchzuführen und gestattete die Anwendung dieser Bestimmungen auch auf alle Fabrikunternehmer und Fabrikarbeiter. Schließlich ließ ein Gesetz vom 3. April 1855 den ortsstatutarischen Zwang auch zur Bildung neuer Kassen zu und ermächtigte auch die Regierung, den Kassenzwang einzuführen. Nun wurden allerorten Kassen gebildet. In manchen Gegenden wurden sogar zwangsweise Invalidenkassen eingeführt, die anfänglich große Unzufriedenheit unter den Arbeitern hervorriefen; aber schon nach 3 Jahren verschwand diese Abneigung[1]).

Unterstützungen wurden den meisten Zwangskassen entweder ausschließlich für Kranken- oder für Begräbniskosten oder auch für beide zusammen gewährt; doch wurden sie sehr oft auch für Fälle der Invalidität, des Alters und zur Versorgung von Hinterbliebenen zugestanden.

„Wie die Gesellenkassen, so sind auch die Knappschaftskassen in Preußen durch das Gesetz vom 10. April 1854 und nachher durch den Titel des allgemeinen preußischen Berggesetzes vom 24. Juni 1865 konserviert worden[2]).“ Bei diesen Kassen, deren Bildung für alle Bergwerke, Aufbereitungsanstalten und Salinen und wozu der Beitritt für alle in solchen Unternehmungen beschäftigten Arbeiter obligatorisch, dagegen für die Verwaltungs- und Werkbeamten fakultativ war, wurde die Verfassung derselben, das Maß ihrer Leistungen, die Teilnahme der Arbeitgeber und die Aufsicht der Behörden gesetzlichen Normativbestimmungen unterworfen, mit denen auch die Statuten der bereits vorhandenen Kassen in Uebereinstimmung gebracht werden mußten[2]). Diese Kassen gewährten jedoch alle nicht nur Unterstützung in Kranken- und Sterbefällen, sondern auch Invaliditäts-, Witwen- und Waisenunterstützung und die Bergwerkseigentümer wurden zur Entrichtung von mindestens der Hälfte der Arbeiterbeiträge verpflichtet. Nach Analogie der Knappschaftskassen wurden auf Grund einer Kabinettsordre vom 31. August 1859 Eisenbahnkassen für die Gewerbsgehilfen und Fabrikarbeiter der Staatsbahnen errichtet; auch in Bayern wurden Eisenbahnpensionskassen gegründet, ebenso später in Sachsen und anderen Staaten.

---

[1]) Vergl. Rede des Abgeordneten Frhr. v. Stumm (St.B. d. R. 11. Sitzung vom 27. Februar 1879) bei Begründung seines Antrags betreffend Einführung obligatorischer J.- und A.-Versorgungskassen.

[2]) H.W. d. St.W. Art. „Arb.V.“ S. 623.

Namentlich in diesen Eisenbahnkassen hat die deutsche J.V. ihre Vorläufer gefunden.

In Bayern wurde die Gründung von Eisenbahnkassen besonders angeregt durch das Gesetz, die öffentliche Armen- und Krankenpflege betreffend, vom 29. April 1869, wonach die Eisenbahnunternehmer für verpflichtet erklärt wurden, die einer Gemeinde durch die Unterbringung und Verpflegung verunglückter oder erkrankter Eisenbahnarbeiter erwachsenden Kosten unmittelbar selbst zu ersetzen, wogegen ihnen gleichfalls die selbständige Errichtung von Krankenkassen zugestanden wurde. Eine Beitragspflicht der Arbeitgeber, wie sie das Bayer. Berggesetz vom 20. März 1869 bestimmte, war in obigem Gesetz dagegen nicht ausgesprochen. — Die Bestimmungen des Haftpflichtgesetzes vom 7. Juni 1871 gaben einen weiteren Anstoß für die Arbeitgeber in der genannten Richtung mit der Fürsorge für die Arbeiter fortzufahren. Die Bestimmungen dieses Gesetzes wurden sogar so ernst von den Beteiligten aufgenommen, daß sie nicht nur zur Versicherung gegen die Folgen des Haftpflichtgesetzes führten, sondern auch zur Versicherung gegen solche Fälle, die nicht unter das Gesetz fielen, nämlich gegen Alter und Erwerbsunfähigkeit, mit einem Wort zur Invaliditätsversicherung bei pivaten Versicherungsgesellschaften. Die Gründung von Kassen zur Unterstützung bei Alter und Invalidität nahm dagegen nur geringen Fortgang, und die Fürsorge für Altersinvaliden war lange nicht in dem Maße entwickelt wie das Krankenunterstützungswesen. Dies gilt ganz besonders von den Eisenbahnkassen in Bayern. Nach einer Erhebung seitens des bayerischen Staatsministeriums des Innern von 1873—1874 bestanden damals in Bayern im ganzen 13 Eisenbahnkassen[1]). Von diesen gewährten aber nur zwei Invalidenrenten, die Unterstützungskasse bei der Ludwigseisenbahngesellschaft und der „Arbeiterinvalidenfonds", eine der 3 Unterstützungskassen bei der Ostbahngesellschaft. Bei letztgenannter Kasse belief sich die Höhe der Rente je nach der Dienstzeit jährlich auf 80—120 fl. bei Altersinvalidität und auf $3^1/_2$ fl.[2]) bis 4 fl. 12 Kr.[2]) bei dauernder Invalidität durch Unfall, in welch letzterem Falle aber die Unterstützungsdauer bloß 3 Monate betrug.

Auch gewährten diese Kassen ebenso wie in den übrigen deutschen Staaten nur fakultativ Invaliditäts- und Altersunterstützung, während bei den Knappschaftskassen diese Fürsorge obligatorisch war. Mit diesem Unterstützungszwang bei Invalidität und Alter standen die Knappschaftskassen ganz allein da. Im übrigen war die Invalidität- und Altersunterstützung Sache der Freiwilligkeit und wurde teils von arbeiterfreundlichen Großindustriellen, teils — aber nur gering — von privaten Versicherungsgesellschaften, teils — und zwar nicht unbedeutend — von Gewerkvereinen gepflegt.

Diese letzteren, sowohl die sozialdemokratischen wie die Hirsch-Dunkerschen, suchten ihre Aufgabe neben der Regelung der Arbeitsbedingungen hauptsächlich in der Errichtung von sog. „freien Hilfskassen". Diese

---

[1]) Und zwar bei der Staatsbahn 6, bei der Ostbahn 3, bei der Ludwigsbahn 2, und bei der pfälzischen Bahn und der Kaiserin-Elisabeth-Westbahn je 1 Kranken- und Unterstützungskasse (vergl. „Ergebnisse einer Erhebung über die in bayerischen Fabriken und größeren Gewerbebetrieben zum Besten der Arbeiter getroffenen Einrichtungen" durch das kgl. Staatsministerium des Innern veröffentlicht München 1874; ferner: „Statistik der in bayerischen Fabriken und größeren Gewerbebetrieben zum Besten der Arbeiter getroffenen Einrichtungen" von Dr. G. Mayr in der Zeitschrift des kgl. bayer. stat. Bureau. Jahrg. 1875). — Vergl. hierzu auch J. Rachel, „Die Pensionsinstitute der Eisenbahngesellschaften" Berlin 1878 und E. Lück, „Eisenbahnpensionsanstalten oder Renten- und Lebensversicherung. Geschichtliches zur Beurteilung von Eisenbahnpensionsanstalten 2c." Berlin 1875.

[2]) Wahrscheinlich „wöchentlich". Die Zeitdauer, auf welche sich die Höhe der Rente bezieht, ist in der Enquete nicht angegeben.

waren im Gegensatze zu den Zwangskassen, die aus Einrichtungen einer vergangenen Wirtschaftsepoche übrig geblieben, dem modernen Assoziationsgeiste entsprungen, der von England nach dem Kontinent hinübergetragen worden war. Von diesen Organisationen war die erste, die dauernden Bestand hatte, eine sich über ganz Deutschland verbreitende Organisation der Buchdruckergehilfen, „Der Unterstützungsverein Deutscher Buchdrucker", der unter dieser Benennung nach mehrmaligem Namenswechsel (er hieß zuerst: „Postulat", dann „Deutscher National-Buchdruckerverein", dann „Gutenbergbund", dann „Deutscher Buchdruckerverband und schließlich „Unterstützungsverein Deutscher Buchdrucker") im Jahre 1848 gegründet wurde. Zweck des Vereins war neben anderem hauptsächlich die gegenseitige Unterstützung bei Invalidität und Erkrankung, und der Verband errichtete demgemäß 1868 eine besondere Invaliditätskasse. Es folgten bald andere Gewerkvereine (z. B. Glacéhandschuhmacher, Hutmacher, Porzellanarbeiter, Metallarbeiter &c.) mit gleichen Prinzipien nach[1]). Jedoch führten von den sozialistischen Gewerkschaften relativ nur wenige die Unterstützung und zwar solche bei Arbeitslosigkeits-, Krankheits-, Invaliditäts- und Sterbefällen ein; die Mehrheit wollte von der Pflege der A.V. nichts wissen.

Von einer strengen versicherungstechnischen Grundlage konnte natürlich bei diesen Hilfskassen nicht die Rede sein. Erfüllt von dem Gedanken „Alle für Einen, Einer für Alle" sorgte man durch Umlagen dafür, daß die Mittel zur Auszahlung der statutenmäßigen Unterstützungen aufgebracht wurden. Auch ließ die Verwaltung viel zu wünschen übrig und gewissenlose Elemente mißbrauchten das Vertrauen der Genossen.

Die Gewerbeordnung vom 21. Juni 1869, die das Hilfskassenwesen einheitlich regeln sollte, hatte zwar unter Aufrechterhaltung des bestehenden Kassenzwangs alle diejenigen Arbeiter von demselben entbunden, welche sich nachweislich an einer anderen Kasse beteiligten; doch stritt man bald darüber, ob dieses Benefizium allen freien Kassen- oder nur den „legalen" d. h. staatlich genehmigten zukomme. Erst die Gesetze vom 7. und 8. April 1876 schufen für die Hilfskassen einen festen Boden. Ein Gesetz vom 8. April 1876 regelte auch das Verhältnis der freien zu den Zwangskassen. Danach sollte es den freien Kassen überlassen bleiben, sich den Normativbestimmungen von 1876 zu unterwerfen oder als „wilde Kassen" ohne die Rechte und Pflichten der „eingeschriebenen Kassen" zu existieren; dagegen sollte von nun an nur die Mitgliedschaft bei einer eingeschriebenen Kasse von der Beitragspflicht zur Zwangskasse entbinden[2]).

Auf eine Linie mit den eingeschriebenen Kassen stellte schließlich auch das Innungsgesetz vom 18. Juli 1881 die Innungskassen[3]). Durch dieses Gesetz wurden die neuen Innungen ermächtigt, sowohl für Innungsmitglieder, wie auch für die bei ihnen beschäftigten Gesellen und Lehrlinge Kassen zur Unterstützung bei Krankheit, Tod, Arbeitsunfähigkeit und sonstiger Bedürftigkeit zu errichten[4]).

Von der Mehrzahl der genannten Assoziationen jedoch wurde die Fürsorge für Invalidität und Alter wenig oder fast garnicht gepflegt. Nur die Knappschaftsvereine machten hier eine Ausnahme. Die 84 Knappschaftsvereine, die 1879 bestanden, und die 2146 Berg-, Hütten- und Salzwerke umfaßten, gewährten ihren Mitgliedern Krankenunterstützung, Begräbnisgeld und Unterstützung bei Invalidität, sowie Witwen- und Waisenpensionen, Befreiung vom Schul-

[1]) Vergl. Oldenberg, „Gewerkvereine in Deutschland" S. 385 und Dr. H. Herkner, „Die Arbeiterfrage" Berlin S.W. 1897 S. 78 ff.
[2]) H.W.B. d. St.W. Art. „Arb.V." S. 624.
[3]) H.W.B. d. St.W. Art. „Arb.V." S. 625.
[4]) H.W.B. d. St.W. a. a. O. S. 625.

geld rc.[1]). Aber nur 10 von diesen (im Oberbergamtsbezirk Bonn) gaben diese Unterstützungen allen Mitgliedern ohne Unterschied; die übrigen unterschieden zwischen Meist- und Minderberechtigten und ließen die Invaliditäts-, Witwen- und Waisenunterstützungen unter allen Umständen bloß den Meistberechtigten zukommen. Bedenkt man nun, daß auf allen preußischen Werken im Jahre 1879 durchschnittlich 153003 meistberechtigte und 103538 minderberechtigte Mitglieder beschäftigt waren, so kann man daraus schließen, daß höchstens 40% aller Mitglieder eine Unterstützung bei Invalidität zuteil wurde.

Die Aufbringung der Mittel bei diesen Kassen geschah durch Beiträge derart, daß dieselben vom Lohne abgezogen und von den Werksbesitzern an die Knappschaftsvereine abgeführt wurden. Der zum Militärdienst Beurlaubte hatte keine Beiträge zu zahlen, um sich die Fortdauer seiner bis zu seiner Beurlaubung erworbenen Ansprüche auf Invaliden-, Witwen- und Waisenunterstützung zu wahren. Während das Recht auf Krankenunterstützung mit der Beurlaubung aufhörte, dauerte der Anspruch auf Invalidenunterstützung fort, vorausgesetzt, daß er weiter Beiträge, die sog. „Feierschichtengelder" zahlte. Der Mitgliedschaft, sowie aller Ansprüche auf Unterstützung verlustig ging derjenige Arbeiter, welcher, ohne beurlaubt oder arbeitsunfähig zu sein, die Arbeit verließ und nicht innerhalb 4 Wochen um die Rechte des Beurlaubten einkam; ebenso dasjenige unständige Mitglied, welches nach sechsmonatlicher Erkrankung und Behandlung ungeheilt aus der Kur entlassen wurde, ferner dasjenige Mitglied, welches in 3 aufeinander folgenden Monaten keine Beiträge gezahlt hatte und endlich, wer die bürgerlichen Ehrenrechte verloren hatte.

Im Jahre 1876 hatte der preußische Knappschaftsverein 263688 Mitglieder. Er unterstützte 15710 Invalide, 19090 Witwen, 32650 Waisen und gewährte außerdem noch 58546 Schulkindern freies bezw. teilweise freies Schulgeld. Die Einnahmen des Vereins betrugen im gleichen Jahre 12026 Mk., die Ausgaben 11298 Mk. Das Gesamtvermögen stellte sich zu Anfang des Jahres 1879 auf etwa 20 Mill. Mk. (1871 erst 13 Mill. Mk.). Die Pensionen beliefen sich pro Kopf des Invaliden auf 217 Mk.; die Belastung der Mitglieder wurde 1876 auf etwa 10 Mk. pro Kopf geschätzt[2]).

Die bayerischen Knappschaftsvereine[3]), deren Zahl im Jahre 1883 39 betrug, wiesen in diesem Jahre (1883) einen Bestand von 5323 ständigen und nichtständigen Mitgliedern auf (gegen 5338 im Jahre 1879 und 4977 im Jahre 1871). Das schuldfreie Vermögen derselben belief sich auf 1980943 Mk. im gleichen Jahre (gegen 1730939 Mk. im Jahre 1879) und die Einnahmen auf 434866 Mk., wovon 246372 Mk. auf Beiträge der Werksbesitzer (94659 Mk.) und aktiven (ständigen oder nichtständigen) Mitglieder kamen. Die Werksbesitzer zahlten demnach also 62% des Betrags der aktiven Mitglieder. Von den Ausgaben desselben Jahres, die die Höhe von 406539 Mk. erreichten, entfielen auf Invalidenversorgung 175388 Mk. (d. i. 32,94 Mk. auf 1 Mitglied), auf Krankenversorgung 103854 Mk. und auf sonstige Ausgaben 127297 Mk. oder auf Invalidenversorgung 62,8%, auf Krankenversorgung 37,2% der etatsmäßigen Ausgaben. Unterstützungsberechtigte Invalide waren im Jahre 1883 586 vorhanden

---

[1]) L. Brentano, „Der Arbeiterversicherungszwang, seine Voraussetzungen und seine Folgen." Berlin S.W. 1881 S. 44ff.

[2]) Sten. Ber. d. Reichstags 1879: Rede des Abgeordneten Frhr. v. Stumm a. a. O.

[3]) Siehe „Statistik des Bergwerks-, Salinen- und Hüttenbetriebs in Bayern während der Jahre 1871 und 1872 nebst Nachweisungen über die Knappschaftsvereine in Bayern für das Jahr 1871" von Dr. G. Mayr in der Zeitschrift des kgl. bayer. stat. Bureau Jahrg. 5; ferner „Statistik der Knappschaftsvereine im bayerischen Staat", 13. Jahrg., herausgegeben vom kgl. bayer. Oberbergamt.

(gegen 386 im Jahre 1871), unterstützungsberechtigte Witwen 885 (gegen 750 im Jahre 1871) und unterstützungsberechtigte Waisen 406 (gegen 279 im Jahre 1871). Auf je 100 Beiträge leistende Mitglieder trafen 11 Invalide und 35,3 Unterstützungsberechtigte überhaupt. Nach obigem betrug also die durchschnittliche Invalidenrente jährlich fast 300 Mk. pro Kopf, überstieg also die von dem preußischen Knappschaftsverein durchschnittlich im Jahre 1879 gewährte Invalidenpension pro Kopf um 83 Mk.

Trotz aller guten sozialpolitischen Absichten, die die Knappschaftsvereine verfolgten und trotz des im allgemeinen guten Erfolges, den sie errangen, scheint die finanzielle Lage einzelner Kassen keineswegs günstig gewesen zu sein. Und das dürfte nicht zum mindesten an dem Mißverhältnis zwischen aktiver Kassenmitgliederzahl und Unterstütztenanzahl gelegen haben. Berichtet doch Gerkrath[1]) aus einem der größten Berg- und Hüttenwerke Westfalens, daß daselbst von 1869—1879 das Verhältnis der Zahl der Invaliden zu derjenigen der aktiven Kassenmitglieder von 51% auf 261% stieg, eine Tatsache, die er mit auf die damalige große Verdienstlosigkeit zurückführt.

Den Knappschaftskassen gegenüber leisteten die Gewerkvereine mit ihren freien Hilfskassen hinsichtlich der Invalidenunterstützung nur äußerst wenig. Allerdings war sowohl die Mitgliederzahl der Kassen wie auch deren Vermögensbestand sehr schwach, woran freilich mehrere für die Gewerkvereine ungünstige Ereignisse schuld waren, wie der unglückliche Ausgang des Waldenburgerstrikes am 1. Dezember 1869, der deutsch-französische Krieg und die wirtschaftliche Krise in den siebziger Jahren[2]).

Selbst im Elsaß, wo damals die besten Einrichtungen zum Wohle der Arbeiter waren, bestand zu jener Zeit nicht einmal eine einzige größere und gut eingerichtete Hilfskasse[3]).

Erst seit dem Kr.V.G. von 1883, welches landesrechtliche Hilfskassen anerkannte bezw. ihre Mitglieder von dem Beitritte zu Zwangskassen befreite, datiert ein stetiger Aufschwung der Gewerkvereine in Deutschland. Jedoch konnten es die Invaliditätskassen der Gewerkvereine nicht zu einer solch günstigen Entwickelung bringen, wie die Knappschaftskassen. 1889 mußte sich sogar die Verbandsinvalidenkasse der Gewerkvereine, die 1869 gegründet worden war, zum Teil infolge der Einführung der J.A.V. auflösen und die Invalidenkasse des Gewerkvereins der Maschinenbauer und Metallarbeiter, die sich noch einige Jahre hielt, verfiel 1893 dem gleichen Schicksal[4]). — Der allgemeine Zustand der deutschen J.A.V. am Ausgang der siebziger Jahre war also, wie oben dargelegt ist, nicht glänzend zu nennen.

Nach einem von den verbündeten Regierungen im Jahre 1875 zusammengestellten Bericht[5]), der allerdings große Lücken hat (es fehlen hervorragende Kassen aus dem rheinisch-westfälischen Industriebezirke und aus Berlin; ebenso sind die Angaben für Süddeutschland nicht vollständig), bestanden Ende des Jahres 1875 in Deutschland 106 Altersversorgungs- und Invalidenkassen mit 39166 Mitgliedern und 3044575 Mk. Vermögen und zwar in:

---

[1]) Vergl. Gerkrath, „Ueber die Höhe der Beiträge für die Arb.V." Berlin 1881 S. 4 ff.

[2]) Das Jahr 1878 war für die Gewerkvereine das ungünstigste.

[3]) Rede des Abgeordneten Frhr. v. Stumm bei Motivierung seines Antrags a. a. O., worin v. Stumm als Beleg des Gesagten eine Broschüre des Abgeordneten Kable (Bericht der société industrielle über die Wohlfahrtseinrichtungen in Mühlhausen) anführt; vergl. auch Eug. Véron, „Les institutions ouvrières de Mulhouse". Paris 1866. S. 133 ff.

[4]) C. Bornhak, „Die deutsche Sozialgesetzgebung". Tübingen und Leipzig 1900, S. 51.

[5]) Siehe Bericht der VIII. Kommission vom 26. Juni 1879, Sten. Ber. d. Reichstags 1879, Reichstags Drucksachen Nr. 314.

	Kassen	Mitglieder	Vermögen
Preußen	111	37379	1543616
Bayern	10	2826	556872
Sachsen	19	4106	540966
übriges Deutschland	26	4796	403121
Zusammen	166	39107	3044575

Von allen vorhandenen Kassen (Invaliden-, Witwen-, gemischte und Sterbekassen) betrugen die Invalidenkassen nur 1,32%, die Anzahl ihrer Mitglieder 2,14% und der Vermögensbestand 5,63%.

Also nur 1,32% aller Kassen hatten ihre Tätigkeit auf diesen so wichtigen Zweig der Arb.V. gerichtet, und nicht mehr als der 50. Teil der Mitglieder aller Kassen fühlte das Bedürfnis, sich einen wirtschaftlichen Rückhalt für den Fall der Erwerbsunfähigkeit oder des Alters zu sichern. — Dabei war die Organisation der Kassen sehr mannigfaltig, die Verwaltung oft höchst mangelhaft und die Leistungen der Kassen in der Höhe der gewährten Unterstützungen, sowie in dem Umfang und der Art der Beitragsleistung sehr verschieden. Dasselbe bunte Bild zeigte sich bei ihnen in der Anteilnahme der Arbeitgeber an den Lasten und an der Verwaltung, dieselbe Verschiedenheit in ihrer finanziellen Fundierung und Leistungsfähigkeit, in ihrer Geschäftsgebahrung und Vermögenslage.

Auch umfaßten diejenigen freien Hilfskassen, welche nicht durch die finanzielle Notlage oder, soweit sie sozialistischen Charakter trugen, durch das Sozialistengesetz vom 21. Oktober 1878 zur Auflösung gezwungen wurden — und das waren nicht viele — nur einen geringen Prozentsatz, vorzugsweise die geistig höher stehende Klasse, der Arbeiter. — Auch das Haftpflichtgesetz vom 7. Juni 1871 hatte hinsichtlich der Arbeiterfürsorge keine wesentliche Besserung geschaffen, vielmehr das Verhältnis zwischen Arbeitgeber und Arbeiter zu einem höchst unerquicklichen gemacht. Das Bedürfnis einer durchgreifenden Neuordnung des Unterstützungswesens wurde immer fühlbarer. Man sah ein, daß, wenn die deutsche Volkswirtschaft prosperieren sollte, man vor allem eines gesunden, kräftigen und wirtschaftlich gestärkten Arbeiterstammes bedürfe, daß man die Fürsorge, wie sie die Kassen ihren Mitgliedern zuteil werden ließ, möglichst allen Arbeitern Deutschlands und möglichst in jeder Hinsicht, vor allem auch hinsichtlich Invaliditäts- und Altersfall, angedeihen lassen müsse. —

Nun erhob sich die doppelte Frage: Sollte man eine J.V. unter staatlichem Schutze der freien Selbsthilfe, also der Kassenbildung überlassen, oder war es vorzuziehen, den staatsrechtlichen Weg einer staatlichen Versicherung einzuschlagen?

Man wählte — und zwar mit Recht — den letzteren Weg. Denn die Vergangenheit hatte gelehrt, daß der individuelle Vorsorgetrieb beim Arbeiter noch zu sehr unentwickelt war, als daß man die Vorsorge für Invalidität und Alter seinem freien Willen hätte überlassen können.

§ 2.

B. Geschichtliche Entwickelung der deutschen J.V.-Gesetzgebung bis zur Jetztzeit.

I. Geschichte der Gesetzgebung von 1869 bis zum Regierungsentwurfe von 1888.

Inzwischen hatte man auch in Regierungskreisen die Möglichkeit einer J.V. und deren Notwendigkeit erwogen. Die erste Anregung in dieser Hinsicht ging von v. Bismarck aus. Der Ausbildung des Gewerkschaftswesens abgeneigt, hatte er schon kurz nach seiner Berufung zum Ministerpräsidenten und Minister des Auswärtigen im November 1862 den Plan einer Invaliditätsversicherung der Arbeiter und zwar auf kommunaler Basis in Regierungskreisen vorgetragen und in einem Briefe an den damaligen Minister des Innern, Grafen zu Eulenburg, vom 13. März 1863 die Errichtung von Arbeiterversorgungskassen warm befürwortet[1]).

Doch der nun folgende Zwist mit der Volksvertretung, der deutsch-österreichische Krieg und wichtigere innerpolitische Angelegenheiten infolge der Gründung des norddeutschen Bundes nahmen die Regierungskreise in den nun folgenden Jahren völlig in Anspruch. — Da, im Jahre 1869 tauchte auch im Reichstage des norddeutschen Bundes zum erstenmal der Gedanke einer gesetzlichen Regelung der J.V. der Arbeiter auf.

Ein Arbeitgeber, der die Wohltaten der Alters- und Invaliditätsversorgung seiner Arbeiter an der obligatorischen Unterstützung der Knappschaftskassen kennen gelernt hatte, wünschte, daß diese Wohltaten allen Fabrikarbeitern zu gute kämen und da er einsah, daß auf dem Wege der freiwilligen Kassen nicht viel zu erreichen sei, so glaubte er, daß nur der gesetzliche Weg hier helfen könne. Es war dies der Abgeordnete Frhr. v. Stumm. Im Jahre 1869 brachte er im preußischen Abgeordnetenhause einen formulierten Gesetzentwurf ein, der die Einrichtung einer obligatorischen Invaliden- und Altersversorgung der Arbeiter nach Art der bergmännischen Knappschaftskassen auf alle industriellen Arbeiter ausgedehnt wissen wollte. Dieser Entwurf kam jedoch nicht zur Diskussion, weil v. Stumm durch die Geschäftslage genötigt wurde, auf die Beratung seines formulierten Antrags zu verzichten. Er beschränkte sich daher darauf, ein Unteramendement zu einem Antrage des Abgeordneten Lasker einzubringen, wonach die Regierung nicht bloß, wie es Lasker vorschlug, Normativbestimmungen für Krankenkassen, sondern auch für Invalidenkassen einbringen sollte. v. Stumms Antrag wurde jedoch — mit geringer Majorität — abgelehnt, da, wie Lasker und die Mehrheit, sowie die Vertreter der preußischen Regierung meinten, die Sache noch nicht hinreichend reif und genügend vorbereitet sei. Besonders die Fortschrittspartei, die durch v. Stumms Antrag eine Fesselung der individuellen Freiheit befürchtete, bekämpfte unter Führung von Schulze-Delitzsch, Richter, Hagen und Dr. Hirsch den Antrag v. Stumms heftig. Abgeordneter Dunker rief sogar in der Sitzung am 18. März 1869 dem Hause zu: „Lassen Sie die Sonne der Freiheit und der Gleichberechtigung, die einst der heutige Tag (18. März) unserem Vaterlande schon anzukündigen schien, endlich über unserem Horizonte aufsteigen; ich bin der Überzeugung, vor ihren wärmenden und belebenden Strahlen werden alle die schwarzen und roten Gespenster, welche man gestern heraufbeschworen hat, verschwinden, wie leichte Morgennebel eines Frühlingstages!“ So wurde die ganze Frage nach Antrag des Abgeordneten Lasker vorläufig durch eine Resolution erledigt, welche die Regierung aufforderte, Normativbestimmungen für die Einführung von Krankenunterstützungskassen vorzulegen[2]).

War der 1. Versuch einer allgemeinen J.A.V. auch gescheitert, so war doch damit bei allen Sozialpolitikern jener Zeit der Gedanke an eine Reform in dieser Richtung angeregt.

---

[1]) Vergl. Aktenstücke zur Wirtschaftspolitik des Fürsten Bismarck von H. v. Poschinger 1. Bd. 1890 S. 10; H.W.B. d. St.W. Art. „Bismarck“, S. 921.

[2]) Sten. Ber. d. Reichstags 1879. 11. Sitzung vom 27. Februar. Rede des Abgeordneten Frhr. v. Stumm a. a. O.

Die Ansichten über die Art und Weise der Reform gingen aber weit auseinander. Die einen wollten eine Ausdehnung des Knappschaftsprinzips auf alle gewerblichen Arbeiter, die andern dagegen nur Normativbestimmungen, wie für die Krankenkassen, aufgestellt wissen. Letztere Richtung war auch, wie wir sahen, von den verbündeten Regierungen vertreten, die jeden Zwang verwarfen. Ebenso fand letzterer bei der Fortschrittspartei und bei den Gewerkvereinen als ihren Prinzipien entgegenstehend lebhaften Widerspruch. Die Berliner Ortsvereine, ein Teil der allgemeinen Hirsch-Dunkerschen Gewerkvereine, faßten in einer Versammlung die Resolution, den Antrag der Konservativen v. Stumm und Genossen als ungerecht und gemeingefährlich zu verwerfen.

Es dauerte nun fast 10 Jahre, ehe in der Volksvertretung ein erneuter Versuch gemacht wurde. In der Herbstsession des Jahres 1878[1]), während noch die Verhandlungen über das Sozialistengesetz im Gange waren, beantragte v. Stumm die Vorlegung eines Gesetzentwurfs, welcher auf die Einführung obligatorischer, nach dem Muster der bergmännischen Knappschaftsvereine zu bildenden Altersversorgungs- und Invalidenkassen für alle Fabrikarbeiter gerichtet sei. Und als dieser Antrag in der Session unerledigt blieb, wurde er in der nächsten Session am 27. Februar 1879 erneuert, mit der Motivierung, daß der Antrag nichts anderes bedeute, als die logische Fortentwickelung des Prinzips, welches zum Wohl des deutschen Bergbaus seit Jahrhunderten bestanden habe und welches in Preußen durch das Knappschaftsgesetz vom 11. April 1854 eine allgemeine gesetzliche Regelung gefunden habe. Wenn man genötigt gewesen sei, durch das Sozialistengesetz gegen die Ausschreitungen eines mißleiteten Teils der Arbeiterbevölkerung vorzugehen, dann habe man, so war v. Stumms Meinung, umsomehr die Pflicht, auf der anderen Seite, ihr die Wohltaten zukommen zu lassen, deren überhaupt das Gesetz fähig sei; eine der erheblichsten Wohltaten aber sei die Schaffung eines von Nahrungssorgen freien Alters und einer gesicherten Existenz bei eintretender Krankheit und Invalidität. Dem Abgeordneten v. Hertling gegenüber, der Tags zuvor eine Erweiterung der Haftpflicht beantragt und für sich die Priorität vor dem Antrage v. Stumms in Anspruch genommen hatte, weist er darauf hin, daß die Frage der A.J.V. eine viel größere Bedeutung habe, besonders in den Ländern mit dem code Napoléon, als die Erweiterung der Haftpflicht, da letztere schon genügend geregelt sei und nur einen geringen Prozentsatz der Bevölkerung treffe, während es sich hier um ein Prinzip handle, welches der gesamten Fabrikarbeiterbevölkerung ohne Ausnahme zu gute kommen solle.

Während das Zentrum im Prinzip v. Stumm und seinen Parteigenossen, den Konservativen, beistimmte, wollte die Fortschrittspartei aus Furcht vor jedem Zwang auf dem Wege der freien genossenschaftlichen Entwickelung diese Frage der Vervollkommnung entgegen führen, und im Namen derselben stellte daher Abgeordnete Dr. Günther folgenden Antrag: „Den Herrn Reichskanzler zu ersuchen, unverzüglich die durch eine Resolution des Jahres 1876 geforderten Erhebungen über Krankheits-, Invaliditäts- und Sterblichkeitsstatistik vornehmen zu lassen, und nach dem Abschlusse derselben, dem Reichstage einen Gesetzentwurf vorzulegen, welcher die Bildung von Altersversorgungs- und Invalidenkassen auf Grund freiwilliger genossenschaftlicher Teilnahme für sämtliche Berufsklassen ermöglicht und fördert."

Von sozialdemokratischer Seite wurde dagegen jetzt schon durch Abgeordneten Bebel statt dessen eine allgemeine Zwangsversicherung vorgeschlagen, die sogar dem Abgeordneten v. Stumm und seinen Parteigenossen viel sympathischer war, als der

---

[1]) Sten. Ber. d. Reichstags, 14. Sitzung vom 16. Oktober 1878, S. 330 ff.

Antrag ihrer erbitterten Gegner, der Freisinnigen, „der", wie v. Stumm sagte, „den Arbeitern garnichts bieten wolle".

Nach längerer Debatte wurden beide Anträge einer Kommission von 21 Mitgliedern überwiesen. In den Verhandlungen derselben wurde die Bedürfnisfrage betreffs einer Alters- und Invalidenversorgung der Arbeiter im allgemeinen nicht bestritten. Auch darüber war man einig, daß die Lösung der Frage auf gesetzlichem Wege geschehen müsse. Nun hatten aber die beiden Anträge einander entgegenstehende Systeme zum Ausdruck gebracht: Zwang und freiwillige Versicherung. Daher drehte sich denn auch die Hauptdebatte darum, ob die Versicherung auf dem Wege des Zwangs oder dem der gesetzlichen Förderung des freien Kassenwesens zu regeln sei.

Der Zwangsversicherung wurde zum Vorwurf gemacht, daß sie die Freizügigkeit beschränke, die Produktionskosten zu sehr steigere, daß sie schwierig durchzuführen sei und daß sie einen sozialistischen Charakter trage. Dem gegenüber wurde von ihren Anhängern behauptet, daß bei allgemeinem Kassenzwang die Freizügigkeit gewahrt bleibe, daß eine gerechtere Verteilung aber nicht eine Steigerung der Produktionskosten hervorgerufen werde, daß die Schwierigkeiten der Durchführung nicht unüberwindlich seien und daß der Vorwurf bezüglich des sozialistischen Charakters fast immer geltend gemacht werde, wo irgend die staatliche Gesetzgebung in die schrankenlose Willkür der wirtschaftlichen Kräfte eingreife.

Auch der Umfang und die Form der Versicherung wurden besprochen, und es machten sich in Bezug darauf hauptsächlich 4 verschiedene Ansichten geltend:

1. Adoption der bergmännischen Knappschaften derart, daß neben der Alters- und Invalidenversorgung den Fabrikpensionskassen auch die Sorge für Witwen und Waisen zugewiesen und die Möglichkeit zur Angliederung an die Krankenkassen offen gehalten werden sollte;
2. Beschränkung der Versicherung auf die Altersversorgung;
3. Errichtung von Zwangssparkassen;
4. Weiterentwickelung des Hilfskassengesetzes vom 8. April 1876 und demgemäß Statuierung eines eventuellen Zwangs und Erlaß von Normativbestimmungen.

Die Beratungen führten schließlich zu einem in der Tendenz dem v. Stummschen Antrag ähnlichen Beschluß, indem die Kommission beim Reichstage beantragte, den Reichskanzler aufzufordern, „dem Reichstage tunlichst bald einen Gesetzentwurf betreffend die Errichtung von Invaliditäts- und Altersversorgungskassen für Fabrikarbeiter mit obligatorischer Beitragspflicht auf folgender Grundlage vorzulegen:

1. Die Kassen haben neben der Pensionierung der Arbeiter selbst auch ihren Witwen und Waisen entsprechende Unterstützungen zu gewähren.
2. Die Arbeiter und Arbeitgeber haben gemeinschaftlich Beiträge zu den Kassen zu leisten und gemeinschaftlich die Verwaltung derselben zu führen.
3. Das durch die gezahlten Beiträge erworbene Recht des Arbeiters an die Kasse ist namentlich durch Uebertragbarkeit seiner Ansprüche von einer Kasse auf die andere zu schützen.
4. Es sind Normativbestimmungen für die Errichtung von Kassenverbänden unter besonderer Berücksichtigung und Förderung des Zusammenschlusses verwandter Industriezweige zu erlassen.
5. Die Kontrolle über die nach Maßgabe des Gesetzes errichteten Kassen ist der Landesbehörde zuzuweisen.

Dieser Kommissionsbeschluß hätte der freisinnigen Partei eigentlich dartun müssen, daß die Mehrheit des Hauses nach „rechts" abgeschwenkt sei und absolut nicht auf ihrem Standpunkte stehe. Gleichwohl brachte sie hierzu am 8. Juli 1879 einen Abänderungsantrag ein, der auf gesetzliche Errichtung von Invaliditäts- und Altersversorgungskassen, beruhend auf dem Prinzip der freien Kassen, hinausging.

Inzwischen hatte man auch außerhalb der Volksvertretung zu der Frage Stellung genommen, und die Ansicht v. Stumms hatte viele Anhänger gefunden. Der mittelrheinische Fabrikantenverein und der Zentralverband der deutschen Industriellen, welch letzterer in München 1879 eine Generalversammlung abgehalten, hatten sich im wesentlichen der Stellung v. Stumms angeschlossen. Ebenso sprachen sich die Handelskammern von Offenbach und Mainz wenigstens für eine zwangsweise Regelung aus, wenn sie auch von den Beschlüssen der Kommission sonst abwichen. Aber überall da, wo man für eine zwangsweise Regelung eintrat, hielt man eine Reichsgarantie und die Ausdehnung auf die gesamte Arbeiterschaft — gewerbliche wie ländliche Arbeiter — für unerläßlich.

v. Stumms Antrag, das mußten auch seine begeisterten Anhänger zugeben, litt, mochte man nun mehr für Zwangsversicherung oder mehr für freie Kassen sein, sicher an dem Mangel, daß er die Einrichtung der obligatorischen Zwangskassen nach dem Muster der Knappschaftskassen wollte, während in Bayern und Sachsen die Knappschaftskassen nur fakultativ waren und somit die Anwendung einer im Sinne von v. Stumms Antrag erfolgten Gesetzgebung auf diese sehr zweifelhaft war.

Das Jahr 1879 ging jedoch vorüber, ohne daß über den Kommissionsbeschluß im Reichstage verhandelt worden wäre. Trotzdem hatten aber die Vorgänge im Reichstage zur Folge „daß von den Bundesregierungen umfassende Erhebungen über die Frage der Altersversorgung der Arbeiter und der Fürsorge für ihre Relikten eingeleitet wurden“[1]). (Siehe auch unter Anm. 2.)

In der Frühjahrssession des Jahres 1880 veranlaßte der Abgeordnete Frhr. v. Stumm am 27. Februar durch eine Interpellation: „Beabsichtigt die Reichsregierung dem Reichstage in dieser oder der nächsten Session einen auf die Begründung von Altersversorgungs- und Invalidenkassen für Fabrikarbeiter gerichteten Gesetzentwurf vorzulegen?“ eine eingehende Besprechung der Frage, ob die Durchführung der A.J.V. auf dem Wege des Zwangs geschehen solle. Hierbei wurden Meinungsverschiedenheiten in der Richtung laut, ob auf diesem Wege vorzugehen sei oder zunächst der U.V., weil diese relativ viel dringender sei, näher getreten werden solle.

Von einem Vertreter der verbündeten Regierungen, dem Staatssekretär des Innern, Staatsminister Hofmann, wurde v. Stumm auf seine Interpellation erwidert, daß die Schwierigkeiten zu groß seien, als daß an eine sehr baldige gesetzliche Regelung der Angelegenheit gedacht werden könne. —

Damit war die Frage für die Volksvertretung vorläufig erledigt und es fragte sich nur, ob an maßgebender Stelle der Reichsverwaltung wirklich die Absicht bestand, bald durch ein Gesetz eine Besserung der Lage der erwerbsunfähigen Arbeiter herbeizuführen, sowie ihnen eine finanzielle Stütze im Alter zu verschaffen oder ob es bei den alten Verhältnissen bleiben sollte. — Fürst Bismarck[2]), der inzwischen (am 16. September 1880) auch die Leitung des preußischen Handelsministeriums übernommen hatte, war der Ansicht, daß die Regelung der Unfallfürsorge der Arbeiter am dringendsten und daher zuerst zu erledigen sei. Für die

[1]) Landmann und Rasp a. a. O. S. 2.

[2]) Vergl. „Fürst Bismarck als Volkswirt“ von H. v. Poschinger, 2. Bd. S. 15 und „Dokumente zur Geschichte der Wirtschaftspolitik in Preußen und im Deutschen Reich“ 4. Bd. S. 66ff. von H. v. Poschinger. — Bismarck empfahl dem Reichsamt des Innern, Schäffle und Wagner zu den Beratungen über die Altersversorgung hinzuzuziehen, welch ersteren er schriftlich und mündlich um seine Ansicht fragte (H. v. Poschinger a. a. O.).

Gesetzgebung betreffs einer Invaliden- und Altersversorgung betonte er ausdrücklich als notwendige Voraussetzung das Vorhandensein einer Berufsstatistik und stellte sich bezüglich der körperschaftlichen Gestaltung der zwangsweisen Arb.V. im großen und ganzen auf den Standpunkt Schäffles, war aber mit dessen Ablehnung des Staatszuschusses nicht einverstanden, da ohne denselben die Arb.V. zu einer verteuerten Armenpflege auf Kosten der Gemeinde und Berufskorporationen werde.

Gleichwohl war in den leitenden Kreisen der Gedanke der Invaliden- und Altersfürsorge nicht vergessen worden. Schon in der berühmten kaiserlichen Botschaft vom 17. November 1881, welche den 2. Entwurf des U.V.G. und den Entwurf des Kr.V.G. ankündigte, war ausgesprochen worden, „daß die Heilung der sozialen Schäden nicht ausschließlich im Wege der Repression sozialdemokratischer Ausschreitungen, sondern gleichmäßig auf dem der positiven Förderung des Wohls der Arbeiter zu suchen sein werde und daß auch die Arbeiter, welche durch Alter oder Invalidität erwerbsunfähig würden, einen Anspruch auf ein höheres Maß staatlicher Fürsorge hätten, als ihnen bisher habe zuteil werden können". „In einer weiteren kaiserlichen Botschaft vom 17. April 1883, welche sich ebenfalls zunächst mit dem Fortgang der U.- und Kr.-V.-Gesetzgebung befaßte, wurde der Hoffnung Ausdruck verliehen, bald auch weitere Vorlagen wegen der A.J.V. zu gesetzlicher Verabschiedung bringen zu können[1])."

Wie hatten sich nun währenddem die Vertreter der Wissenschaft zu der Frage der J.A.V. der Arbeiter gestellt?

Während Brentano[2]) jeden Versicherungszwang auf Grund der bestehenden Wirtschaftsordnung, sowie jeden Reichszuschuß verwarf und ersteren nur dann für berechtigt erklärte und für gut hielt, wenn der Staat die Arbeitsbedingungen regele und die gesamte Fürsorge in die Hand nehme, empfahl Schäffle[3]) sowohl wie Otto Arendt[4]) und Ad. Wagner[5]) den Arbeiterversicherungszwang, und zwar sollten nach den Vorschlägen der beiden zuletzt genannten die Versicherungsprämien teilweise oder ganz auf dem Wege der Besteuerung aufgebracht werden. Hierzu sollten nach Ad. Wagner bereits bestehende Steuern, welche die unteren Klassen besonders belasteten, unter Zuschüssen aus Steuern, die die wohlhabenderen Klassen träfen, verwandt werden, und nach Arendt sollte eine allgemeine progressive Reichseinkommensteuer dasselbe Ziel erreichen.

Inzwischen ging die Arbeiterversicherungsgesetzgebung immer weiter, „und als im Jahre 1884 endlich die U.V.-Gesetzgebung soweit, als es dringend notwendig schien, geregelt war, wurde sofort nach kurzer Vorbereitung die Lösung der weiteren schwierigen Aufgabe, nämlich die J.A.V.-Gesetzgebung, in Angriff genommen. — Schon im Sommer 1887 wurden den verbündeten Regierungen seitens des Reichsamts des Innern die metallographierten Grundzüge zu einer gesetzlichen Regelung der J.A.V. der Arbeiter nebst einer dazu gehörigen Denkschrift mitgeteilt und am 17. November desselben Jahres wurden sie in etwas revidierter Fassung veröffentlicht"[6]).

Die Aufnahme, welche die Grundzüge — es waren im ganzen 50 Ziffern — in der Oeffentlichkeit fanden, war im allgemeinen eine günstige.

---

[1]) Landmann und Rasp a. a. O. S. 3.

[2]) Brentano, „Der Arbeiterversicherungszwang, seine Voraussetzungen und seine Folgen." Berlin S.W. 1881.

[3]) Schäffle, „Die Grundsätze der Steuerpolitik." Tübingen 1888.

[4]) Otto Arendt, „Allgemeine Staatsversicherung und Versicherungssteuer." Leipzig 1881.

[5]) Adolf Wagner, „Der Staat und das Versicherungswesen" in der „Zeitschrift für die gesamte Staatswissenschaft". 37. Bd. Tübingen 1881.

[6]) Landmann und Rasp a. a. O. S. 3.

Gegen das Prinzip der allgemeinen Zwangsversicherung erklärten sich nur vereinzelte Stimmen z. B. der Zentralverband der — damals ziemlich bedeutungslosen — Gewerkvereine. Dagegen äußerten sich der preußische Volkswirtschaftsrat und die großen Vereinigungen der Industriellen und der Verband der Berufsgenossenschaften im wesentlichen zustimmend.

Der Zentralrat der deutschen Gewerkvereine[1]) forderte in einer Sitzung am 29. November 1887 statt der regierungsseitig beabsichtigten Alters- und Invalidenversorgung ein nach Art des Hilfskassengesetzes gestaltetes Versorgungskassengesetz und, falls man sich doch auf den Boden der veröffentlichten Grundzüge stelle, folgende Abänderungen: Gesetzliche Zulassung von Alters- und Invaliditätskassen mit dem Rechte, ihre Mitglieder von der Zwangsversicherung zu befreien, beträchtliche Erhöhung der Renten, verkürzte Wartezeit der Altersrente und Gewährung derselben vom 66. Lebensjahre ab, bedeutend mildere Bedingungen für die Erlangung der Rente, Streichung des Reichszuschusses, Beitragsbefreiung der Arbeiter, deren Lohn nur das Existenzminimum erreicht, Rückzahlung der gezahlten Beiträge bei dauerndem Ausscheiden aus dem Arbeitsverhältnis, soweit nicht freiwillige Weiterversicherung stattfindet, Verhütung jedes Mißbrauchs der Beitragsquittung zur Kontrolle des Arbeitsverhältnisses, gleichberechtigte Beteiligung der Arbeiter an der Organisation und Verwaltung der Versicherungsanstalten und vereinfachte billigere Geschäftsführung.

Viele dieser Vorschläge wurden nach und nach später in die Gesetzgebung aufgenommen.

Der preußische Volkswirtschaftsrat, der am 5. Dezember 1887 zu einer Session seitens der Regierung zusammenberufen wurde, um sein Gutachten über den beabsichtigten Gesetzentwurf auszusprechen, hatte nur äußerst wenig an den Grundzügen auszusetzen[2]). Doch befürwortete er die immerhin wichtige Abänderung, die Zwangsversicherung auch auf die Handwerksmeister auszudehnen und das Beitragsjahr von 300 auf 280 Tage zu verkürzen. Auch forderte er den Ausschluß der unständigen Arbeiter, was aber der Regierungskommissar für höchst ungerecht erklärte, da gerade diese Gruppe der Arbeiter die Stütze der Zwangsversicherung am notwendigsten habe.

Von den industriellen Vereinigungen erklärten sich die Berufsgenossenschaften auf einem außerordentlichen Verbandstage zu Berlin am 17. Dezember 1887[3]) für die Absicht der Regierung, die Berufsgenossenschaften als Träger der Versicherung zu verwenden, während der Zentralverband deutscher Industriellen die Errichtung einer Reichsversicherungsanstalt, bezw. von Landesversicherungsanstalten als Träger der Versicherung forderte, weil der Berufswechsel der industriellen Arbeiter zu groß sei (40% bis 50% der gesamten Arbeiterschaft betrage); man könne die Berufsgenossenschaften, so meinte der Zentralverband, allenfalls als Mitarbeiter bei der Durchführung der J.V. hinzuziehen. Ferner wurde vielfach von industrieller Seite auf die Gefahr hingewiesen, daß der Arbeiter durch die Versicherung der Arbeit entwöhnt, sein Spartrieb abgeschwächt und er selbst immer begehrlicher werde[4]) und die Reihen der Sozialdemokratie vermehre; im

---

[1]) Schmollers Jahrbuch für Gesetzgebung, Verwaltungs- und Volkswirtschaft im deutschen Reich. 12. Bd. S. 327 u. 328.

[2]) Schmollers Jahrbuch 12. Jahrg. S. 714 ff.

[3]) Schmollers Jahrbuch 12. Jahrg. S. 316 ff.

[4]) Vergl. hierzu Leppmann (Aerztliche Sachverständigenzeitung 8. Jahrg. Nr. 3), der die Kriminalität der Unfallrentner untersuchte und fand, daß die Zahl der Eigentumsverbrechen bei diesen relativ sehr hoch sei, ebenso die Affektverbrechen des täglichen Lebens und namentlich des nachbarlichen Verkehrs, wie Beleidigung, Körperverletzung, Hausfriedensbruch, Nötigung. Er empfiehlt daher in seinem Aufsatz den Gemeinden und sonstigen Korporationen, sowie den

Hinblick darauf sei daher große Vorsicht notwendig und ein Experimentieren auf diesem Gebiete von vornherein ausgeschlossen.

Daß mißglückte gesetzliche Versuche die schlimmsten Folgen nach sich ziehen würden, konnte man voraussehen; andererseits war die Furcht, daß die J.V. die Arbeiter der Sozialdemokratie zuführe, nicht im mindesten begründet.

Auch einzelne Großindustrielle nahmen öffentlich Stellung zu dem von der Regierung in Angriff genommenen Entwurf.

Frhr. v. Stumm[1]) lobte die 4 Grundsätze, die in den Grundzügen hervorträten, nämlich:

1. Die Einführung von mäßigen Prämien ohne Rücksicht auf die Lohnhöhe;
2. die Teilung der Lasten unter Staat, Arbeitgeber und Arbeitnehmer;
3. die scharfe Begrenzung der Erwerbsunfähigkeit und
4. daß die Zeit der Beschäftigung als Arbeiter überhaupt ohne Rücksicht auf die Art der Beschäftigung maßgebend sein sollte.

In Anerkennung dieser Grundsätze schloß er aber aus den gleichen Gründen die Berufsgenossenschaften als Versicherungsträger aus, da diesen der Boden für eine organische Tätigkeit völlig entzogen sei.

Ein anderer Großindustrielle, dessen Vorschläge Sering in Schmollers Jahrbuch (Jahrgang 12 S. 330) anführt, forderte obligatorische Alters-, Invaliden-Witwen- und Waisenversorgung und zwar A.J.V. in Form einer mit 55 Jahren fälligen „Arbeits-Amortisationsrente", wozu die Mittel die Arbeitgeber durch Beiträge aufzubringen hätten und eine obligatorische „Lebensversicherung", wozu die Arbeiter vom 17. Lebensjahre an Beiträge zahlen müßten, mit einer Altersrente vom 55. Jahre ab in Höhe von 1000 Mk. für männliche und von 550 Mk. für weibliche Versicherte.

Diese etwas radikale Lösung der Frage schloß sicher den guten Gedanken in sich, daß zugleich mit einer J.A.V. auch die Familienversicherung der Arbeiter hiernach näher ins Auge gefaßt und die Altersgrenze zur Erlangung der Renten, die nach den Grundzügen 70 Jahre betragen sollte, bedeutend herabgesetzt werden sollte.

Auch in der Presse vermißte man die Witwen- und Waisenversicherung in dem beabsichtigten Entwurf, ebenso fand man den Betrag der Renten zu niedrig.

Von den Äußerungen der Vertreter der Wissenschaft, sind besonders die Urteile von Brentano, Schäffle und Schrader hervorzuheben.

Brentano[2]) erklärte sich mit den Grundzügen im allgemeinen vollkommen einverstanden und hielt die projektierte Versicherung für eine mustergiltige Veredelung der bisherigen Armenunterstützung.

Platter[3]) tadelte dieselben ebenso entschieden unter demselben Gesichtspunkte, „weil der Regierungsentwurf nur eine anderweitige Verteilung der Armenlast zu gunsten der Kapitalisten beabsichtige."

Noch stärker aber verurteilte Schäffle[4]) die Grundzüge und bezeichnete sie als ein in allen wesentlichen Stücken untaugliches Machwerk, worin die Absicht, die Berufsgenossenschaften zu Versicherungsträgern zu machen, das πρῶτον ψεῦδος sei. Er forderte vielmehr Ausdehnung des Gesetzes auf die Reliktenversorgung, Zu-

---

Arbeitgebern, daß den Beschädigten, um die Kriminalität zu verringern, die Gelegenheit gegeben werden müsse, den Rest ihrer Arbeitsfähigkeit praktisch auszuwerten.

[1]) Schmollers Jahrbuch 12. Jahrg. S. 328 ff.

[2]) Conrads Jahrbuch 16. Jahrg. S. 1; Schmollers Jahrbuch 12. Jahrg. S. 1029; Landmann und Rasp, Kommentar S. 7.

[3]) Brauns Archiv für soziale Gesetzgebung und Statistik 1. Jahrg. Heft 1; Landmann und Rasp a. a. O. S. 7.

[4]) Allgemeine Zeitung 1888 Nr. 125—132; Schmollers Jahrbuch 12. Jahrg. S. 1031 ff.

sammenfassung der drei großen Versicherungszweige und dezentralisierende Uebertragung an kleine lokale Organe, denen zugleich die weiteren sozialen Funktionen übertragen werden sollten, wie sie ganz ähnlich Brentano den zentralen Genossenschaftsträgern zuwies.

Außer diesen von den verschiedensten Seiten betonten Mängeln wurden mehrfach noch große Bedenken gegen das volle System der Kapitaldeckung und gegen die Einheitsrente laut[1]); auch ließen sich vereinzelte Stimmen hören, die sich gegen das beabsichtigte Markensystem[2]) wandten, während wieder von anderer Seite die Befürchtungen bezüglich einer aus der Einkassierung der Beiträge mittelst Markenverwendung sich ergebenden außerordentlichen Arbeitslast für übertrieben angesehen wurden[3]).

Fast ein halbes Jahr ließ die Regierung der Kritik Zeit, sich mit den Grundzügen zu befassen. Im April 1888 wurde dann der „Entwurf des Gesetzes betreffend die Alters- und Invaliditätsversicherung der Arbeiter" nebst Begründung und Anlagen dem Bundesrat vorgelegt, dessen Ausschüsse denselben von Mitte Mai bis Anfang Juli in zweimaliger Lesung durchberieten[4]).

Der Entwurf wurde nun, wie er aus den Beratungen der 3 Bundesratsausschüsse hervorgegangen war, veröffentlicht und umfaßte 144 Paragraphen. Seine wesentlichste Neuerung gegenüber den Grundzügen war, daß der Abschnitt über die Organisation eine völlige Umarbeitung erfahren hatte und an die Stelle der Berufsgenossenschaften territorial abzugrenzende Versicherungsanstalten als zukünftige Träger der Versicherung gesetzt worden waren[4]). Ferner war auch der Beitragssatz ermäßigt und die Dauer des Beitragsjahres auf 47 Wochen = 282 Tage (ohne Sonntage) verringert worden; ebenso hatten die mehrfach z. B. von Brentano zu hart befundenen Uebergangsbestimmungen eine Milderung erfahren. Dagegen war es im übrigen, sowohl was die Höhe der Rente, wie was die vorläufig schablonenmäßige Behandlung der Versicherten betraf, im allgemeinen beim Alten geblieben, und auch die namentlich von großindustrieller Seite geltend gemachten Bedenken gegen das Kapitaldeckungsverfahren hatten nur zu der einen Konzession geführt, daß den Versicherungsanstalten vom Bundesrat widerruflich gestattet sein sollte, den 4. Teil ihres Vermögens mit anderer als pupillarischer Sicherheit verzinslich anzulegen.

Die Aufnahme des Entwurfs war in der Oeffentlichkeit eine überwiegend günstige.

Dr. Freund[5]) begrüßte in seinen „Bemerkungen zu dem Entwurf betreffend J.A.V." (Berlin 1888) als Anhänger der territorialen Versicherung den Fortschritt der neuen Redaktion; andererseits wünschte er allerdings die Organisation der Versicherungsanstalten weniger bureaukratisch und den Umfang der territorialen Einheit so eng abgegrenzt, daß der allmähliche Anschluß an die Krankenkassen und die Anbahnung eines Zusammenschlusses aller 3 Versicherungszweige ermöglicht werde.

Auch der Zentralverband deutscher Industriellen stimmte in einer Delegiertenversammlung am 29. September 1888 im allgemeinen dem Entwurfe zu, jedoch wünschte die große Majorität statt des Kapitaldeckungsverfahrens das Umlage-

---

[1]) Z. B. Verein Arbeiterwohl, siehe „Arbeiterwohl" 1888 S. 1—17; vergl. auch Bericht über die Verhandlungen industrieller Vereine in Schmollers Jahrbuch 12. Jahrg. S. 321 ff. und „Bemerkungen zu den Grundzügen 2c." von Th. Laver in Schmollers Jahrbuch 12. Jahrg. S. 335 ff.

[2]) Schmollers Jahrbuch 12. Jahrg. S. 316 ff.

[3]) Schmollers Jahrbuch 12. Jahrg. S. 321 ff.

[4]) Landmann und Rasp a. a. O. S. 8.

[5]) Schmollers Jahrbuch 12. Jahrg. S. 1339.

verfahren mit Ansammlung starker Reserven, während eine Minderheit sich gegen den Bureaukratismus der vorgeschlagenen Organisation des Entwurfs erklärte [1]).

Die Arbeiterpresse verharrte auf ihrem negierenden Standpunkte, aber sie erkannte beiläufig die Beseitigung der Berufsgenossenschaften als Fortschritt an.

Im übrigen wetteiferten Sozialdemokraten und Gewerkvereinler in der Abweisung des Dargebotenen. So schrieb z. B. die sozialdemokratische „Volkstribüne": Der Entwurf sei eine vollständige Unfähigkeitserklärung der mit so vielem Pomp eingeleiteten sozialen Reform. — Gewerkliche Versammlungen, die in Berlin in der nächsten Zeit fast alle paar Tage stattfanden, beschlossen — besonders um des Quittungsbuches willen — in stereotyper Wiederkehr die Unbrauchbarkeit des Entwurfs.

Vielfach wurde auch die Erhöhung der Renten und die Erstreckung des Gesetzes auf die Reliktenversorgung verlangt.

Der deutsche Aerzteverband beschäftigte sich ebenfalls auf dem deutschen Aerztetage zu Elberfeld am 17. September 1888 mit dem Entwurfe und befürwortete organisatorischen Anschluß der geplanten Versicherung an die Krankenkassen, sowie Gewährung von Invalidenrente auch bei nicht völliger Erwerbsunfähigkeit [2]).

Ende Oktober 1888 wurde mit der Beratung des Ausschußantrages im Plenum des Bundesrats begonnen, das mit großer Gründlichkeit [3]) dabei zu Werke ging. Das Hauptergebnis der bis Mitte November dauernden Beratungen war die Beseitigung der einheitlichen Beiträge und Renten und die Abstufung derselben nach 5 Ortsklassen.

So konnte denn der „Entwurf eines Gesetzes betreffend die Alters- und Invaliditätsversicherung" unter dem 22. November 1888 dem Reichstage vorgelegt werden. — Doch bevor wir die Verhandlungen daselbst verfolgen, wollen wir uns zu dem Entwurfe selbst wenden und die Motive näher betrachten, die demselben zu grunde lagen.

§ 3.

II. Geschichte der Gesetzgebung von dem Entwurfe des Jahres 1888 bis zu dem des Jahres 1897.

1. Der Gesetzentwurf von 1888.

a) Begründung des Entwurfs [4]).

Der Gesetzentwurf enthielt 147 Paragraphen und zerfiel in 8 Abschnitte: Umfang und Gegenstand der Versicherung; Organisation; Schiedsgerichte; Verfahren; Schutzvorschriften; Aufsicht; Reichs- und Staatsbetriebe; Schluß-, Straf- und Uebergangsbestimmungen.

Die Motive zum Entwurfe, in einen allgemeinen und besonderen Teil geschieden, welch ersterer die hauptsächlichsten Punkte hervorhob und der uns im folgenden hauptsächlich beschäftigen soll, suchten nach einigen einleitenden Worten zunächst zu erklären, weshalb nicht gleichzeitig auch eine Regelung der Witwen- und Waisenfürsorge mit dem Gesetz verbunden worden sei, und be-

---

[1]) Landmann und Rasp a. a. O. S. 8.

[2]) Landmann und Rasp, Kommentar zum J.V.G. S. 8. u 9.

[3]) Landmann und Rasp, Kommentar zum J.V.G. S. 9.

[4]) Vergl. Sten. Ber. d. Reichstags 1888/89. B. 4. Anl. Nr. 10 S. 31 ff.

gründeten dies damit, daß man vorläufig erst praktische Erfahrungen sammeln müsse, ob die A.J.V. die Industrie und die bez. Berufszweige nicht zu sehr belaste; denn bei Hinzutreten der Reliktenversicherung würde sich eine Mehrbelastung von 16 Mk. pro Kopf des männlichen Arbeiters ergeben. Auch würden ja die weiblichen Arbeiter mit ergriffen von der Versicherung und damit den Witwen Gelegenheit geboten, an den Wohltaten des Gesetzes teilzunehmen. Ferner werde — ganz abgesehen von der U.V. — von den öffentlichen und privaten „Anstalten der Wohltätigkeit" für die Witwen und Waisen, wenn auch nicht hinreichend, so doch einigermaßen gesorgt, und diese könnten, da sie nach dem Inkrafttreten der J.V. von Invaliden nicht mehr so sehr in Anspruch genommen würden, mit ihren Mitteln den Witwen und Waisen eine erhöhte Fürsorge zuwenden.

Einer Versicherung gegen Erwerbslosigkeit wird gar keine Erwähnung getan, obwohl man die Tatsache der Erwerbslosigkeit von Tausenden von Arbeitern, wenn auch vielleicht damals nicht so sehr, so doch sicher in den Krisenjahren der siebziger Jahre täglich vor Augen gehabt hatte.

Dann wird zunächst der Zweck der Versicherung besprochen und derselbe definiert als Fürsorge bei Erwerbsunfähigkeit — ohne Rücksicht auf das Lebensalter — in allen Fällen, in denen diese, ohne daß eine Deckung durch reichsgesetzliche U.V. vorhanden ist, nachweisbar ist („J.V."), sowie als Fürsorge von einem bestimmten Lebensjahre an auch ohne Nachweis von Invalidität („A.V."). Hierbei, so sagen die Motive, dürfe die Altersfürsorge wegen ihres subsidiären Charakters den Höchstbetrag der Invalidenfürsorge nicht erreichen, „weil sonst der Anlaß, die verbliebene Erwerbsfähigkeit weiter auszunützen, fortfallen würde"; sie solle vielmehr den Eintritt völliger Erwerbsunfähigkeit hinausschieben.

Einer eingehenden Besprechung wird sodann der Versicherungszwang und seine Ausdehnung auf die Arbeiter unterworfen. Für die Berechtigung des ersteren werden dieselben Gründe angeführt wie bei der Kr.- und U.V.-Gesetzgebung; er beruhe nämlich auf der Notwendigkeit, die Befriedigung des sozialpolitischen Bedürfnisses des Gemeinwesens sicher zu stellen, die für die Gesamtheit der Beteiligten nicht erreicht werden könne, wenn die Versicherung dem freien Willen der Beteiligten überlassen bleibe.

Dies erfordere daher Ausdehnung des Versicherungszwanges auf alle Lohnarbeiter, besonders wenn man erwäge, welche Unzuträglichkeiten bei Beschränkung des Versicherungszwanges auf einzelne Berufsklassen oder territoriale Gebiete entstehen würden wegen des häufigen Orts- und Berufswechsels der Arbeiter. Bei der U.V. sei die anfängliche Beschränkung auf einen kleinen Kreis deshalb nicht so schlimm gewesen, weil der Arbeiter eventuell nur auf einen Vorteil bei einem Betriebsunfall hätte verzichten müssen (nämlich die Unfallrente).

Daß ein Betriebsunfall sehr oft auch völlige oder teilweise Erwerbsunfähigkeit für immer zur Folge haben kann, daran dachten die Motive offenbar bei diesen Worten nicht. Auch hatte man bei der U.V.-Gesetzgebung deshalb sich zunächst mit einem so kleinen Kreise begnügt, weil man sich nicht daran gewagt hatte, das ganze Gebäude auf einmal aufzurichten. Daß letzteres, wenn es geschehen wäre, ein großer sozialpolitischer Gewinn gewesen wäre, steht außer allem Zweifel. Um so unbegreiflicher ist der Vorschlag derjenigen, welche das gleiche Verfahren wie bei der U.V.-Gesetzgebung auch bei der J.V.-Gesetzgebung angewendet wissen wollten, weil sie glaubten, daß dann der weitere Aufbau durch die allmählich gesammelten Erfahrungen derart sich gestaltet hätte, daß das Gesetz nicht so viel Antipathie gefunden haben würde, wie dies später der Fall war. — Auch der Behauptung, daß bei manchen Berufskassen, z. B. den ländlichen Arbeitern und den Dienstboten, das Bedürfnis für eine J.V. nicht so sehr vorhanden sei und diese deshalb nicht in den Versicherungszwang einzubeziehen seien, kann der Gesetzgeber deshalb kein Gehör leihen, weil, wie die Motive richtig erklären, dies nur eine ungünstige Verschiebung des Arbeitsmarktes und damit der wirtschaftlichen Produktion und schließlich eine Gefährdung der ganzen deutschen Volkswirtschaft zur Folge haben werde, ganz abgesehen davon, daß einem großen der Versicherung bedürftigen Prozentsatze der betreffenden Berufsklassen keine Fürsorge zuteil werde. — Personen, welche gewerbsmäßig einzelne persönliche Dienstleistungen bei wechselnden Arbeitgebern übernehmen (z. B. Dienstmänner, Kofferträger, Aufwartefrauen 2c.) sollten nach dem Entwurfe frei vom Versicherungszwange sein, weil die Ausführung der bez. persönlichen Dienstleistungen gegen Bezahlung für eigene Rechnung und Gefahr der betreffenden geschehe, mithin sie also als Unternehmer, nicht als Arbeiter anzusehen seien; gleichfalls dem Versicherungszwange nicht unterworfen sollten jugendliche Personen unter 16 Jahren sein, weil Invaliditätsgefahr bei ihnen gering und die Beitragsbelastung wegen des geringen Arbeitslohns zu groß sei; ferner Reichs- und Staatsbeamte, weil sie durch ihre Pension hinreichend sicher gestellt seien; dann Personen des Soldatenstandes wegen des Fehlens eines Arbeitsverhältnisses, wie es zwischen Lohnarbeiter und Unternehmer bestehe und endlich Personen, deren Pension oder eventuell Unfallrente die durch die Gesetzgebung überhaupt mögliche Höhe der Fürsorge erreiche.

Aus der Versicherungspflicht zeitweise oder dauernd ausscheidende Personen sollten, falls sie nicht freiwillig die Versicherung durch Zahlung der Gesamtbeiträge fortsetzen wollten, durch Rückerstattung der Beiträge nicht entschädigt werden, weil es sich nicht übersehen lasse, ob der jetzt Ausgeschiedene nicht demnächst wieder in ein die Versicherungspflicht bedingendes Arbeitsverhältnis zurückkehre. Eine solche Bestimmung hätte natürlich eine Härte gegenüber den betreffenden Personen bedeutet; glücklicherweise hatte der Reichstag, wie wir später sehen werden, einen besseren sozialpolitischen Blick.

Da der Arbeiter oft nicht in einem Arbeitsverhältnisse steht, so mußte natürlich auf zeitweise Arbeitslosigkeit Rücksicht genommen werden; andererseits ging man von dem versicherungstechnischen Grundsatze aus, daß Leistung und Gegenleistung sich die Wage halten müssen. So sollte daher der erst den vollen bisherigen Anspruch auf Rente verlieren, wer während 5 Jahren weder die notwendigen Beiträge — auch während der Arbeitslosigkeit — gezahlt habe noch in eine die Versicherungspflicht begründende Beschäftigung eingetreten sei.

Einem Ausfalle an Beiträgen mußte natürlich, falls die Anwartschaft nicht ganz verloren ging, eine dementsprechende Herabsetzung des Rentenanspruchs gegenüberstehen.

Vertauscht der Lohnarbeiter seine Lohnarbeit mit einer anderen Lebensstellung (selbständiger Betriebsunternehmer, Staatsbeamter u. dergl.), so ist — wie die Motive ganz mit Recht behaupten — am wenigsten die Beitragszahlung belastend. Anders ists natürlich bei Arbeitslosigkeit. Sei diese verschuldet — was übrigens schwer nachzuweisen ist — so verdiene sie, wie es in den Motiven heißt, „keine Berücksichtigung" und unverschuldete Arbeitslosigkeit glaubt der Entwurf damit zu mildern, „daß laufende Beiträge überhaupt nur für einen Bruchteil des Jahres, für eine geringere Zahl Arbeitswochen, als bei regelmäßig fortdauernder Beschäftigung in Betracht kommen würde, beansprucht werden sollten". — Wie nun? Wenn aber die Arbeitslosigkeit länger andauert, wie es besonders in Zeiten darniederliegender wirtschaftlicher Konjunktur so oft vorkommt? Dann nutzt auch die angebliche Milde des Gesetzgebers nichts; dann muß die Armenpflege eintreten und die Beiträge zahlen, oder der Arbeiter geht seines bisherigen Anspruchs verlustig.

Bescheinigte Krankheit und Militärdienst sollte, wie von selbst zu verstehen, keine Anwartschaftsnachteile nach sich ziehen. Für ersteren Fall, für den sich die Durchschnittszahl ungefähr statistisch feststellen läßt, trete zur Deckung eine entsprechende Erhöhung der allgemeinen Beiträge und für letzteren Fall der Reichszuschuß ein.

Was die Entschädigungsleistungen der Versicherung betrifft, so wählte der Entwurf die Leibrente und nicht die Kapitalversicherung, weil letztere nicht die Gewähr gebe, daß das Kapital auch richtig verwendet und nicht vergeudet werde, wodurch der Zweck der Versicherung, eine sichere Einnahme im Alter zu gewährleisten, hinfällig gemacht werde.

Die Rente selbst könne, weil der Eintritt der Erwerbsunfähigkeit ein natürlicher Vorgang sei, relativ niedrig sein (im Gegensatz zur Unfall=Rente), wenn sie nur eine bescheidene Lebenshaltung und einen Aufenthalt an billigem Ort ermögliche.

Daß das allmähliche auf Abnutzung der Arbeitskraft beruhende Eintreten der Erwerbsunfähigkeit zwar das Regelmäßige ist, aber daß ebensogut auch viele Fälle von Erwerbsunfähigkeit infolge Unfall oder Krankheit vorkommen, darauf ist oben schon (S. 18) teilweise hingewiesen.

Auch die Voraussetzung des Gesetzgebers, daß die Rentenempfänger auf das Land und in die kleinen Städte ziehen würden, hat sich bis jetzt noch nicht als nachweisbare Tatsache ergeben[1]), und die Bemessung der Höhe der Rente war dementsprechend zu niedrig.

Als Grundlage für die Festsetzung der Rente hatte man folgende Möglichkeiten in Erwägung gezogen: Abstufung der Renten nach dem Individuallohn oder nach dem Durchschnittslohn oder gleiche Renten für alle ohne Abstufung nach dem Lohn oder nach dem Durchschnittslohn der einzelnen Arbeitsorte und zwar nach dem ortsüblichen Tagelohn gewöhnlicher erwachsener Tagelöhner.

Die erste Grundlage hielt man für unmöglich, weil die Invalidität allmählich eintrete und damit auch der Arbeitsverdienst sich mehr und mehr mindere und so der Invalide bei dieser Grundlage einen nur ganz minimalen Rentenbetrag erhalte; ferner sei die hierbei notwendige fortlaufende Kontrolle wegen der Verschiedenheit des Individuallohnes und des Wechsels desselben sehr schwierig, besonders bei teilweisem oder ganzem Naturallohn. — Auch die auf Grund der U.V.=Gesetzgebung von den Unternehmern aufzustellenden Lohnnachweisungen seien für die A.J.V. nicht verwendbar, weil es sich bei denselben nur um Kollektivangaben für alle im Laufe des Jahres beschäftigt gewesenen Personen, nicht aber um Angabe über den Lohn und die Beschäftigungsdauer der einzelnen Versicherten handele, ganz abgesehen davon, daß für die Mehrzahl der unter den Entwurf fallenden Personen, besonders für die land= und forstwirtschaftlichen Arbeiter, solche Lohnnachweisungen nicht einmal aufgestellt seien.

Endlich bestehe bei Zugrundelegung von Individuallöhnen bei dem völligen Mangel einer diesbezüglichen Statistik keine Möglichkeit, eine auch nur einigermaßen zuverlässige Veranschlagung über die voraussichtliche Höhe der Renten und über den davon abhängigen Bedarf an Beiträgen aufzustellen. —

Die zweite Grundlage, Durchschnittslöhne für die einzelnen Berufszweige, sei ebenfalls unbrauchbar wegen der Verschiedenheit der Arbeitslöhne in den

[1]) Eine der ersten Aufgaben des R.V.A. dürfte die sein, entweder selbst eine diesbezügliche Erhebung anzustellen, oder darauf hinzuwirken, daß mit der nächsten allgemeinen Volkszählung eine derartige Enquete verbunden wird, damit über diesen wichtigen Punkt endlich Klarheit geschaffen wird.

einzelnen Berufsarten und des Fehlens einer bez. Statistik, die die Durchschnittslöhne genügend berücksichtige.

Die für die Ortskrankenkassen festgesetzten Durchschnittskassenlöhne seien nicht verwendbar, da die Ortskrankenkassen bald für einzelne bald für mehrere Berufszweige errichtet seien und in letzterem Falle die Zusammenfassung der Berufszweige in den einzelnen Krankenkassen eine äußerst mannigfaltige sei.

Auch werde die Zahl der Beitragsklassen zu zahlreich und damit die Kontrolle erschwert, wenn man die Durchschnittslöhne der Berufszweige maßgebend sein lasse. —

Die dritte Grundlage, feste für alle Versicherten gleiche Renten, — wie es die Grundzüge beabsichtigt hatten —, sei zwar am einfachsten und praktisch am besten durchführbar, aber sie sei ungerecht, weil die besseren Löhne im Nachteil blieben. Ebenso sei ein gleicher Beitrag zu verwerfen, weil dann die hohen Löhne vor den anderen im Vorteil seien.

Alle diese erwähnten Unzuträglichkeiten glaubte man in Wegfall bringen zu können, wenn man analog der Bestimmung über die Höhe des Krankengeldes in der Gemeindekrankenversicherung einen Durchschnittslohn der einzelnen Arbeitsorte und zwar nach dem ortsüblichen Tagelohn gewöhnlicher erwachsener Tagelöhner maßgebend sein lasse. Dadurch werde auch die praktische Durchführung der A.J.V. leichter, und bei weiblichen und männlichen Arbeitern an demselben Ort werde der Beitrag einheitlich und die Rente gleichartig. —

Mit dieser Einteilung in Ortsklassen, deren fünf errichtet werden sollten mit dem jährlichen Normallohnsatz von 1 Mk. (I. Ortsklasse), 1,01—1,40 Mk. (II. Ortsklasse) 1,41—1,80 Mk. (III. Ortsklasse), 1,81—2,20 Mk. (IV. Ortsklasse), 2,21 Mk. und darüber (V. Ortsklasse) des ortsüblichen Tagelohns hatte man sich zwar die Aufgabe erleichtert; aber die ungleiche Behandlung der verschiedenen Löhne innerhalb eines örtlichen Bezirkes blieb bestehen.

Entsprechend den Ortsklassen sollten also nun die J.R. um des erzieherischen Charakters des Gesetzes willen von 72 Mk. anfangend eine Abstufung erhalten und zwar in dem Verhältnis 3 : 4 : 5 : 6 : 7, während man dies bei den A.R. nicht für nötig hielt. Für weibliche Versicherte sollte eine Ermäßigung um $33^1/_3$ % dieser Rentenbeiträge und der Höhe des Normallohnsatzes eintreten, was dem Durchschnittsverhältnis der ortsüblichen Tagelöhne männlicher Personen einerseits und weiblicher Personen andererseits im allgemeinen entspreche. —

Die A.R. wurde so festgesetzt, daß sie den Mindestbetrag der J.R., 24 % bezw. 16 % des für den Berechtigten in Betracht kommenden Normalsatzes, nicht überstieg, in der Erwägung, daß die A.R. als Zuschuß zu dem Arbeitslohn zu betrachten sei, den der noch Arbeitsfähige zu erwerben imstande sei. — Bei Naturallöhnung wurde auch die Gewährung der Rente in dieser Form zugelassen.

Daß man die Beschäftigungsdauer für den Bezug der Renten maßgebend sein ließ, war selbstverständlich, und es war richtig, daß man eine entsprechende Wartezeit vor Erlangung der J.- bezw. A.R., welch letztere mit Vollendung des 70. Lebensjahres eintreten sollte, für unentbehrlich hielt, weil sonst jeder, der nur kurze Beschäftigungsdauer nachweisen konnte, Anspruch auf die Mindestrente erlangt haben würde. Der Gesetzentwurf bemaß hiernach die Wartezeit bei der A.R. (30 Jahre) deswegen viel länger als bei der J.R. (5 Jahre, mit einem Hinuntergehen auf 1 Jahr in den Fällen, in welchen Billigkeitsgründe die Gewährung eines Teils der Rente, nicht der vollen Rente, schon vor Erfüllung der regelmäßigen Wartezeit gerechtfertigt erscheinen lasse), weil der Anspruch auf J.R. nicht im voraus berechnet werden könne und eine Spekulation auf den Bezug der J.R. somit also mindestens sehr erschwert sei, während der Zeitpunkt der Berechtigung zum Bezug der A.R. allemal feststehe.

Nicht richtig aber war, besonders vom juristischen Standpunkte aus, daß man Billigkeitsgründe gelten ließ bei Erlangung der J.R. Wenn man den Rentenbezug in gewissen Fällen erleichtern wollte, so hätte man die Uebergangsbestimmungen (Nachweis einer 3jährigen die Versicherungspflicht bedingenden Beschäftigung zum Bezug der A.R. und mindestens 1jährigen Beitragszahlung zum Bezuge der Hälfte der J.R.) viel milder gestalten sollen. Hier wäre eine Erleichterung am Platze gewesen.

Die Kosten für die Invaliden- und Altersfürsorge der Arbeiter hatte man unter das Reich, die Arbeitgeber und die Arbeiter gleichmäßig verteilt, mit der Begründung, daß alle diese an der humanen Sicherstellung des Loses der Arbeiter ein gleiches Interesse hätten.

Die Beiträge zur Aufbringung der Mittel wurden derart festgesetzt, daß sie einen bestimmten Prozentsatz des Normallohnsatzes betrugen und in demselben Verhältnis wie die Renten abgestuft: 12 Pfg., 16 Pfg., 20 Pfg., 24 Pfg. und 28 Pfg. in den Klassen I—V für Männer und für weibliche Versicherte $^2/_3$ hiervon d. h. 8 Pfg., 10 Pfg., 12 Pfg., 14 Pfg., 16 Pfg. pro Woche. Das Beitragsjahr sollte 47 Wochen betragen. —

Eine Abstufung nach Gefahrenklassen wurde wegen der Interessengemeinschaft innerhalb der einzelnen Berufszweige für nicht erforderlich und wegen der Schwierigkeit der Kontrolle und der Bemessung des Beitrags für unausführbar erachtet, ebenso eine solche hinsichtlich der Berufszweige, weil hier statistische Grundlagen für die Invaliditätsgefahr in denselben fehlten, ganz abgesehen davon, daß wenige gefährliche Berufszweige ohne ausreichenden Grund die größeren Risiken anderer Berufszweige hätten mittragen müssen.

Den Vorzug des im Entwurfe vorgeschlagenen dem Versicherungsprinzip entsprechenden Prämienverfahrens[1]) vor dem Umlageverfahren[2]) (wie bei der U.V.) suchten die Motive folgendermaßen zu beweisen: Das Umlageverfahren, bei welchem die Last allmählich steige, sei nur da empfehlenswert, wo eine gewisse Solidarität der jetzt und künftig beitragenden Personen eine derartige Beschwerung der Zukunft rechtfertige, was aber bei den in den verschiedenen Betriebszweigen nach einander beschäftigten Arbeitern nicht der Fall sei. Auch erreichten die Beiträge bei Anwendung des Umlageverfahrens mit der Zeit eine für den Arbeiter unerschwingliche Höhe und die mit Inkrafttreten des Gesetzes gegenwärtig Versicherten würden, was Beitragszeit und -höhe betrifft, vor den später Versicherten im Vorteil sein. Dazu komme ferner, daß auch für die Unternehmer das Umlageverfahren solche immer mehr steigende Kosten verursachen werde, daß dies selbst für ganze Berufszweige verhängnisvoll werden könne. Diesen Nachteilen des Umlageverfahrens gegenüber müsse das Bedenken gegen das Prämienverfahren zurücktreten, daß es zur Ansammlung großer Kapitalien führe, die keine oder nur wenig Zinsen brächten und der Volkswirtschaft entzogen seien.

Mit der Schwierigkeit der Verwaltung so großer Vermögensbestände, die außerdem noch dadurch geringer würden, daß das Reich die Beiträge nach dem jedesmaligen tatsächlichen Jahresbedarf aufbringe, müsse sich die Verwaltungsorganisation zurecht finden.

Eine eingehende Erörterung findet in den Motiven dann weiter die Frage des verwaltungsorganisatorischen Anschlusses der zu gründenden Versicherung

---

[1]) D. h. die Höhe der Beiträge muß ausreichend sein, um den Kapitalwert der in den einzelnen Jahren entstehenden Belastung zu decken.

[2]) D. h. der in jedem Jahr erwachsende Bedarf wird nach Schluß des Jahres auf die Beteiligten dieses Jahres umgelegt und die Fürsorge für die Zukunft kommt nur etwa in der Schaffung eines Reservefonds zum Ausdruck.

an eine der schon bestehenden Versicherungen (U.V. bezw. Kr.V.). — Der innere Zusammenhang, wenigstens mit der U.V., wird in den Motiven anerkannt; auch aus praktischen Gründen, so gaben sie zu, sei die Anlehnung der A.J.V. an eine der erwähnten Versicherungen nicht von der Hand zu weisen, da die tunlichste Benutzung vorhandener Organisationen für gleichartige Zwecke grundsätzlich der Bildung neuer Organisationen vorzuziehen sei. Jedoch sprächen große Bedenken dagegen.

Einmal spräche gegen eine Uebertragung der Verwaltungsorganisationen an die Berufsgenossenschaften der verschiedene Umfang der Versicherung bei beiden Versicherungsarten, der Wechsel, dem die berufsgenossenschaftliche Organisation unterworfen ist und besonders der Umstand, daß die berufsgenossenschaftliche Organisation einerseits sehr große Bezirke der Verwaltungsorgane und andererseits das Nebeneinanderwirken von Organen aller Berufsgenossenschaften in demselben Bezirk bedinge. Dadurch werde der Verkehr der Versicherten mit den Versicherungsanstalten und die unterstützende Aufgabe der unteren Verwaltungsbehörden sehr erschwert; auch sei die bei der J.V. notwendige Kontrolle wegen des fortwährenden Berufswechsels äußerst schwierig und damit auch der stetige Wechsel der Versicherungsanstalten kaum durchführbar. — Schließlich werden noch Urteile aus dem Kreise der Beteiligten selbst angeführt, die die Uebertragung der Verwaltungsorgane an die Berufsgenossenschaften verwarfen wegen der entstehenden großen Arbeitslast und des Risikos bei Verwaltung so riesiger Vermögensbestände.

Gegen die Uebertragung der Verwaltungsorganisation an die für die Kr.V. verwertete Kassenorganisation werden als Bedenken geltend gemacht: Die Verschiedenartigkeit der Krankenkassen und der Wechsel ihres Bestands, der kleinere Kreis der versicherten Personen bei der Kr.V. und der Mangel der Verwaltungskräfte und der Garantie der Sicherheit.

Die Errichtung einer einheitlichen Gesamtorganisation der Arb.V. wird ebenfalls verworfen wegen der Verschiedenheit der Zweige der Arbeiterfürsorge und weil es nicht gut sei, alte Organisationen, die sich bewährt hätten, zu zerstören, um etwas Neues zu schaffen, dessen Wirkungen man noch nicht kenne.

Die Uebertragung der A.J.V. an eine große Reichsversicherungsanstalt wird wegen der schweren Durchführbarkeit und der Unzuträglichkeiten, die sie verursache, ebenfalls für unzweckmäßig erklärt; denn eine solche Zentralisation werde ein riesiges Beamtenpersonal erfordern, die Behörden belasten und auch bei den bundesstaatlichen und gemeindlichen Behörden auf ernsten Widerstand stoßen. — Eine Errichtung besonderer Landesversicherungsanstalten neben der Reichsversicherungsanstalt werde gerade den Zweck, den man suche, die Einheitlichkeit vernichten.

In Erwägung aller dieser Bedenken entschied sich der Entwurf für eine dezentralisierte Verwaltung durch Errichtung besonderer Versicherungsanstalten mit selbständiger juristischer Persönlichkeit für örtliche Bezirke, welche der politischen Einteilung des Reichs entsprachen. Von diesen territorialen Versicherungsanstalten versprachen sich die Motive eine bedeutende Erleichterung der Verwaltung. —

Ich will es hier unterlassen, zu prüfen, ob die in den Motiven angeführten Gründe stichhaltig waren oder nicht, aber doch das eine nicht unerwähnt lassen, daß es zwar eine bessere Wahl war, die Versicherungsanstalten zu Trägern der Versicherung zu machen, anstatt die Berufsgenossenschaften dazu auszuersehen, aber daß es viel vorteilhafter gewesen wäre, wenn man noch einen Schritt weiter gegangen wäre und möglichst kleine Bezirke, wie es der Entwurf von 1899 vorschlug, als Verwaltungskörper geschaffen hätte. — Auch den Punkt möchte ich wenigstens berühren, daß für eine Zentralisation der Arb.V. sicher die größere Einheitlichkeit der Verwaltung sprach, sowie die größere Billigkeit der letzteren und die Verminderung der mit den verschiedenen Zweigen der Arb.V. für Arbeitgeber und Arbeiter notwendig verbundenen Unzuträglichkeiten.

Doch man entschied sich für Isolierung der A.J.V. und für Errichtung von territorialen Organen, die ein viel zu großes Gebiet umfaßten, als daß ein eingehender Verkehr mit dem einzelnen Versicherten ermöglicht worden wäre; auch die Bestellung von Vertrauensmännern als örtlichen Organen konnte diese Lücke zwischen Versicherten und Versicherungsanstalten absolut nicht genügend ausfüllen. Nur das eine versprachen die Motive, man werde bestrebt sein, zwischen den Versicherungsanstalten der A.J.V. und den anderen Zweigen der Arb.V. möglichst viele Berührungspunkte herzustellen.

Die Beteiligung der Versicherten an der Verwaltung war natürlich unerläßlich; dafür sprach schon der Gesichtspunkt, daß sie den 3. Teil der Lasten tragen sollten; und zwar sollten Arbeitgeber und Arbeiter beim Ausschuß, dem etwaigen Aufsichtsrat, bei Abstimmungen in den Schiedsgerichten, dem Reichsversicherungsamt und den Landesversicherungsämtern gleichmäßig vertreten sein, während von der obligatorischen Beteiligung der Versicherten am Vorstande der V.Anst. deswegen abgesehen wurde, weil die laufenden Geschäfte des Vorstandes weder von Arbeitgebern noch von Versicherten so rasch und gut geführt werden könnten, wie es das Interesse der Sache erfordere; hier seien vielmehr öffentliche Beamte nötig.

Zur Wahrung der Interessen des Reichs und der mitbeteiligten Interessen anderer V.Anst. nahm der Entwurf die Bestellung von Staatskommissaren mit weitgehender Befugnis in Aussicht, was befürchten ließ, daß die V.Anst. in ihrer Selbstverwaltung sehr gehemmt werden würden.

Schon bestehende einzelne bewährte Einrichtungen, wie Eisenbahnpensionskassen und Knappschaftskassen, sollten nach dem Entwurfe bestehen bleiben und den V.Anst. in allen Beziehungen gleichgestellt werden. Ebenso sollten den Reichs- und Staatsbetrieben (wie im U.V.G.) gestattet sein, für die in ihren Verwaltungen beschäftigten versicherungspflichtigen Personen die A.J.V. für eigene Rechnung durchzuführen.

Die Verteilung der Last unter die V.Anst. sollte einem besonderen Rechnungsbureau des Reichsversicherungsamts übertragen werden, damit es feststelle, mit welchem Betrag der einzelne Fall die einzelnen beteiligten V.Anst. tatsächlich belaste. Man wollte dadurch dem vorbeugen, daß infolge des Berufswechsels der Arbeiter bei Nachlassen der Kräfte V.Anst., in denen Berufszweige mit schwerer Arbeit und hohen Löhnen überwiegen, zum Nachteile anderer V.Anst. eine unverhältnismäßig geringe Belastung erfahren könnten.

Der letzte wichtigere, einer eingehenden Begründung bedürfende Punkt in dem Entwurfe betraf das Markensystem. Nach einer längeren Erklärung des Quittungsbuchs, der Marken und des Einklebens derselben wird in den Motiven darauf hingewiesen, daß im Entwurfe vorgesehene Strafbestimmungen eventuelle Vermerke der Arbeitgeber im Quittungsbuche über die Qualifikation des Arbeiters unmöglich machten und diesbezügliche Befürchtungen also grundlos seien. Diese Quittungsbücher, so heißt es in den Motiven, dienten lediglich als Versicherungsausweis und würden besondere Quittungen und die Führung fortlaufender Register entbehrlich machen, deren Anwendung (statt der Quittungsbücher) bei Ortswechsel des Versicherten eine fortwährende Verschickung benötigten.

Zuletzt widmen die Motive noch einige Worte der Frage, wer nach dem Entwurfe den Anspruch auf Rente entscheiden solle (V.Anst.) und wie der Instanzenweg bei Berufungen verlaufe (R.V.A. = letzte Berufungsinstanz).

Dies waren die Punkte, welche die Motive besonders hervorhoben. Dabei wurde ein ganzer Abschnitt nur nebensächlich im besonderen Teile der Motive behandelt, der schon in der Kommissionsberatung wegfallen sollte, nämlich „die Schutzvorschriften" d. h. Vorschriften zur Verhütung von Krankheiten, und deren Notwendigkeit lediglich damit begründet, daß man sich auf die U.V. berief, bei der sie ebenfalls sich als zweckmäßig herausgestellt hätten.

Außer dem Entwurfe hatten die verbündeten Regierungen, wie schon kurz angedeutet, eine Denkschrift[1]) veröffentlicht und zwar betreffs der Höhe der finanziellen Belastung, welche durch den Gesetzentwurf voraussichtlich hervorgerufen werde. Hierbei dürfte es nicht ohne Interesse sein, auf eine Erörterung der statistischen Grundlagen kurz einzugehen, welche für die Berechnungen zur Verfügung standen und welche man dabei verwertete.

Die Mittel zur Gewährung der A.- und J.R. sollten — von den Verwaltungskosten vorläufig abgesehen — vom Reiche im Wege des Umlageverfahrens, von den Arbeitgebern und Arbeitern (Versicherten) im Wege des Prämienverfahrens zu je einem Drittel aufgebracht werden. Leistung (Beiträge und Reichszuschuß) und Gegenleistung (Renten) müssen nun, für die Gesamtheit berechnet, sich decken; die Höhe der ersteren ist also von dem Werte der letzteren abhängig. Der Gesamtwert der Renten richtet sich aber nach der Zahl und dem Werte der Einzelrenten, welche wiederum abhängig sind von dem Eintritt des Alters bezw. der Invalidität und der ferneren Lebensdauer der einzelnen Berechtigten. Der Gesamtwert der Beiträge dagegen richtet sich nach der Zahl der Beitragenden und der Dauer der Beitragsleistung (Aktivitätsdauer), welche beendet wird durch den Tod oder den Eintritt der Invalidität.

Zur Berechnung des Wertes, welchen Leistung und Gegenleistung für jeden einzelnen Versicherten hatten, war demnach an statistischen Grundlagen erforderlich:

1. eine Invaliditätstafel,
2. Sterbetafeln und zwar
   a) eine Sterbetafel für invalid gewordene Personen,
   b) eine Tafel der Wahrscheinlichkeitswerte für Aktive, ohne vorherige Invaliditätserklärung zu sterben.

Der Wert von Leistung und Gegenleistung ist nun für die einzelnen Versicherten je nach ihrem Lebensalter verschieden. Um daher den Gesamtwert beider Leistungen für alle einer Versicherungsanstalt angehörenden Personen ermitteln zu können, mußte ferner festgestellt werden,

3. in welchem Verhältnis sich die in Betracht kommenden Personen über die einzelnen Altersjahre verteilen.

Diese Grundlagen waren nun für männliche Personen vorhanden, dagegen fehlte es bei weiblichen Personen rücksichtlich ihrer Invaliditäts- und Sterbenswahrscheinlichkeiten an genauen statistischen Unterlagen. Jedoch glaubte man auf Grund der vorhandenen statistischen Daten, daß sich die Rechnungsgrundlagen für weibliche Personen hinsichtlich der Höhe der finanziellen Belastung nicht ungünstiger stellen würden[2]).

Von den zahlreichen Bearbeitungen über invaliditätstheoretische Fragen (z. B. von Dr. Heym, G. Zeuner, Wiegand, Behm, Dr. Zimmermann, Dr. Schlokow, Münscher, Kaan, Dr. Zillmer) wählte man als

[1]) „Denkschrift über die Höhe der finanziellen Belastung, welche durch den Gesetzentwurf betreffend die A.- und J.V. voraussichtlich hervorgerufen wird." Sten. Ber. d. Reichstags 1888/89 Anl. Nr. 10.

[2]) Nähere Gründe für diese etwas zweifelhafte Annahme führten die Motive merkwürdigerweise nicht an.

Grundlage zu den Berechnungen die Behmsche Invaliditätstafel[1]), weil sie sich den Invaliditätsverhältnissen bei Arbeitern verschiedener Berufe am besten anpasse und für den Durchschnitt der zu versichernden Personen genügend hohe Werte liefere.

Bezüglich der Wahl der Sterbetafeln für Invalide entschloß man sich zur Anwendung der Zimmermannschen Sterbetafel, weil dieser einmal das sicherste und umfangreichste Material zu Grunde lag und weil andererseits nach dieser Tafel die Sterbenswahrscheinlichkeiten für Invalide in den einzelnen Lebensjahren durchweg niedriger waren als nach den bisherigen Beobachtungen für andere Berufsarten und vom Alter von 69 Jahren ab sogar noch hinter den Wahrscheinlichkeitswerten der allgemeinen deutschen Sterbetafel zurückblieben. — Daher modifizierte man vom Alter von 69 Jahren ab (wegen des Eintritts der A.R. mit 70 Jahren) bei Verwendung der Zimmermannschen Sterbetafel diese nach den Sterbenswahrscheinlichkeiten der deutschen Sterbetafel.

Als Grundlage zur Berechnung der Wahrscheinlichkeitswerte für Aktive, ohne vorherige Invaliditätserklärung zu sterben, diente die vom Kaiserlichen statistischen Amt aufgestellte Sterbetafel für die Gesamtbevölkerung des deutschen Reichs[2]). Zur Ermittelung des Alters der zu versichernden Personen hielt man für die Berechnung die Berufsstatistik vom 5. Juni 1882 für direkt maßgebend, während für die Zahl der zu versichernden Personen mit Rücksicht auf die stetige Bevölkerungsvermehrung zu den berufsstatistischen Nachweisungen ein Zuschlag gemacht wurde.

In der Annahme nun, daß die versicherungspflichtige Personenzahl, die am 5. Juni 1882 10032371 (6775303 männliche und 3357068 weibliche) Personen betrug, sich in gleichem Verhältnisse vermehrt habe wie die über 16 Jahre alte männliche bezw. weibliche Bevölkerung des Deutschen Reichs in den Jahren Ende 1880 bis Ende 1885, berechnete man die jährliche Vermehrung der letzteren mit Hilfe der Zinseszinsformel und erhielt so für Mitte 1889

7092633 männliche und

3439100 weibliche über 16 Jahre alte versicherungspflichtige Personen. Hierzu mußte man noch diejenigen rechnen, welche als Familienangehörige selbständiger Landwirte in deren Betrieben erwerbstätig waren, eine über die Gewährung freier Station hinausgehende Löhnung bezogen und deshalb der Versicherungspflicht unterlagen. In Abzug zu bringen waren dagegen die in der Berufsstatistik unter „Lohnarbeit wechselnder Art" nachgewiesenen Personen, soweit dieselben nicht versicherungspflichtig waren (§ 1 Abs. 2 des Entwurfs). Wie groß in beiden Fällen die in Betracht zu ziehende Personenzahl war, ließ sich nicht bestimmen. In der Erwägung indessen, daß für die Berechnung des mittleren Beitrags nur die relative Alterskombination, nicht auch die Zahl der zu versichernden Personen bekannt sein müsse, daß diese Zahl lediglich dazu dienen solle, einen Ueberblick über die Gesamtbelastung, insbesondere über den Reichszuschuß zu gewähren, somit also ein Fehlgriff in der zu versichernden Zahl von Personen auf die finanzielle Leistungsfähigkeit der gesamten

---

[1]) Rechnungsrat G. Behm (Berlin), „Statistik der Mortalitäts-, Invaliditäts- und Sterblichkeitsverhältnisse", worin Behm die auf Anraten des Direktors der Lebensversicherungsgesellschaft „Iduna" zu Halle a. S., Dr. Wiegand, von Seiten des Vereins deutscher Eisenbahnverwaltungen angestellten umfassenden statistischen Erhebungen nach dem Tode desselben bearbeitet hatte. — Diese Bearbeitungen wurden, als G. Behm starb, von Dr. Zimmermann in Berlin fortgesetzt in dem Buche: „Ueber Dienstunfähigkeits- und Sterbeverhältnisse vom Jahre 1884" sowie den „Beiträgen zur Theorie der Dienstunfähigkeits- und Sterbestatistik" vom Jahre 1885 und 1886. Berlin 1886, 1887 und 1888.

[2]) Statistisches Jahrbuch für das Deutsche Reich, Jahrg. 1887 S. 17.

Versicherung ohne Einfluß sei, begnügte man sich für die Rechnungen mit einer überschläglgen Schätzung der Zahl der genannten Personen beider Kategorien.

Unter der weiteren Annahme, daß von den in der Berufsstatistik nachgewiesenen „erwerbstätigen Angehörigen selbständiger Landwirte" ein Drittel versicherungspflichtig und von den unter „Lohnarbeit wechselnder Art" nachgewiesenen Personen die Hälfte nicht versicherungspflichtig sei, kam man für Mitte 1889 insgesamt auf rund

7 322 000 männliche und
3 696 000 weibliche

zusammen 11 018 000 Personen, welche als versicherungspflichtig anzusehen waren.

Diese Zahl sollte zur Ermittelung der Gesamtbelastung und der Höhe des Reichszuschusses verwertet werden.

Dies waren die statistischen Grundlagen, die zur Berechnung von Leistung und Gegenleistung dienten. Man hatte dabei damals schon befürchtet, daß die eingehenden Beitragssummen in einzelnen Versicherungsanstalten im Mißverhältnis zu den Ausgabeverpflichtungssummen stehen würden, falls sich nicht etwa herausstellen sollte, daß die Mehrbelastung, welche Berufszweige mit größerer Invaliditätsgefahr durch die größere Zahl der Invaliden hervorrufen werde, durch eine entsprechend größere Sterblichkeit, also eine kürzere Lebensdauer der letzteren ausgeglichen werde. Aber man hatte diese Befürchtung nur insofern gehegt, als die Invaliditäts- und Sterbetafeln sich verschieden gestalten würden, je nachdem eine Versicherungsanstalt mehr gefahrvolle Berufszweige umfasse als die anderen; Berufszweige, in denen die Gefahr des Erkrankens größer und die Aufzehrung der Körperkraft schneller sei. — Die Möglichkeit einer später für die finanzielle Entwickelung der Anstalten so bedeutungsvoll gewordenen Verschiedenheit der Altersgruppierung in den einzelnen Versicherungsanstalten zog man damals nur in geringem Maße bei Aufstellung der für die Versicherung benötigten Berechnungen in Betracht.

§ 4.

b) Der Gesetzentwurf von 1888 im Reichstage.

Die Verhandlungen über den Entwurf im Reichstage begannen am 6. Dezember 1888 und wurden mit einer längeren Rede des Staatssekretärs des Innern, Staatsministers v. Bötticher eingeleitet, der auf die Hauptprinzipien des Gesetzentwurfs und die voraussichtlichen Hauptstreitpunkte hinwies. Nach ihm trat sofort als Wortführer der Sozialdemokraten Abg. Grillenberger auf und zählte in einer langen Rede die Mängel des Entwurfs auf. Besonders vermißte er eine Witwen- und Waisenversorgung und tadelte die Art der Organisation und die Verteilung der Beiträge; auch gegen den späten Beginn der Altersversorgung (er forderte Herabsetzung der Altersgrenze auf 65 Jahre) wandte er sich, ferner gegen die Niedrigkeit der Rente, das Markensystem und die zweckwidrige und widersinnige Ansammlung von Kapitalien, sowie gegen den Begriff der dauernden Erwerbsunfähigkeit und dagegen, daß keine Rückvergütung der gezahlten Beiträge vorgesehen sei für die, welche aus der Versicherung austreten würden. Statt der im Entwurfe vorgeschlagenen Organisation forderte er die Gründung eines Reichsversicherungsamts mit Bildung von kleinen kommunalen Verbänden, die mit der Reichsversicherungsanstalt in direkter Verbindung ständen, statt der Ortsklassen schlug er Lohnklassen (von 90 Mk., 120 Mk., 150 Mk., 180 Mk. und 210 Mk.) vor.

Von den übrigen Parteien wurde der Gesetzentwurf im allgemeinen günstig aufgenommen; gleichwohl fehlte es natürlich auch bei ihnen nicht an Abänderungsvorschlägen.

Die Konservativen stimmten im wesentlichen dem Entwurfe bei, hielten jedoch die Altersversorgung für überflüssig, da mit 70 Jahren die Invalidität, wenn nicht sofort, so doch sehr bald eintrete.

Die Nationalliberalen, die früher an Stelle der Altersversorgung eine Versorgung für Halbinvalidität gesetzt haben wollten, hielten nun, überzeugt von der sozialpolitischen Bedeutung der Altersversorgung die weitere Entwickelung des Krankenkassenwesens für den natürlichen Weg, um für die nichtdauernde Halbinvalidität zu sorgen. Ferner wünschten sie die Einrichtung von Lohnklassen statt der Ortsklassen, die Beseitigung des Quittungsbuchs und Errichtung einer Reichsanstalt als Träger der Versicherung.

Das Zentrum [1]) bemängelte ebenfalls das Ortsklassensystem, weil es nur auf die verschiedenen Gegenden, aber nicht auf die individuellen Lebensverhältnisse Rücksicht nehme und vermißte die Fürsorge für Halbinvalidität und zeitweise Erwerbsunfähigkeit; auch wies es auf den Mangel der Witwen- und Waisenfürsorge, sowie der Erziehungsbeihilfe für unversorgte Kinder von Invaliden hin und ferner darauf, daß vielen Versicherten durch Heirat oder Übertritt in eine andere Lebensstellung 2c. das Recht auf Rente verloren gehe, wenn sie nicht weiter freiwillig Beiträge zahlten.

Die Zentrumsmitglieder waren übrigens, ebenso wie die polnischen Abgeordneten, die einzigen, welche den von der Regierung verlassenen Standpunkt befürworteten, die Berufsgenossenschaften zu Trägern der A.J.V. und überhaupt der ganzen Arb.V. zu machen. — Die Polen hatten außerdem noch Bedenken gegen den Reichsbeitrag und das Prämiendeckungsverfahren.

Am wenigsten von den Reichstagsparteien gefiel natürlich den Freisinnigen der Entwurf, weil er ihrem Prinzip der individuellen Freiheit durch die Zwangsversicherung widersprach. Der freisinnige Abg. **Rickert** warnte sogar Arbeiter, wie Arbeitgeber und ebenso die Kommunen und die Landwirtschaft vor den Wohltaten des Entwurfs und behauptete, daß erstere mit dem, was man ihnen zwangsweise abnehme, etwas erwerben könnten, was viel mehr Wert habe als die Rente (z. B. Gründung eines Geschäftes u. a. m.). Als Folge des Gesetzentwurfes wurde von ihnen das gerade Gegenteil dessen, was der Entwurf bringen sollte, nämlich des sozialen Friedens, prophezeit.

3 Sitzungen füllte die Generaldiskussion über den Entwurf aus, der hierauf einer Kommission von 28 Mitgliedern zur weiteren Vorberatung überwiesen wurde.

Die Kommission entledigte sich ihrer Aufgabe in 11 Sitzungen [2]) und nahm zahlreiche Abänderungen vor, welche hauptsächlich von der Absicht getragen waren, die Bestimmungen des Entwurfs für die Arbeiter günstiger, für die Arbeitgeber weniger lästig und für das Publikum verständlicher zu machen.

In der Generaldiskussion der 1. Lesung des Entwurfs in der Kommission wurde von einer Seite hervorgehoben, daß es besser sei, statt jetzt schon mit einer A.J.V. hervorzutreten, lieber die Kr.V. zu erweitern, an welche dann später die J.V. angegliedert werden könne.

Im übrigen wurden bezüglich der Abänderung in der Kommission die gleichen Wünsche geäußert wie im Plenum. Eine lebhafte Debatte entspann sich über die Festsetzung der Altersgrenze als Beginn der Altersversorgung und die Einbeziehung

---

[1]) Vergl Rede des Abgeordneten Dr. **Hitze** in der 10. Sitzung vom 7. Dezember 1888 S. 171 ff.

[2]) Vergl. Sten. Ber. d. Reichstags, VII. Legislaturperiode IX. Session 2. Anl.-Bd. S. 895 ff.

bezw. Nichteinbeziehung der Halbinvalidität in die Versicherung. Hinsichtlich des letzteren Punktes wurde seitens eines Bundesratsbevollmächtigten auf die Mehrbelastung und die Schwierigkeit der Feststellung der Halbinvalidität hingewiesen und von der Einbeziehung derselben abgeraten. Dem schloß sich in der 1. Lesung auch die Majorität an. In der 2. Lesung dagegen wurde der Begriff der Invalidität dahin erweitert, daß als erwerbsunfähig derjenige zu betrachten sei, welcher noch imstande sei, einen Betrag zu verdienen, der einer Summe gleichkomme, die sich aus $^1/_6$ des mittleren Jahresarbeitsverdienstes der betreffenden Lohnklasse und $^1/_4$ des 300fachen Betrags des ortüblichen Tagelohns zusammensetze.

Hinsichtlich der Altersgrenze wünschte die Majorität in der 1. Lesung im Gegensatz zur Regierung eine Herabsetzung auf 65 Jahre, während in der 2. Lesung das 70. Lebensjahr als Grenze beibehalten wurde, hauptsächlich wegen der voraussichtlich zu großen finanziellen Belastung.

Das vielfach so sehr angegriffene Ortsklassensystem wurde durch das schon in der 1. Lesung im Reichstag vorgeschlagene Lohnklassensystem ersetzt und zwar:

	2. Lesung	1. Lesung
I. Klasse	bis 350 Mk.	bis 400 Mk.
II. "	350—550 "	400—550 "
III. "	550—850 "	550—700 "
IV. "	über 850 "	700—850 "
V. "	— "	über 850 "

Es gingen also aus der Kommissionsberatung schließlich 4 Lohnklassen hervor statt der im Entwurfe vorgeschlagenen 5 Ortsklassen.

Die Rentensätze wurden in der 2. Lesung durchschnittlich erhöht und zwar die Anfangsrente von $12^1/_2$ auf $16^0/_0$ und die Maximalrente von 30 auf $33^1/_3{}^0/_0$ des Jahresarbeitsverdienstes.

Ferner wurde der Reichszuschuß auf 50 Mk. jährlich für jede Rente festgesetzt und das reine Prämiensystem durch ein für die Arbeitgeber günstigeres System der Kapitaldeckung hinsichtlich der Bemessung der Beiträge ersetzt, durch welches für eine bestimmte Zeitperiode — zunächst für eine Periode von 10 Jahren, dann für 5jährige Perioden — der Kapitalwert derjenigen Renten aufgebracht werden sollte, welche in dieser Periode erwachsen würden.

Bezüglich des Markensystems lagen 4 Anträge vor, die in der Hauptsache teils eine Ersetzung der Quittungsbücher durch Karten, teils völlige Abschaffung und Zahlung an Hebestellen verlangten.

Der erstere Vorschlag ging durch; an die Stelle der Quittungsbücher wurden Quittungskarten gesetzt. Im übrigen aber blieb das Markensystem bestehen.

Die Rentenkürzung wegen Beitragsausfalls wurde beseitigt und die Rückerstattung der Beiträge zugelassen, sowie die Wiedergewinnung einer verloren gegangenen Rentenanwartschaft in gewissen Fällen erlaubt.

Auch die Uebergangsbestimmungen erhielten eine für die Versicherten günstigere Gestalt.

Die im Entwurfe vorgesehenen Schutzvorschriften zur Verhütung von Krankheit ꝛc. wurden gestrichen, weil es — wie verschiedentlich geäußert wurde — angesichts der Gesundheitspolizei nicht geboten erscheinen könne, einzelnen V.Anst. den Erlaß der betreffenden Schutzvorschriften zu gestatten.

Ebenso wurde auch der Abschnitt „Reichs- und Staatsbetriebe“ gestrichen, weil es undefinierbar sei, warum Reichs- und Staatsbetriebe mit besonderen Bestimmungen bedacht würden bezw. eine Ausnahmestellung einnähmen.

Dagegen wurden die sog. „Rentensparkassen“, die in der ersten Lesung die Bezeichnung „Alterssparkassen“ erhalten hatten, neu eingefügt. Sie sollten Gelegenheit geben zu freiwilliger Anlage von erspartem Geld auf Zinseszins, und die versicherten Einleger sollten gleichzeitig mit Bezug der J.R. bezw. A.R. (1. Lesung: mit dem 60. Lebensjahr) Anspruch haben auf die Gewährung einer dem Leibrentenwerte ihres Guthabens entsprechenden Zusatzrente.

Dies sind die wesentlichsten Neuerungen, die die Kommission an dem Entwurfe vornahm. Dazu kommen noch viele weniger wichtige und besonders redaktionelle Aenderungen z. B. Ausschluß der Apothekergehilfen und -Gesellen vom Versicherungszwang, Zugrundelegung des Durchschnittswertes anstatt Durchschnittspreises bei Naturallöhnung u. s. w.

Ueber die Tätigkeit der Kommission erstattete Frhr. v. Manteuffel dem Plenum des Reichstags Bericht.

Inzwischen waren schon eine Masse Abänderungsanträge zur 2. Lesung im Plenum, die am 29. März begann, eingelaufen, und die Verhandlungen drohten wider Erwarten einen nicht weniger als glatten Verlauf zu nehmen. Erst jetzt zeigte sichs, daß die A.J.V., wie sie der Entwurf vorschlug, im Reichstage wie im Lande eine große Zahl Gegner hatte.

Verhängnisvoll schien auch für den Entwurf zu werden, daß die Reichstagsverhandlungen nicht vor den Osterferien zu Ende geführt werden konnten. Vielmehr fielen die letzteren mitten in die zweite Lesung hinein, so daß der Opposition genügend Gelegenheit zu ausgiebiger Agitation geboten war. Am heftigsten bekämpften neben den Sozialdemokraten die Freisinnigen den Entwurf und den Kommissionsbeschluß. Die letzteren warnten beständig vor Uebereilung, besonders bei dem Mangel statistischer Grundlagen und rieten, die ganze Sache zu vertagen, bis diese Unterlagen beschafft seien.

Am meisten aber lag ihnen das Schicksal der eingeschriebenen freien Hilfskassen am Herzen, die sie mit in die Verwaltung und die Mitwirkung bei der Vollziehung des Gesetzes hineinzubeziehen suchten, und sie stellten demgemäß, unterstützt von den Sozialdemokraten überall, wo es angängig war, diesbezügliche Anträge. Doch ebenso wie die Kommission, so verhielt sich auch die Majorität des Reichstags ablehnend dagegen.

Den Sozialdemokraten ging der Entwurf bezw. der Kommissionsbeschluß lange nicht weit genug in der Fürsorge für die Arbeiter. Sozialreform, so erklärte Abgeordneter Grillenberger, wolle man treiben, aber kosten solle sie nichts. Noch schärfer drückte sich der Abgeordnete Singer in der 13. Sitzung bei Beratung der Rentensätze aus, indem er rief: „Man bietet uns hier Steine statt Brot."

Als fast nicht minder erbitterter Gegner zeigte sich die Mehrzahl der Zentrumspartei unter Führung von Dr. Windthorst, der jeden als Sozialdemokraten bezeichnete, der für das Gesetz stimme.

Auch ein großer Teil der Konservativen, besonders der agrarisch gesinnte Teil aus dem Osten des Reichs behauptete, daß bei der Landwirtschaft kein Bedürfnis für eine A.J.V. bestehe und daß die Interessen der Landwirtschaft durch den Kommissionsbeschluß schwer geschädigt würden. Der gegnerische Teil der Konservativen bewirkte sogar, daß die Paragraphen über die Renten- und Beitragssätze nochmals in die Kommission zurückverwiesen wurden, wo dieselben nach einem Antrage des Grafen Adelmann und Gen. zu Gunsten der untersten Lohnklassen nochmals abgeändert wurden. Nach dieser neuen Abänderung sollten die A.R. betragen in:

Lohnklasse	I	65	Mk.
"	II	80	"
"	III	115	"
"	IV	150	";

der J.R. sollte ein Betrag von 60 Mk. zu grunde gelegt werden, der mit jeder vollendeten Beitragswoche in

Lohnklasse I um 2 Pfg.
" II " 6 "
" III " 9 "
" IV " 13 " steigen sollte.

Die wöchentlichen Beitragssätze wurden folgendermaßen festgesetzt:

Lohnklasse I 14 Pfg. (Kom.-Beschl. 12 Pfg.)
" II 20 " " 20 "
" III 24 " " 28 "
" IV 30 " " 38 "

Die Versuche von agrarischer Seite dagegen, die Zulassung der Durchführung der Versicherung durch die landwirtschaftlichen Berufsgenossenschaften durchzusetzen, blieben ohne Erfolg; ebenso fanden die Vorschläge des konservativen Abgeordneten Hegel (7. Sitzung) auf Ersetzung des Lohnklassensystems durch die Einheitsrente glücklicherweise keine Annahme.

Eine lebhafte und lange Debatte veranlaßte der Widerstand des oppositionellen Teils der Zentrumspartei gegen den Reichszuschuß, der, wie dieselbe dem letzteren vorwarf, zur Erhöhung der Steuern führe (Abgeordneter Oerterer in der 6. Sitzung). — Von elsässischer Seite fürchtete man sogar, daß der Reichszuschuß den Staat in die Bahn des Sozialismus treibe (Abgeordneter Winterer 6. Sitzung).

Auch glaubte das Zentrum, daß die Finanzen der Einzelstaaten und ihre Reservatrechte durch die Annahme des Reichszuschusses gefährdet würden.

Dieser großen Opposition gegenüber entwickelte die Regierung einen ebenso tätigen und entschiedenen Widerstand. Nicht nur Staatsminister v. Bötticher trat überall in die Schranken, wo es galt, den Entwurf zu verteidigen, sondern auch Fürst Bismarck erschien schon bei Beginn der 2. Lesung und wies die Verleumdungen der Gegner, daß er auf das Zustandekommen des Gesetzes keinen Wert lege, ganz entschieden zurück mit den Worten: „Ich darf mir die erste Urheberschaft der ganzen sozialen Politik vindizieren einschließlich des letzten Abschlusses hiervon, der uns jetzt beschäftigt." Auch die Freunde des Entwurfs unterstützten die Regierung in ihrem Widerstand eifrig. Zu diesen gehörten außer den konservativen Abgeordneten Hahn und v. Manteuffel und denjenigen Abgeordneten der konservativen Partei, welche die mühevolle Arbeit der Kommissionsberatungen mitgemacht hatten, namentlich die Nationalliberalen Buhl, Struckmann und Gebhard. Ein Ausschuß aus Angehörigen der beiden konservativen Fraktionen, des Zentrums und der Nationalliberalen arbeitete während der Plenarberatungen mit Unterstützung einiger Vertreter des Bundesrats fortwährend, um die sich entgegenstellenden Schwierigkeiten zu beseitigen und stellte nach Beendigung der 2. Lesung gemeinschaftliche Anträge für die 3. Lesung. — Die Stellung der Vertreter des Entwurfs wurde aber noch erschwert dadurch, daß auch außerhalb der Volksvertretung der Entwurf eine starke Gegnerschaft hatte. Gingen doch bis Schluß der 2. Lesung allein 3235 Petitionen ein. Von diesen verlangten 13 die Ablehnung des Entwurfs überhaupt; 1004 mit Dr. Max Hirsch an der Spitze der Petenten baten, unter Ablehnung des Entwurfs, auf ein Normativgesetz für freie Alters- und Invaliditätskassen nach Art des Hilfskassengesetzes hinzuwirken, eventuell den vorliegenden Gesetzentwurf in dieser Hinsicht abzuändern; 2142 sonderten Beseitigung der Quittungsbücher und 76 wünschten sonstige Abänderungen.

Mit Spannung sah man der 3. Lesung im Reichstage entgegen, die die Entscheidung bringen mußte. Aber noch ehe man in dieselbe eintrat, traf ein neuer Schlag die Anhänger des Entwurfs, indem wenige Stunden vor Eröffnung der 3. Lesung während der Streikbewegungen im westfälischen Kohlenrevier eine große Anzahl Streikender durch Gewehrsalven getötet oder verwundet wurde. Am 17. Mai 1889 begann die 3. Beratung mit einer ausführlichen Rede des konservativen Abgeordneten Frhr. v. Manteuffel, der mit Wärme für das Gesetz eintrat und auf baldige Erledigung desselben drang. Er wies darauf hin, daß das Gesetz nicht allein im Reichstage, sondern auch im Lande viele Freunde habe, indem z. B. die Generalversammlung der Vereinigung der Steuer- und Wirtschaftsreformer (in einer Sitzung vom 25. Februar in Berlin) und der deutsche Landwirtschaftsrat sich zustimmend zu dem Gesetz ausgesprochen hätten.

Nach ihm deutete der sozialdemokratische Abgeordnete Singer mit höhnischen Worten auf den Kontrast zwischen der von der Regierung beabsichtigten Sozialreform und den Flintenschüssen in Westfalen hin und erklärte, daß seine Partei das Gesetz ablehnen werde, weil es nicht die genügende Sozialreform bringe. Besonders forderte er Erweiterung des Umfangs der Versicherung und des Begriffs der Erwerbsunfähigkeit, Erhöhung der Rente, Deckung des Reichszuschusses durch eine allgemeine Einkommensteuer und Einbeziehung der freien Hilfskassen in das Gesetz.

Staatsminister v. Bötticher riet noch einmal dringend, das Gesetz anzunehmen, da es sozialpolitisch unbedingt notwendig sei; man könne ja später Korrektionen vornehmen, soweit man solche, durch die Erfahrung gewitzigt, für notwendig erachten werde. Den Sozialdemokraten legte er klar, daß doch bloß der Arbeiter wegen, die sie zu schützen meinten, die Regierung die A.J.V. errichten wolle und schleuderte ihnen die erbitterten Worte entgegen[1]): „Dem Staat darf mit Recht zugerufen werden: Hilf dir selbst! — und was wir tun, ist eben die Selbsthilfe des Staates gegenüber den sozialen Gefahren. — Der Selbstmord der politischen Ueberzeugung ist jedenfalls besser als der Selbstmord des Vaterlandes."

Auch der Reichskanzler Fürst Bismarck bot seine ganze parlamentarische Beredsamkeit auf, um das Gesetz zustande zu bringen. Gerade die Opposition, so meinte er, der Sozialdemokraten, Polen, Welfen und Elsässer zeige, daß in dem Gesetz was stecken müsse, was dem Deutschen Reiche nützlich sei. Die Konservativen, welche gegen das Gesetz stimmten, bezeichnete er als Kirchturmspolitiker, Lokal- und Provinzialpatrioten, als Hyperkonservative, die, wenn sie zornig würden, im politischen Effekt sich nur mäßig von den Sozialdemokraten unterscheiden würden („Les extrêmes se touchent"). Er appellierte an die alten Traditionen der konservativen Partei, die verloren gegangen seien und forderte sie auf, „doch zusammenzuhalten", wobei er unter „konservativer Partei" auch das Zentrum, die Nationalliberalen und die Reichspartei einbegriff.

Hatte einerseits die Rede Böttichers und besonders diejenige des Reichskanzlers auf die Konservativen ihren Eindruck nicht verfehlt, so fachte sie andererseits aber auch den Widerstand der Sozialdemokraten und Freisinnigen um so heftiger an. Und wer weiß, wie es dem Entwurfe gegangen wäre, hätte nicht der Kaiser selbst mittelst einer Kundgebung an den Führer der konservativen Fraktion persönlich eingegriffen[2]) und wenn nicht der Zentrumsführer Frhr. v. Frankenstein, ohne sich durch den Widerstand der von Dr. Windthorst geleiteten Mehrzahl seiner Fraktionsgenossen einschüchtern zu lassen, mit allerdings nur wenigen Freunden für den Reichszuschuß und den Entwurf gestimmt hätte. — Allerdings wäre beinahe die A.V. aus dem Gesetz gestrichen worden. Ein

---

[1]) 2. Sitzung der 3. Lesung.

[2]) Sten. Ber. d. Reichstags 3. Beratung S. 1916.

diesbezüglicher Antrag, der zur 3. Lesung vorbereitet war, hatte sich schon mit Unterschriften aus den verschiedensten Parteien bedeckt, so daß an der fast einstimmigen Annahme nicht zu zweifeln war, und nur allein die Mitteilung, daß höchstenorts auf die Aufrechterhaltung der A.V. als Einlösung der in dem sozialpolitischen Testamente Kaiser Wilhelms I gegebenen Zusage das größte Gewicht gelegt werde[1]), hatte schließlich das Fallenlassen dieses Antrags zur Folge. Uebrigens darf uns ein solcher Antrag nicht überraschen. Denn die Einbeziehung der A.V. verdankte ihre Unterlage lediglich einem Mißverständnis der Botschaft vom 17. November 1881, worin es heißt: „Aber auch diejenigen, welche durch Alter oder Invalidität erwerbsunfähig geworden sind, haben der Gesamtheit gegenüber einen begründeten Anspruch auf ein höheres Maß staatlicher Fürsorge, als ihnen bisher hat zuteil werden können." Es gab damals viele, welche darauf hinwiesen, daß mit der Botschaft eine durch das Alter herbeigeführte Erwerbsunfähigkeit gemeint sei; allein man war doch schon zu sehr an die sprachliche Zusammenfassung „Alters- und Invalidenversicherung" gewöhnt und erhoffte allgemein die Einbeziehung der A.V., so daß, nachdem die Vorlage sich einmal auf diesen Standpunkt gestellt hatte, es bedenklich war, denselben wieder aufzugeben[2]).

Die 3. Beratung verbreitete sich über 7 Sitzungen, ohne daß sie aber wesentliche Abänderungen gegenüber der zweiten Lesung brachte.

Am 24. Mai gelangte der Reichstag zur Gesamtabstimmung, die unter Anwesenheit von 354 (39 fehlten) Abgeordneten vor sich ging. Mit 185 gegen 165 Stimmen wurde der Entwurf unter lebhaftem Beifall der Konservativen und Nationalliberalen und Zischen bei der Linken angenommen. Es war der Abschluß der Sitzungsperiode, die so besonders arbeits- und segensreich gewesen war. — Die Fassung, die der Entwurf erhalten hatte, war im wesentlichen, trotz mannigfacher Aenderung im einzelnen, dieselbe geblieben, wie sie aus der Kommissionsberatung hervorgegangen war. Nur wurde der Abschnitt über Rentensparkassen schon in der zweiten Lesung auf Antrag des Frhrn. v. Stumm gestrichen, weil, wie letzterer ausführte, die Rentensparkassen den Sparsinn des Arbeiters in ganz einseitige Richtungen lenken würden, nämlich sich eine Rente zu erwerben und auf Kapitalansammlung als Notpfennig für die Hinterbliebenen infolgedessen zu verzichten; die Kreissparkassen seien zur Anlage für die Ersparnisse des kleinen Mannes völlig genügend.

Auch die Rentensätze wurden, wie schon erwähnt, in der 2. Lesung verändert und in der 3. Lesung noch dahin modifiziert, daß der Höchstbetrag der J.R. spezialisiert und auf 415 Mk. festgesetzt wurde und die A.R. analog der J.R. Steigerungssätze von

4 Pfg. in der Lohnklasse I
6 „ „ „ „ II
8 „ „ „ „ III
10 „ „ „ „ IV pro Beitragswoche er-

[1]) W. Kulemann, „Die Reform unserer Sozialversicherung" in Schmollers Jahrbuch, 18. Jahrg. (1894) S. 863 u. 864.

[2]) § 1 der Regierungsvorlage lautete: „Gegen die Erwerbsunfähigkeit, welche infolge von Alter, Krankheit oder von nicht durch reichsgesetzliche U.V. gedeckten Unfällen eintritt, werden . . . versichert." — Wenn man freilich hiernach glauben wollte, daß die Vorlage sich wirklich auf die Versicherung erwerbsunfähiger Personen beschränkt habe, so wäre das irrtümlich, denn § 7 bestimmte: „Altersrente erhält, ohne daß es des Nachweises der Erwerbsunfähigkeit bedarf, derjenige Versicherte, welcher das 70. Lebensjahr vollendet hat." Unter diesen Umständen war es, falls man einmal entschlossen war, die Altersrente für erwerbsfähige Personen beizubehalten, durchaus berechtigt, daß die Kommission dem § 1 die jetzige Fassung gab: „Nach Maßgabe der Bestimmungen dieses Gesetzes werden . . . versichert."

hielt, wobei 1410 Beitragswochen = 30 Jahre in Anrechnung gebracht werden sollten.

Um schließlich noch eine der vielen redaktionellen Veränderungen hervorzuheben, so wurde die Ueberschrift des Gesetzes auf Antrag des Abgeordneten Henning schon in 2. Lesung umgeändert in „Gesetz betreffend die Invaliditäts- und Altersversicherung", um durch die Voranstellung der J.V. schon in der Ueberschrift anzudeuten, auf welche Fürsorge der größte Wert zu legen sei, was sich auch in der Folgezeit in der Praxis bewahrheiten sollte.

Nachdem der Bundesrat den Reichstagsbeschlüssen seine Zustimmung erteilt hatte, erfolgte die kaiserliche Vollziehung des Gesetzes am 22. Juni und die Veröffentlichung desselben am 26. Juni 1889 im Reichsgesetzblatt (Nr. 13), und am 1. Januar 1891 trat das Gesetz in Kraft.

§ 5.

2. Die Aufnahme, welche das Gesetz vom 13. Juni 1889 fand und die Reformbestrebungen bis zum Entwurfe von 1897.

Bis zur Annahme des Gesetzes im Reichstage waren im ganzen 3287 Petitionen eingegangen, von denen 2142 sich gegen die Quittungsbücher richteten, 1004 die Einführung freier Kassen wünschten und 20 die völlige Ablehnung des Gesetzentwurfs forderten; die übrigen bezogen sich auf Herabsetzung der Altersgrenze, Erhöhung der Renten rc. Die große Mehrzahl der mit dem Gesetze Unzufriedenen stellten also die Gegner der Quittungsbücher und die Anhänger der freien Hilfskassen.

Die Anzahl der letzteren lichtete sich aber mit der Zeit immer mehr, während die Unzufriedenheit mit dem Markensystem in immer weiteren Volkskreisen sich verbreitete. Doch auch über andere Schäden des Gesetzes wurde geklagt, namentlich von landwirtschaftlicher Seite. Zahlreiche Petitionen von Landwirten und landwirtschaftlichen Vereinen, besonders aus Westpreußen und Bayern, forderten die Abänderung des Invaliditäts- und Altersversicherungsgesetzes, da es in unerträglicher Weise auf allen Arbeitgebern laste, und erklärten, daß die Versicherung selbst zwecklos sei, weil die fühlbarste Not nicht im Mangel der Invaliden- und Altersfürsorge, sondern in unzureichender Fürsorge für die Witwen und Waisen bestehe; ja sie gaben selbst der Befürchtung Ausdruck, daß das Gesetz den Niedergang der Landwirtschaft beschleunige. — Als spezielle Mängel des Gesetzes wurden vielfach angeführt: Die Schwierigkeit der Kontrolle und die dadurch erleichterten Gesetzesumgehungen, die großen Verwaltungskosten, die Verschwendung von Zeit und Mühe für alle Beteiligten infolge der unpraktischen Einrichtungeu der Karten und Marken, die großen vom Gesetz verlangten pekuniären Opfer, die fast ausschließlich von der Industrie und Landwirtschaft getragen würden, während die kapitalistischen Unternehmungen, die Millionen umzusetzen hätten und verdienten, und die große Zahl von Beamten und Rentiers so gut wie nichts dazu beitrügen[1]).

---

[1]) Als Beispiel der Belastung durch das Gesetz wurde u. a. angeführt, daß die Arbeitgeber verpflichtet seien, vorschußweise den ganzen Betrag der Marken auszulegen, daß sie aber regelmäßig nicht imstande seien, von den Tagelöhnern, vielfach auch nicht von den Knechten und Mägden das Ausgelegte zurückzuerlangen, zumal da die Arbeitskräfte schwer zu erhalten seien. — Daß in der letzten Zeit immer mehr zu gunsten der häuslichen Dienstboten, besonders in bürgerlichen Familien, die Kosten der Versicherung ganz von der Herrschaft getragen werden,

Während so von landwirtschaftlicher Weise eine Petition nach der andern an den Reichstag gelangte, die eine Abänderung, ja sogar Aufhebung des Gesetzes (z. B. der landwirtschaftliche Bezirksverein zu Gemünden a. M.) verlangten, ohne aber mit vernünftigen Besserungsvorschlägen hervorzutreten, schien in industriellen Kreisen das Gesetz sich viel mehr Freunde zu erwerben.

Im allgemeinen wurde im Lande besonders folgendes am Gesetze getadelt:

1. Schwierigkeit des Markensystems für die Arbeitgeber.
2. Kompliziertheit des Verwaltungsapparates.
3. Ueberbürdung der Arbeiter durch die Kosten der Versicherung.
4. Uebermäßige Steigerung der Lasten der Landwirtschaft.
5. Unbegründete Belastung der Arbeitgeber (durch die Strafbestimmungen) für Fälle von Versäumnissen und Zuwiderhandlungen und völliges Fehlen von Strafbestimmungen für die zu Zuwiderhandlungen sehr geneigten Arbeiter.
6. Schwierigkeit für die unständigen Landarbeiter, während 47 Wochen im Jahre Beschäftigung zu finden.
7. Unmöglichkeit der Erfüllung der an den Erwerb einer A.- bezw. J.R. geknüpften Bedingungen seitens der hinterbliebenen Witwen der Arbeiter.

Soweit die Urteile über das Gesetz aus den beteiligten Kreisen selber.

In literarischen Kreisen fand das Gesetz eine nicht viel bessere Aufnahme, und zahlreiche Reformvorschläge von größerem oder geringerem inneren Wert wurden in Büchern und Zeitschriften veröffentlicht. Aber weit davon entfernt, daß sich eine gewisse Uebereinstimmung hinsichtlich der Richtung gebildet hätte, nach welcher hin die Abänderung des Gesetzes in Angriff zu nehmen sei, sowie hinsichtlich des Umfangs, in welchem sich eine Reform empfehle, herrschte vielmehr bei mehr oder minder weitgehender Uebereinstimmung in der Erkenntnis der Hauptmängel und Schwächen des Gesetzes ein großer Widerstreit der Meinungen, soweit es sich um den Vorschlag positiver Maßnahmen zur Beseitigung dieser Mängel handelte.

Während der eine nur die Beseitigung einzelner Bestimmungen, die sich als ungenügend erwiesen hatten, unter vollständiger Aufrechterhaltung der Grundlagen des Gesetzes befürwortete, forderte der andere eine gänzliche Umgestaltung, die zur schließlichen zentralisierten Gesamtversicherung führen sollte.

Der eifrigste Vorkämpfer auf dem Gebiete der Invaliden-Versicherung war Dr. Richard Freund, der spätere Vorsteher der V.Anst. Berlin.

Schon 1887 hatte er in einem Aufsatze[1]) äußerste Zentralisation der Kr.V. nach örtlichen Bezirken und organisatorische Vereinigung mit der U.V. befürwortet, damit durch die so geschlossene Organisation eine geeignete Grundlage für den weiteren Ausbau der Sozialreform gewonnen werde. — Im Jahre 1888 brachte er sodann in einer Broschüre — („Zentralisation der Arbeiterversicherung". Berlin 1888) — den Gedanken der Zusammenfassung der gesamten Arb.V. in einer Organisation eingehend zum Ausdruck und führte — besonders nach Erlaß des Invaliditäts- und Altersversicherungsgesetzes — die Notwendigkeit der Zentralisation der Arb.V. in einer Reihe von Abhandlungen[2]) weiter aus. Nach seinen Vorschlägen sollten Arb.V.Ae. die gemeinschaftlichen territorialen Hilfsorgane für

ohne daß der Lohn dadurch berührt wird, dürfte nicht unzutreffend sein, und eine diesbezügliche Enquete wäre sehr zu wünschen.

[1]) „Das berufsgenossenschaftliche Prinzip im Kr.V.G." Schmollers Jahrbuch 11. Jahrg. S. 25 ff.

[2]) Vergl. „Arb.-Versorgung" 1892 S. 449: „Die Vereinfachung der Arb.V." in den Preußischen Jahrbüchern, Mai 1896 S. 281, auch als Sonderabdruck erschienen bei H. Walther in Berlin 1896; Soziale Praxis 1. Jahrg. S. 24, 4. Jahrg. S. 895 ff., 8. Jahrg. S. 253—256, 353 ff.; „Armenpflege und Arb.V." Leipzig 1895; „Die Vereinfachung der Arb.V." in der Zeitschrift „Die J.- und A.V. im Deutschen Reich". Juli 1896 S. 130 u. 131.

die gesamte Arb.V. bilden; die V.Anst. sollten als Zentralorgane für Kr.- und J.V. und lokale Organisationen als Unterbau für die J.V. dienen. Als Vorteile dieser Zusammenlegung der verschiedenen Zweige der Arb.V. versprach er sich eine enorme Vereinfachung der Durchführung der Versicherung, sowie große Ersparnis der Verwaltungskosten und ehrenamtlicher Tätigkeit.

Es sollten also nach Dr. Freund sämtliche bisherigen Hilfsorgane und Hilfsbehörden der Arb.V. in Wegfall kommen und die gesamten Geschäfte sich in den Arb.V.Ae. konzentrieren, so daß Arbeitgeber und Arbeiter in Sachen der Arb.V. lediglich mit dieser einen Behörde zu tun hätten. Die Grenzen der Bezirke der Arb.V.Ae. sollten sich mit den Grenzen eines preußischen Kreises decken, und im übrigen sollte für Städte über 10000 Einwohner ein eigenes Amt zugelassen werden können. — Zur Einziehung eines Beitrags für Kr.- und J.V. empfahl er das Markensystem als denkbar einfachste Form der Beitragserhebung, welche den unbedingten Vorzug vor allen anderen gemachten Vorschlägen verdiene, sowie Beseitigung des Lohnklassensystems, Einführung von nur zwei Marken (eine für männliche und eine für weibliche Versicherte) und statt der freiwilligen Fortsetzung der Zwangsversicherung die Einführung einer Zuschußversicherung mit höheren Renten und möglichst vielen Abstufungen derselben, zu der allein der Arbeiter beitrage und die für letzteren den Charakter einer Sparkasse tragen solle.

Von Dr. Freund und den sonstigen Anhängern einer Zentralisation der Arb.V. (siehe weiter unten) angeregt, gewann dieses Problem sich auch in den Kreisen der Arbeitgeber Freunde.

Der sächsische Landeskulturrat stellte im Jahre 1894 den Antrag, die Reichsregierung zu ersuchen, Erhebungen darüber anzustellen, ob es tunlich und geraten sei, die sämtlichen Versicherungsanstalten, Kr.-, U.- und J.A.V. in Verwaltung und Beiträgen zu vereinigen und zu bestimmen, daß jeder Deutsche von einem bestimmten Lebensjahre an, ohne Rücksicht auf Stand, Gewerbe, Vermögen und Geschlecht versicherungsberechtigt und bis zu einem bestimmten Einkommen (2000 Mk.) versicherungspflichtig sei.

Etwas weniger weit ging der Bund der Landwirte, der eine Zusammenlegung der U.V. mit der J.A.V. empfahl zur Beseitigung der vielen formellen Belästigungen des bisherigen Rechtszustandes und zur Schaffung einer gerechten Verteilung der Lasten durch eine andere Art der Aufbringung der Mittel[1]).

Auch der Gewerbeverein des badischen Kreises Mosbach nahm 1895 die Resolution an, daß vor jedem Weiterbau an der sozial-politischen Gesetzgebung eingehend die Frage geprüft werden solle, ob nicht eine Umgestaltung und Fortführung derselben vor allem im Sinne der vollen Verschmelzung aller Versicherungszweige, der gleichmäßigen Ausdehnung auf alle Reichseinwohner und der äußersten Vereinfachung und Verbilligung der Verwaltung möglich sei.

Einen ähnlichen Weg zur Reform der Arb.V., wie Dr. Freund, gaben Vorschläge des Regierungsrats Dr. Sturm an, der die Krankenkassen und die Versicherungsanstalten für die geeignetsten Träger der Arb.V. erklärte, weil das Krankenversicherungsgesetz sich bis jetzt am besten bewährt habe, daß dagegen die Berufsgenossenschaften wegen ihrer enorm hohen Verwaltungskosten in Wegfall kommen könnten[2]).

Ebenso erblickte Dr. v. der Osten[3]) in den Krankenkassen den besten Unterbau zu einer einheitlichen Organisation des Arbeiterversicherungswesens in allen seinen Zweigen und forderte einheitliche Körperschaften zur Tragung der

---

[1]) „Soz. Praxis" 4. Jahrg. S. 131 ff.
[2]) „Die J.- und A.V. im Deutschen Reich". Februar 1896 S. 49 ff.
[3]) „Die J.- und A.V. im Deutschen Reich". 4. Jahrg. S. 169 ff.

Rentenlasten, Einführung des Hebesystems auch für die J.A.V. und einheitliche Zahlung der Beiträge in einer Summe.

Während, wie oben erwähnt, Dr. **Freund** die Zentralisation der Arb.V. auf dem Wege der engen Verschmelzung der Kr.V. mit der J.A.V. empfahl, suchte das gleiche Ziel T. **Bödiker** durch Verbindung der U.V. mit der J.A.V. zu erreichen[1]).

Im wesentlichen **Bödiker** zustimmend lehnte v. **Landmann**[2]) den von Dr. **Freund** vorgeschlagenen Aufbau ab, ohne eine gewisse Zweckmäßigkeit einer bloßen Verwaltungsgemeinschaft zwischen den Krankenkassen und den übrigen Zweigen der Arb.V. zu leugnen. Eine Vereinigung der U.V. mit der J.A.V., besonders für die in Kleinbetrieben beschäftigten Personen, hielt er dagegen trotz großer technischer Schwierigkeiten, die sich entgegenstellen würden, für möglich.

Ebenso wünschte **Schäffle**[3]) eine Umbildung der Arb.V. durch Verschmelzung der U.V. und der J.A.V., gemeinsames Tragen des Risikos mittelst Errichtung von Landes- und Provinzialversicherungsanstalten, die diesem gemeinsamen Zwecke dienen sollten; dagegen sollten nach ihm die lokalen Krankenkassen als selbständige Träger der Kr.V. bestehen bleiben. Ferner forderte er Erweiterung der Leistungen der Arb.V. durch Ausfüllung der bestehenden Lücken in der Kr.- und U.V. und durch Verallgemeinerung der Reliktenfürsorge, sowie Ausdehnung des Versicherungszwangs auch auf die „kleinen Leute", die von ihrer Hände Arbeit leben. Die Beitragslast wollte er zwischen Arbeitgeber und Arbeiter gleichseitig verteilen, jedoch die außerordentliche, durch die Versicherung der bereits in vorgerücktem Alter befindlichen Personen (Alterbegünstigung) entstehende Prämienlast sollte aus öffentlichen Mitteln bestritten werden. Forstmeister K. **Seybold**[4]) plädierte für Zusammenfassung der Arb.V. in einer einzigen Reichsversicherungskasse mittelst Schaffung einer einheitlichen Grundlage für die Aufbringung der Mittel und die Renten, sowie durch Ersetzung der so verschiedenen und komplizierten Verwaltungsorganisation mittelst Verlegung des Schwerpunktes der vereinfachten Ausführungstätigkeit in die Gemeinde des Wohnorts des Versicherten unter Kontrolle des Reichs und der Landesbehörden; auch wollte er hierbei in gewissem Umfange die Reliktenfürsorge und Entschädigung für die Zeit des Militärdienstes und der Arbeitslosigkeit einführen.

Noch weiter ging in seinen Forderungen **Ernst Lange**[5]), welcher eine allgemeine gleichheitliche Festsetzung des Personenkreises für alle Versicherungsgesetze, Witwen- und Waisenversicherung, Erhöhung der Renten, Einrichtungen für Arbeitsnachweise und allgemeine Versicherung gegen Arbeitslosigkeit vorschlug; die Verwaltung sollten im wesentlichen die V.Anst. übernehmen und die Kosten durch Kommunal- und Staatssteuern aufgebracht werden.

---

[1]) Vergl. „Die Reichsversicherungsgesetzgebung" („Staats- und sozialwissenschaftliche Forschungen" von **Schmoller** 16. Bd. Heft 4 1898); **Schmollers** Jahrbuch 23. Jahrg. S. 333 ff; „Die Arb.V." Leipzig 1895.

[2]) Vergl. „Preußische Jahrbücher" Augustheft 1894: „Ueber die Vereinfachung der Arb.V."; Kommentar zum J.A.V.

[3]) H.W. d. St.W. 1. Aufl.: Art. Arb.V. S. 499 ff.; „Der korporative Hilfskassenzwang" Tübingen 1884; vergl. auch „Ueber die Vereinfachung der Arb.V." von R. V. **Landmann** (Preußische Jahrbücher a. a. O. S. 256—257); ferner W. **Roschers** Aufsatz in „Die J.- und A.V. im Deutschen Reich". April 1895 S. 73 ff.

[4]) „Das Gesamtversicherungsgesetz, Entwurf eines die gesamte Arb.V. umfassenden und vereinfachenden Gesetzes". Straßburg i. E. 1894; „Arb.-Versorgung" Jahrg. 1895 S. 165 ff.; „Die J.- und A.V. im Deutschen Reich" 4. Jahrg. S. 73 ff.

[5]) „Die positive Weiterentwickelung der Arb.V.-Gesetzgebung" in **Brauns** „Archiv für soz. G. und St." 5. Bd. S. 383 ff.; 8. Bd. S. 325; 13. Bd. S. 489.

[6]) **Schmollers** Jahrbuch für G. Verw. und V. 18. Jahrg. S. 919.

In ähnlichem Sinne, wie diese letzten Vorschläge hinsichtlich der Aufbringung der Mittel äußerte sich eine große Versammlung von Handwerksmeistern und Gewerbetreibenden in Berlin (am 3. November 1893), indem sie den fast einstimmigen Beschluß faßte, den Reichstag zu ersuchen, die J.A.V. dahin abzuändern, daß die Beitragszahlungen aufhören und dafür eine progressive Staatsrentensteuer eingeführt werden solle und daß jeder mit dem vollendeten 60. Lebensjahr eine Staatsrente von mindestens 1 Mk. pro Tag beziehen dürfe.

Sehr eingehend befaßte sich auch Gebhard[1]), der Vorsteher der hanseatischen V.Anst., mit einer Reform der J.A.V. unter kritischer Hervorhebung der bestehenden Mängel, zu deren Beseitigung er im wesentlichen folgende Vorschläge machte: Ausdehnung des Versicherungszwangs — wobei die Frage der Zugehörigkeit einer Person zum Kreise der Versicherungspflichtigen nicht mehr durch verschiedene obere Verwaltungsbehörden, sondern einheitlich durch das R.V.A. entschieden werden sollte — auf die Hausgewerbetreibenden und die nicht in versicherungspflichtigen Betrieben stehenden Ehefrauen, Einrichtung einer Witwen- und Waisenversicherung statt der Rückerstattung der Beiträge, Erhöhung der J.R. besonders bei hochgelohnten Arbeitern, sobald es die finanziellen Verhältnisse der V.Anst. gestatteten, Festsetzung der Beiträge der Arbeitgeber nach der Durchschnittsanzahl der von ihnen beschäftigten Arbeiter, die der Versicherung unterliegen, und Einziehung der Beiträge von den Arbeitgebern in größeren Zwischenräumen, während der Versicherte nur für sich selbst Marken kleben sollte, die den Wert des eigenen Beitrags betrügen.

Der Vorstandsvorsitzende der V.Anst. Oldenburg, Düttmann[2]), forderte einerseits Ausschluß von der Versicherungspflicht und von der freiwilligen Beitragsleistung hinsichtlich denjenigen, welche J.R. erhalten oder invalide geworden sind oder das 70. Lebensjahr vollendet haben, ohne Anspruch auf Rente zu erwerben (in diesem Falle: Beitragserstattung), ferner bezüglich solcher Personen, welche Pensionen, Wartegelder oder U.R. in Höhe von mehr als dem hundertfachen Betrage des ortsüblichen Tagelohnes beziehen und betreffs solcher Personen, die das 65. Lebensjahr vollendet haben, bevor sie zum erstenmal oder nachdem die frühere Anwartschaft erloschen war, von neuem in das Versicherungsverhältnis eintreten würden. Andererseits wünschte er Erweiterung des Kreises der Versicherungspflichtigen auf Kleinunternehmer, Hausgewerbetreibende und solche Lohnarbeiter, die nur freien Unterhalt als Entgeld für ihre Tätigkeit erhalten, sowie Verlegung des Beginns des versicherungspflichtigen Alters auf das vollendete 14. Lebensjahr. — Hinsichtlich der Invaliditätsgrenze unterschied er zwischen Halbinvalidität (d. h. wer nicht imstande ist, mindestens die Hälfte des 300 fachen Betrags des ortsüblichen Tagelohns zu verdienen) und Ganzinvalidität (d. h. wer nicht mehr imstande ist, mindestens $^1/_4$ des 300 fachen Betrags des ortsüblichen Tagelohns zu verdienen) und schlug für erstere die sog. Teilrente (in einem gegenüber den damaligen Sätzen ermäßigten Betrage) und für letztere die sog. Vollrente (in einer gegenüber dem damaligen Betrage für die ersten Jahre zu steigernden und für die letzten Jahre zu ermäßigenden Höhe) vor. Ferner forderte er Erleichterung der Bedingungen zur Erlangung der Rente hinsichtlich der Wartezeit, Witwen- und Waisenversicherung (wobei er ebenfalls ins einzelne gehende Vorschläge machte) und Rentenerhöhung beim Vorhandensein unversorgter Kinder, bei freiwilliger Versicherung, sowie allgemein in denjenigen V.Anst., deren finanzielle Lage sehr günstig sei.

---

[1]) „Die Reform der J.- und A.V." Mainz 1893; „Arb.-Versorgung" 1894 S. 41 ff.; „Die J.- und A.V. im Deutschen Reich" 4. Jahrg. S. 17 ff.

[2]) „Arb.-Versorgung" 12. Jahrg. Nr. 35 S. 593 ff. und Nr. 36 S. 617 ff.

Eine ganz radikale Reform der J.A.V. forderte W. Kulemann[1]). Er bezeichnete als notwendiges Endziel der deutschen Versicherungsgesetzgebung die Ersetzung der Arb.V. durch eine allgemeine Staatsbürgerversicherung auf dem mittelbaren Wege der Verschmelzung der Zweige der Arb.V. zu einer Gesamtversicherung unter Beibehaltung der Einteilung in 31 Versicherungsbezirke[2]) aber unter Bildung von Rückversicherungsverbänden nach oben hin zur Weiterverteilung der Last und unter Abgabe wichtiger Funktionen der Verwaltung an lokale Organe. — Als die beiden Grundfehler des Gesetzes von 1889 erklärte er einerseits die falsche Unterlage auf dem produktions-technischen Gegensatze von selbständiger und unselbständiger gewerblicher Arbeit und andererseits die Aequivalenztheorie (d. h. daß Leistung und Gegenleistung sich die Wage halten müßten), welch letztere außer Kulemann auch z. B. Knobloch[3]), Zeller[4]), H. Unger[5]) u. a. aus dem Gesetze beseitigt wissen wollten[6]). Als durchführbare Reformen auf dem Boden des Gesetzes von 1889 bezeichnete Kulemann besonders folgende:

In der Meinung, daß der Vorschlag, alle wirtschaftlich selbständigen Personen, welche ein Einkommen von nicht mehr als 2000 Mk. beziehen, der Zwangsversicherung zu unterwerfen, wegen der bestehenden Schwierigkeiten undurchführbar sei, forderte er aber mindestens die Ausdehnung der Pflichtversicherung auf Hausarbeiter und Kleingewerbetreibende, die allein durch die unglückliche Begriffsnorm des Gesetzgebers nicht der Wohltaten des Gesetzes teilhaftig würden, obwohl sie gerade oft in der allergrößten Notlage wären. — Auffallend ist es, daß Kulemann, der doch einer Ausdehnung der Versicherung nachdrücklich das Wort redete, den Ausschluß der sog. unständigen Arbeiter von der Versicherung verlangte (wegen der großen Schwierigkeiten und Belästigungen, mit denen die Durchführung derselben verbunden sei). —

Hinsichtlich der Verwaltungsorganisation hielt er es für das Beste, die Lasten auf breite Schultern zu legen, also von großen Verbänden tragen zu lassen, dagegen die Verwaltung möglichst zu dezentralisieren, um Schwerfälligkeit im Geschäftsgang und erhebliche Vermehrung der Kosten zu vermeiden. Bei der Frage, ob geographische oder berufliche Gliederung zu wählen sei, entschied er sich für erstere, aber mit dem Zusatze, daß dann der Verschiedenheit des Berufsrisikos durch ausreichende Bildung von Gefahrenklassen Rechnung getragen werden müsse. Vor allem aber sei das Markensystem abzuschaffen, weil es seinen Zweck völlig verfehle wegen der Mängel in dessen Durchführung. Das Markensystem sei völlig entbehrlich, wenn man die Aequivalenztheorie aufgebe und die Rente nicht wie bisher abhängig sein lasse von der Versicherungspflicht und der Summe der gezahlten Beiträge, sondern sie, möge nun die Invalidität früher oder später eintreten, stets einem festen, gesetzlich bestimmten Bruchteile (75 %) des zur Zeit der Invalidisierung bezogenen Lohnes gleichsetze (siehe Kr.- und UV.), sowie die Tragung der Rentenlast ausschließlich derjenigen V.Anst. auferlege, von welcher

[1]) Vergl. „Die Reform unserer Sozialversicherung" in Schmollers Jahrbuch Jahrg. 1894 S. 813 ff., 1117 ff. (auch als Sonderabdruck erschienen); „Die J.- und A.V. im Deutschen Reich" Jahrg. 1891 S. 3 ff.; „Die geplante Reform des J.V.G." in Brauns Archiv 1896 9. Bd. S. 318.

[2]) Eine Reichsversicherungsanstalt — meinte er — sei leider aus politischen Gründen nicht erreichbar.

[3]) „Die Beseitigung der Beitragsmarke." Jena 1895.

[4]) Seine Zeitschrift „Die J.- und A.V. im Deutschen Reich" an verschiedenen Stellen; ferner Arb.-Versorgung 1895 S. 149 ff.

[5]) „Die J.- und A.V. im Deutschen Reich" 1896 Nr. 18 S. 137 ff.

[6]) Vergl auch Stieber (Direktor der Knappschaftspensionskasse in Halle a. S.) in „Arb.-Versorgung" 1895 Nr. 27 S. 453 ff.; ferner H. Rosin, „Das Recht der Arb.-V." Berlin 1893 S. 263.

die Invalidisierung erfolgt sei und von einer gegenseitigen Verrechnung absehe. Als allerletztes Zufluchtsmittel, falls doch eine Ueberlastung einzelner V.Anst. eintreten sollte, könne dann eventuell der Reichszuschuß dienen, der, wenn und wo es nötig sei, verteilt werden könne.

Es würde zu weit führen, wenn ich die Reformvorschläge erschöpfend anführen wollte, die sowohl von Theoretikern wie Praktikern ausgingen[1]).

Besonders das Markensystem[2]) bildete den hauptsächlichsten Gegenstand des Vorwurfs, der sich gegen das Gesetz wandte. An Stelle desselben wollten die einen die Lösung des Rätsels in der Einziehung der Beiträge durch die Krankenkassen bezw. deren Organe und die Gemeindebehörden bezw. besondere Hebestellen in Gemäßheit der §§ 112 ff. des Invaliditäts- und Altersversicherungsgesetzes finden, indem sie entweder die de lege lata zugelassene Verwendung der Marken durch die vorbezeichneten Stellen beibehalten wollten oder aber die Marken überhaupt abschaffen und dafür direkte Beitragsleistung in barem Geld gegen Quittungsleistung treten lassen wollten; andere wollten zu dem gewöhnlichen Verfahren bezw. zu dem Einzugsverfahren (§ 112 ff. Invaliditäts- und Altersversicherungsgesetz) noch die Anmeldung der Versicherten seitens der Arbeitgeber hinzutreten lassen; andere wieder wünschten, daß Beiträge überhaupt nicht besonders erhoben würden, sondern daß dies in Form eines Zuschlags zur Staatssteuer geschehe; endlich schlugen einige die Zusammenlegung der 3 Arten der Arb.V. vor, wobei die Beiträge für alle 3 Versicherungen in einem Betrage je nach der Art der Betriebe durch die Gemeindebehörden, Krankenkassen oder Berufsgenossenschaften einzuziehen seien.

In der Praxis war man übrigens schon bald nach Inkrafttreten des Invaliditäts- und Altersversicherungsgesetzes an verschiedenen Orten dazu übergegangen, die Beiträge durch Krankenkassen oder Gemeinden einzuziehen. Im Jahre 1892 fungierten schon bei der Beitragseinziehung zur J.A.V. („Soz. Praxis" 4. Jahrg. S. 78):

in Bayern	1	Krankenkasse	und	0	Gemeinden
„ Preußen	251	Krankenkassen	und	8	Gemeinden
„ Sachsen	2073	„	„	67	„
„ Württemberg	270	„	„	1911	„
„ Hessen	564	„	„	441	„
„ Thüringen	667	„			

Wir sehen also, daß in Bayern eine Uebertragung der Beitragseinziehung an die Krankenkassen und Gemeinden fast garnicht zu finden war; daher hörte man auch hier die lautesten Klagen gegen das Gesetz (im Volksmund trug es den Namen „Wapperlgesetz") und eine Massenpetition von ungefähr 250 000 Bayern, die hauptsächlich von freisinniger Seite ins Werk gesetzt war, forderte Aufhebung des „Klebegesetzes"[3]).

Auch die Handelskammern beschäftigten sich eingehend mit der Reformfrage[4]). Die Handelskammer in Kassel wünschte Vereinigung aller Kassen und Bildung einer großen Kranken- und Invalidenkasse unter staatlicher Aufsicht, wozu die Beiträge einfach wie Steuern erhoben werden sollten. Die Handelskammer in

[1]) Vergl. die Aufsätze von Wilharm, Siegrist, Leicht, Meier, Bauer, H. Unger in „Arb.-Versorgung" Jahrg. 1894 S. 67 ff., S. 269 ff., S. 449 ff, S. 465 ff., S. 633 ff., S. 653 ff.; ferner v. der Osten, „Grundzüge einer Reform der Arb.-Versicherung". Mainz 1894; ferner Gebhard, „Die Reform der J.A.V." Berlin 1894 und viele andere.

[2]) Siehe auch S. 34 unten.

[3]) Siehe Schmollers Jahrbuch N. F. 1894 S. 858.

[4]) Siehe Schmollers Jahrbuch N. F. 1894 S. 1132 ff. und „Soziale Praxis" 5. Jahrg. S. 880.

Wiesbaden forderte eine durchgreifende neue Organisation der 3 Versicherungszweige, ebenso die Handelskammer in Limburg a./L., und führte die enormen Verwaltungskosten und die ungeheuere Last mit Schreibereien und Markenkleben hauptsächlich als Gründe der Reformbedürftigkeit des Gesetzes an. Aehnlich lauteten die Berichte der Handelskammern in Hagen i./W. und in Lüdenscheid. Die Handelskammer in Barmen forderte Herabsetzung der Altersgrenze und Erhöhung der A.R., wozu die Mittel ohne wesentliche Beitragssteigerung vorhanden seien. —

Inzwischen waren auch in den Einzellandtagen und im Reichstage lebhafte Klagen über das Gesetz erhoben worden. Schon bald nach Inkrafttreten des Gesetzes, nämlich am 29. April 1891 wurde von Graf Adelmann v. Adelmannsfelden u. Gen. im Reichstage ein Antrag eingereicht, der die Abänderung des § 157 des Invaliditäts- und Alterversicherungsgesetzes forderte, dessen Fassung an dem Mangel litt, daß z. B. derjenige, welcher am 31. Dezember 1890 das 70. Lebensjahr vollendet hatte, sofort am 1. Januar 1891 in den Genuß der Rente trat, während der, welcher in der 1. Woche des Januar des Jahres 1891 70 Jahre alt wurde, noch ein volles Jahr bis 1. Januar 1892, warten mußte. Diesem Mangel suchte der Antrag des erwähnten Abgeordneten mit Recht abzuhelfen, und er wurde auch ohne wesentliche Modifikationen am 9. Mai 1891 angenommen[1]).

In den Sitzungen vom 18.—24. Februar 1893 kam es zu einem abermaligen Gedankenaustausch der Abgeordneten über das Gesetz, wobei die Mangelhaftigkeit des bestehenden Zustandes ausnahmslos zugegeben wurde; die Meinungsverschiedenheiten begannen erst mit der Frage, ob man mit der Revision sofort beginnen oder die fernere Entwickelung noch abwarten solle. Aber auch darüber war man einig, daß von einer Wiederaufhebung des Gesetzes keine Rede sein könne.

Eine weitere eingehende Erörterung fand das Thema im Reichstage am 9. Dezember 1893 und 10. Januar 1894 anläßlich eines von der Seite der Zentrumspartei ausgehenden Antrags des Abgeordneten Aichbichler u. Gen. und eines von konservativer Seite von den Abgeordneten v. Staudy und Steppuhn gestellten Antrags[2]), die beide schon im Juli 1893 gestellt, aber unerledigt geblieben waren und die Regierung um baldigste Abänderung des Invaliditäts- und Altersversicherungsgesetzes ersuchten (der Antrag „Aichbichler" gab in seinem 2. Teil noch der Erwartung Ausdruck, daß die seitens der Regierung in Aussicht gestellte Novelle zu den U.V.G. möglichst noch in der laufenden Session dem Reichtage zugehe). Leider war für diese Verhandlungen anläßlich der beiden Anträge die von dem Abgeordneten Rickert geübte Kritik, daß sie über allgemeine Redewendungen ohne greifbaren Inhalt nicht hinausgekommen seien, im ganzen durchaus zutreffend. Ueber das Niveau allgemeiner Redewendungen erhoben sich eigentlich nur die Ausführungen der Abgeordneten Aichbichler, v. Staudy und Gamp.

Aichbichler führte als Mängel des Gesetzes und als Grund der allgemeinen Unzufriedenheit besonders an:

Die Belastung der Landwirtschaft, die Anwendung der Zusatzmarken, die finanzielle Belastung durch das Gesetz infolge des Deckungsverfahrens, wodurch große Kapitalien nutzlos angehäuft und dem Verkehr entzogen würden, das Markensystem und die großen Verwaltungskosten der V.Anst.

---

[1]) Siehe Sten. Ber. d. Reichstags, Sitzungen vom 5. und 9. Mai 1891.

[2]) Vom 16. November 1893; siehe Drucksachen Nr. 14 und 41 1893/94 und Sten. Ber. d. Reichstags, Sitzungen vom 9. Dezember 1893 und 10. Januar 1894.

v. Staudy bezeichnete als grundlegenden Fehler, daß der Mechanismus des Gesetzes zu kompliziert sei, daß er zu kostspielig funktioniere und daß das Markensystem, wenigstens für manche Landesteile, unhaltbar sei.

Auch Gamp sah in dem Markensystem den Hauptmangel des Gesetzes; aber er erkannte auch, daß man solange dieses nicht beseitigen könne, als man an dem Grundsatze der Individualversicherung festhalte, daß die Rente ganz genau im Verhältnis der gezahlten Beiträge bemessen werde und verneinte die Notwendigkeit, daß das Prinzip der Leistung und Gegenleistung bis in die äußersten Konsequenzen durchzuführen sei, mit dem Hinweise, daß dieses Prinzip auch schon bei den Uebergangsbestimmungen absolut unberücksichtigt geblieben sei.

Staatssekretär v. Bötticher gab die Möglichkeit einzelner Erleichterungen des Gesetzes zu, wollte aber an den dem Gesetze zugrunde liegenden Prinzipien nichts geändert wissen. Insbesondere, sagte er, dürfe von dem Nachweise der Beschäftigung nicht abgesehen werden, da es moralisch und sozialpolitisch von höchster Wichtigkeit sei, daß die Rente steige nach der eigenen Leistung des Empfängers; denn andernfalls werde die Rente eine Prämie auf Faulheit, und das Gesetz nehme den Charakter einer öffentlichen Fürsorge nach Art der Armenpflege an.

Der Abgeordnete Singer hielt dem entgegen, daß der Antrieb zum Arbeiten nicht erst durch die Aussicht auf Rente geschaffen werden müsse, sondern schon durch die Not des Lebens gegeben werde und daß der Grund des Nichtarbeitens meist in der Arbeitslosigkeit liege.

Die Angriffe gegen das Deckungsverfahren, die Verwaltungskosten und das Markensystem wies v. Bötticher zurück, indem er erklärte, daß man durch das Umlageverfahren zwar die Gegenwart entlaste, die Zukunft dagegen mit einem erheblich höhere Kosten verursachenden Verfahren belaste, als dies bei den anderen Verfahrensmodi erforderlich sei, daß ferner die Verwaltungskosten bloß 4,17 % im Verhältnis zu den Prämien oder 40—49 Pfg. pro Kopf der Versicherten betrügen, während man bei Erlaß des Gesetzes 1 Mk. in Ansatz gebracht habe, daß endlich das Markensystem unentbehrlich und die Einziehung der Beiträge durch die Gemeinden den Gemeindekassen bedeutende Opfer auferlege.

Das Ergebnis der Beratung war die Annahme eines Antrags, welcher die Regierung aufforderte, Erhebungen zu veranstalten und ein Gesetz über Vereinfachung des Verfahrens insbesondere gegenüber dem Markensystem vorzulegen.

In demselben Monate, in welchem dieser Antrag im Reichstage zur Annahme gelangte, wurden von der bayerischen Regierung[1]) in einer ausführlichen Denkschrift Vorschläge ausgearbeitet, die dahin gingen, den Begriff der Erwerbsunfähigkeit einheitlich zu fassen und klarer zu definieren, die A.R. aufzugeben und bei Eintritt des 70. Lebensjahres die J.R. zu gewähren, die Wartezeit zu verringern, die Vertrauensmänner als vollständig entbehrlich zu beseitigen, die Wahl der Schiedsgerichtsbeisitzer öfters vorzunehmen (alle 3 Jahre statt, wie bisher, alle 5 Jahre), die unzweckmäßige Verteilung der Renten (§ 89) seitens des Rechnungsbureaus auf das Reich und die beteiligten V.Anst. wenn möglich zu unterlassen, das Markensystem abzuschaffen und Sammelkarten oder Quittungsbücher einzuführen.

Inzwischen hatte der Bundesrat endlich von seinem Recht betreffs Ausdehnung der Versicherungspflicht Gebrauch gemacht und die Hausgewerbetreiben-

---

[1]) Landmann und Rasp a. a. O. S. 113; vergl. auch Antrag Bachmayer u. Gen. im Bayerischen Landtage (Kammer der Abgeordneten 32. L.V. II. Session 1895/96 Drucksache Nr. 501).

den der Tabakfabrikation und Textilindustrie dem Versicherungszwange unterworfen [1]).

Die Verwaltung der J.A.V. leitete indessen gleichfalls für eine Korrektur des Gesetzes Vorarbeiten ein, die nach eingehender Beratung mit Vertretern der Arbeitgeber und Versicherten zur Aufstellung eines vorläufigen Entwurfs führten, welcher im September 1895 den Zentralbehörden und V.Anst. vertraulich als Grundlage weiterer Verhandlungen mitgeteilt wurde.

Die Volksvertretung aber wartete indessen fortwährend auf eine Antwort seitens der verbündeten Regierungen auf den Beschluß vom 10. Januar 1894 hin und fürchtete — obwohl selbst der Reichskanzler Fürst v. Hohenlohe-Schillingsfürst bei seinem ersten Auftreten im Reichstage ausdrücklich erklärt hatte, es sei die Aufgabe der verbündeten Regierungen, eine bessernde Hand an die Arb.V. zu legen —, daß die Gesetzgebung auf diesem Gebiet ins Stagnieren geraten sei. Während der Etatsberatungen des Reichshaushaltsetats für das Etatsjahr 1895/96 — anläßlich der Beratung über die Position „Reichsversicherungsamt" — wurde von dem Abgeordneten Auer u. Gen.[2]) eine Resolution eingebracht betreffs Abänderung der §§ 157, 9 und 156 des Invaliditäts- und Altersversicherungsgesetzes dahin, daß jeder Versicherte, welcher das 70. Lebensjahr vollendet habe, einen Rechtsanspruch auf A.R. erhalten und daß diejenigen, welche infolge ihres geistigen und körperlichen Zustandes nicht mehr in ihrem Beruf die Hälfte ihres bisherigen, nach dem Durchschnitte der letzten 8 Jahre zu berechnenden Jahresverdienstes erwerben könnten, J.R. bekommen sollten.

Hierzu wurde von der Zentrumspartei und einem Teil der Nationalliberalen (Dr. Hitze u. Gen.[3]) ein Abänderungsantrag gestellt, worin die verbündeten Regierungen ersucht wurden, die Vorlage der in Aussicht gestellten Novelle zum Invaliditäts- und Altersversicherungsgesetz möglichst zu beschleunigen. — Beide Anträge kamen in der Sitzung vom 19. Februar 1895 zur Erledigung[4]). Schon Tags zuvor war die Reformfrage, besonders betreffs der Abschaffung des Markensystems und der enormen Höhe der Verwaltungskosten, berührt worden. Auch bei der Sitzung am 19. Februar wurden im wesentlichen die alten Klagen laut. Speziell sprach die Zentrumspartei den Wunsch aus, daß die angesammelten Kapitalien der V.Anst. der Landwirtschaft mehr als bisher zur Verfügung gestellt würden. Dem Antrage „Auer u. Gen." gegenüber warnte v. Bötticher vor einseitiger Verbesserung des Gesetzes, zumal der Antrag auch nicht einmal die mangelhaftesten Punkte der J.V.Gesetzgebung berühre.

Diesen Ausführungen schloß sich auch die Mehrheit des Hauses an und der Antrag „Hitze u. Gen." gelangte zur Annahme, während der Antrag „Auer u. Gen." abgelehnt wurde.

Gleichwohl erneuerten letztere ihren Antrag wieder am 22. Januar 1896, wogegen wieder ein von Dr. Hitze u. Gen. unterzeichneter Antrag[5]) unter Ablehnung des Antrages „Auer" die Regierung ersuchte, bei der in Aussicht gestellten höchst dringlichen Revision des Invaliditäts- und Altersversicherungsgesetzes besonders auch zu erwägen, in wieweit innerhalb der bestehenden Beitragszahlungen bezw. bei Einstellung weiterer Ansammlungen zu den Reservefonds

1. eine Vereinfachung und Erleichterung der Voraussetzungen zum Bezug

[1]) Vergl. Bekanntmachungen vom 16. Dezember 1891, 1. März 1894 und 9. November 1895: A.N. d. R.V.A. 1892 S. 7; 1894 S. 87; 1895 S. 263.

[2]) Sten. Ber. d. Reichstags 1895/96. Drucksachen Nr. 144.

[3]) Sten. Ber. d. Reichstags 1895/96. Drucksachen Nr. 157.

[4]) Sten. Ber. d. Reichstags, Sitzung vom 19. Februar 1895.

[5]) Sten. Ber. d. Reichstags, Drucksachen 1896/97 Nr. 100.

der A.- und J.R., sowie eine zweckmäßigere Verbindung der Kranken- und Invalidenfürsorge,

2. eine Erhöhung der J.R. namentlich unter Berücksichtigung unversorgter Angehöriger,

3. eine Einbeziehung der Witwen- und Waisenfürsorge möglich und zweckmäßig sei.

Die Majorität des Reichstags schloß sich auch diesmal wieder dem Antrage der Zentrumspartei an und lehnte den Antrag der Sozialdemokraten Auer u. Gen. ab.

Ein Antrag des Frhrn. Heyl zu Herrnsheim vom 17. Juni 1896, der aber unerledigt blieb, ging dahin, daß die verbündeten Regierungen bei der in Aussicht genommenen Revision des Invaliditäts- und Altersversicherungsgesetzes auch die Ausdehnung der Versicherungspflicht auf die Betriebsbeamten und Handlungsgehilfen mit einem Gehalt von 2000—4000 Mk. mit Beseitigung der Beitragspflicht des Reichs zu den Renten derselben in Erwägung ziehen möchten.

Während so in der Volksvertretung immer wieder eine Reform dringlich gefordert wurde, war die Reichsverwaltung auch nicht müßig geblieben. Unter dem Vorsitze des Staatssekretärs v. Bötticher (und während dessen vorübergehenden Behinderung des Staatsministers Frhrn. v. Berlepsch) hatte vom 4.—9. November 1895 im Reichsamt des Innern eine freie Kommission getagt[1]), an der außer zahlreichen Mitgliedern des Bundesrats und Kommissaren des Reichs sowie der verbündeten Regierungen etwa 20 Vorsitzende von Berufsgenossenschaften, V.Anst. und Kasseneinrichtungen, sowie mehrere andere Sachkenner aus verschiedenen Lebensstellungen, darunter auch einige Reichstagsabgeordnete, im ganzen 70 Personen, teilgenommen hatten. Auf dieser Konferenz, die vertraulicher Natur gewesen war, damit jeder Teilnehmer ohne Scheu vor abfälliger öffentlicher Kritik seine Ansichten äußern und mit Verbesserungsvorschlägen hervortreten konnte, hatte man sich mit Erörterungen über die organische Zusammenlegung der verschiedenen Zweige der Arb.V., sowie über die Revision des Invaliditäts- und Altersversicherungsgesetzes befaßt und den Beratungen über eine Reform des letzteren den oben (S. 43) erwähnten Gesetzentwurf zugrunde gelegt, während für die Besprechung über die Vereinfachung der Arb.V. die von dem Präsidenten des R.V.A. Dr. Bödiker und dem Vorsitzenden der V.Anst. Berlin Dr. Freund eingereichten Vorschläge neben anderen Anregungen als besonders wertvoll erachtet worden waren.

Die Vorschläge von Dr. Bödiker[1]) waren im wesentlichen folgende gewesen: Verbindung der Rentenversicherung (U.-, J.- und A.R.) teils in örtlichen Verbänden, teils in Berufsgenossenschaften, Angliederung der Kr.V., Beseitigung der Beitragsmarke und Erhebung der Beiträge nach Prozenten der Arbeitslöhne, Verhinderung weiterer Kapitalansammlung (Umlageverfahren) und Wegfall der Abrechnung unter den V.Anst., Minderung der Zahl der Vorstände, der Schiedsgerichte und der Vertrauensmänner, Vereinfachung der Rentenberechnung, des Verfahrens und Minderung der Kosten.

Dr. Freunds Vorschläge[1]) waren auf eine Vereinigung der Kr.V. mit der J.A.V. hinausgegangen und hatten die Schaffung lokaler Zentralstellen für die gesamte Arb.V. (Arbeiterversicherungsämter) unter Fortbestand der Berufsgenossenschaften und Beibehaltung der Beitragsmarken als leitende Grundsätze einer künftigen Revision bezeichnet.

---

[1]) Vergl. Reichsanzeiger Nr. 274 vom 15. November 1895; „Arb.-Versorgung" 1895 S. 612—614; ferner „Die Reichsversicherungsgesetzgebung" von Bödiker (in „Staats- und sozialwissenschaftl. Forschungen" von Schmoller 16. Bd. 1898 Heft 4); Brauns Archiv 18. Bd. S. 481 ff.; „Die J. und A.V. im Deutschen Reich" 1895 Nr. 2 S. 12 ff.; „Soziale Praxis" 5. Jahrg. S. 193; „Landmann und Rasp" a. a. O. S. 114 ff.

Zum Schluß der Beratungen war mehrfach hervorgehoben worden, daß die vorliegenden Reformvorschläge noch nicht als genügend ausgereift zu betrachten seien, sondern eine eingehendere Durcharbeitung und Erwägung erforderten; dasselbe gelte auch von den noch am letzten Tage von dem Geh. Oberregierungsrat v. Woedtke und von dem badischen Ministerialdirektor Dr. Schenkel gegebenen eventuellen Anregungen, deren erstere für den Fall einer Beseitigung des Markensystems eine anderweite Bemessung der Renten mit freiwilliger Zuschußversicherung unter Beihilfe des Arbeitgebers ins Auge gefaßt, während letztere eine wesentliche Einschränkung der Klebepflicht der Arbeitgeber vorgesehen hatte.

Unter diesen Umständen frug es sich, ob man so lange die Revisionsarbeit aussetzen sollte, bis sich ein einwandfreier Weg für eine Zusammenlegung verschiedener Versicherungszweige oder für andere grundlegende Abänderungen der Arb.V.-Gesetzgebung gefunden haben würde oder ob nicht vorbehaltlich späterer weitgehender Maßnahmen zunächst mit einer Revision der Einzelgesetze unter Aufrechterhaltung ihrer grundlegenden Bestimmungen, wie sie bei der Kr.V. durch die Novelle von 1892 mit Erfolg begonnen worden war, fortzufahren sein würde.

Die verbündeten Regierungen wählten das letztere, und im Herbst 1896 ging dem Bundesrat ein weiterer Regierungsentwurf (mit der Ueberschrift „Invalidenversicherungsgesetz") zu, der in den Bundesratsausschüssen umgearbeitet wurde und am 26. Februar 1897 an den Reichstag gelangte.

§ 6.

III. Entwickelung vom Regierungsentwurfe von 1897 bis zu dem von 1899.

Zur selben Zeit, in welcher der neue Regierungsentwurf im Entstehen begriffen war, arbeitete auch der Bund der Landwirte einen Entwurf aus, der sich zu dem Antrage „v. Plötz" entwickelte (vom 10. November 1896[1]), von dem sich aber die konservative Partei „als zu radikal" lossagte[2]). Dieser Antrag folgte dem Gedankengange eines Antrags von Bebel[3]) (vom 27. März 1889) und enthielt folgende Hauptneuerungen:

1. Wegfall der Karten und Marken und Bescheinigung der Beiträge und der sonstigen Voraussetzungen des Rentenbezugs nach Belieben, ohne gesetzliche Regulierung (durch Listenführung, behördliche Anmeldung ꝛc.).
2. Vierjähriger Nachweis statt des früheren 30jährigen zum Bezuge der A.R.
3. Gewährung einer Einheitsrente von 100 Mk. jährlich bei männlichen und 75 Mk. bei weiblichen Personen (Voraussetzung: Erwerbsunfähigkeit von 50% bezw. Zurücklegung des 70. Lebensjahres ohne den Nachweis dieser Erwerbsunfähigkeit).
4. Uebertragung der Rentenlast und der Verwaltungskosten auf die Gesamtheit der Steuerzahler und zwar durch auf dem Einkommen begründete Zuschläge auf die Staatssteuern der Einzelstaaten mit Freilassung der Einkommen unter 600 Mk.

Der Regierungsentwurf ließ zwar nur 27 Paragraphen unverändert, behielt aber gleichwohl die Grundzüge des Gesetzes, die Sonderstellung der einzelnen

---

[1]) Sten. Ber. d. Reichstags 1896/97. Drucksachen Nr. 539.

[2]) Uebrigens hatte weder der frühere Vorsitzende der konservativen Partei, noch der damalige, Dr. v. Levetzow, den Gesetzentwurf unterzeichnet.

[3]) Sten. Ber. d. Reichstags 1888/89. Drucksachen Nr. 149; ferner „Die J.- und A.V. im Deutschen Reich" 6. Jahrg. S. 169 ff.

V.Anst. und das Markensystem bei. Grundsätzlich von Bedeutung waren eigentlich nur die Vorschläge, welche die Verteilung der Rentenlast und die Berechnung der Renten einer Aenderung unterzogen, sowie eine Verschärfung des staatlichen Aufsichtsrechts bezweckten. Auch zu der Frage der Zusammenlegung und Vereinfachung der Arb.V. nahm der Entwurf Stellung und die Motive führten hierüber folgendes aus:

Die Frage der Reform der gesamten Arb.V. und deren Vereinfachung durch Zusammenlegung aller oder mehrerer Zweige der Versicherung könne zur Zeit noch nicht befriedigend gelöst werden. So wünschenswert auch die Zusammenlegung sei, so seien doch die Schwierigkeiten und Weiterungen, die einer solchen Maßnahme noch entgegenständen, schon deshalb sehr erheblich, weil die Meinungen über den hierbei einzuschlagenden Weg noch völlig auseinander gingen. Gleichwohl sehe der Entwurf eine in mehreren Pankten noch nähere Verbindung der J.A.V. mit der U.- und Kr.V. vor und erweitere damit die Grundlage, auf der im Falle einer umfassenden Revision der Arb.V. möglicherweise werde weitergebaut werden können.

Für eine Verbindung der J.A.V. mit der Kr.V. spreche der nahe innere Zusammenhang und die daraus sich ergebenden Wechselbeziehungen zwischen beiden; die Schwierigkeiten einer Verbindnng dagegen bestehe darin, daß Berufszweige, die von der J.A.V. erfaßt würden, in der Kr.V. fehlten, z. B. land- und forstwirtschaftliche Arbeiter, Gesinde und unständige Arbeiter. Ferner sei die Natur des Risikos bei der J.A.V. viel größer und die damit zusammenhängende Art der Organisation ganz verschieden. Was den letzteren Punkt betreffe, so hätten für die J.A.V. große dauernd leistungsfähige Verbände, dagegen für die Kr.V. kleine örtlich abgegrenzte, den Versicherten tunlichst nahe gerückte Kassen errichtet werden müssen. Auch handele es sich bei der Kr.V. im Gegensatze zu den bei der Rentenversicherung (U.-, J.- und A.V.) in Frage kommenden seltenen, aber dauernden Leistungen von relativ hohem Kapitalwert, um häufig eintretende vorübergehende Unterstützungen von relativ geringem Kapitalwert, die sofort geleistet werden müßten, ohne vorausgehende Vorfrage und Verhandlungen. Ferner würden bei Vereinigung der Kr.V. mit der J.V. die Lasten der Versicherung auf die großen Verbände der V.Anst. übergehen und die Krankenfürsorge werde aus den reichen Mitteln dieser Anstalten gewährt werden. Endlich würden auch die durch die Novelle zum Krankenversicherungsgesetz von 1892 für die Kr.V. wahlweise zugelassenen Hilfskassen ohne Beitrittspflicht, deren Bezirke sich mehrfach über das ganze Reich erstreckten, einer Organisation nach großen örtlichen Bezirken Schwierigkeiten entgegenstellen und selbst wenn die jetzigen Krankenkassen unter Belassung ihrer Selbständigkeit zu großen Verbänden vereinigt, diese aber mit der Durchführung der J.A.V. betraut würden, so werde die Gesamtorganisation nur noch komplizierter und unstabiler. — Aus allen diesen Gründen habe sich daher der Entwurf darauf beschränkt, nach Möglichkeit einem engeren Zusammenarbeiten der beiden Versicherungen Rechnung zu tragen durch weitere Ausgestaltung der den V.Anst. gestatteten vorbeugenden Krankenpflege und durch Förderung gemeinsamer Beitragserhebung.

Für eine Verbindung der U.V. mit der J.A.V. führten die Motive die innere Verwandtschaft beider Versicherungszweige an, da es sich bei beiden um die Fürsorge für Fälle lang andauernder Erwerbsunfähigkeit, um wenig zahlreiche, aber umso schwerere Risiken, um Belastung durch Dauerrenten und um Durchführung der Versicherung durch große kapitalkräftige Verbände handele (im Gegensatz zur Kr.V.). — Dem ständen aber noch größere Bedenken gegenüber: Einmal sei die U.V. für zahlreiche Berufszweige, deren Arbeiter der Versicherungspflicht nach dem Invaliditäts- und Altersversicherungsgesetz unterliegen, nicht durchgeführt, und es sei zweifelhaft, ob sie für sämtliche bei der J.A.V. beteiligten Personen und Berufsklassen überhaupt berufsgenossenschaftlich werde durchgeführt werden können; weiter werde die J.A.V. durch Angliederung an die Berufsgenossenschaften noch komplizierter, und der umgekehrte Weg sei ebenfalls unzweckmäßig, da die Berufsgenossenschaften bei fast allen dabei beteiligten Kreisen große Anerkennung und Zufriedenheit gefunden hätten, und die Kosten und Weiterungen, die in diesem Falle nötig seien, würden große praktische Schwierigkeiten und Unzuträglichkeiten verursachen.

Ferner stehe der Verschmelzung beider Versicherungsarten, möge sie nun auf die eine oder die andere Art geschehen, noch folgendes entgegen: Bei der J.V. habe man bisher das Kapitaldeckungsverfahren, bei der U.V. dagegen das Umlageverfahren; man müsse also eines der beiden Beitragssysteme für beide Versicherungszweige einführen. Die Einführung des Umlageverfahrens bei der J.V. sei aber aus den schon beim Entwurfe von 1888 (siehe S. 22) angegebenen Gründen unmöglich und die Einführung des Kapitaldeckungsverfahrens für die U.V. werde die gegenwärtigen Unternehmer mit einer nicht unerheblichen Mehrbelastung treffen und deshalb schwerlich auf Beifall zu rechnen haben; auch werde in beiden Fällen, möge man sich nun für das Umlage- oder Kapitaldeckungsverfahren entscheiden, das für die Belastung wichtige Gefahrenmoment ungleichmäßig behandelt.

Ein weiterer Weg für eine Zusammenlegung der gesamten Rentenversicherung (U.-, J.A.V.) derart, daß diese Versicherungszweige in Form einer bloßen Verwaltungsgemeinschaft teils durch territorial abgegrenzte V.Anst. teils durch Berufsgenossenschaften je für ihren Bezirk gemeinsam durchgeführt würden, könne nur dann eine Vereinfachung erzielen, wenn die Zahl der Berufsgenossenschaften, welche aufgelöst und deren Betriebe in die territorialen Anstalten gewiesen würden, eine große sei.

Besonders aber für die Land- und Forstwirtschaft, bei welcher die ihren Verhältnissen und Bedürfnissen angepaßten berufsgenossenschaftlichen Einrichtungen der U.V. gut funktioniert hätten, werde die Ersetzung durch territorial abgegrenzte V.Anst. neue kostspielige Verwaltungsmaßregeln erfordern, zumal da die Land- und Forstwirtschaft dann die ungedeckte Rentenlast der aufgelösten industriellen Berufsgenossen und die in der Regel größere Unfallgefahr solcher industriellen Betriebe mit übernehmen müßten.

Auch werde der Ausgleich zwischen den Trägern der Versicherung immer schwieriger werden, da die fortbestehenden industriellen Berufsgenossenschaften wegen der überwiegenden Zahl der Beitragszahler in jugendlichem Alter die wertvolleren Beiträge bei relativ geringem Risiko für sich erheben würden, während den allgemeinen vorwiegend landwirtschaftlichen V.Anst. trotz der höheren Gefahr die minderwertigen Beiträge solcher Personen verbleiben würden, deren Invalidität nahe bevorstehe.

Dies waren die Gründe, welche bei der Ausgestaltung des Entwurfs den Anlaß zur Ablehnung einer Zusammenlegung der Kr.-, U.- und J.V. gaben. Gleichwohl sollte die Frage im Auge behalten, und ihre Lösung einer späteren Zeit vorbehalten werden. Vorläufig wollte man nur durch Schaffung gemeinsamer Schiedsgerichte bei der Land- und Forstwirtschaft und bei Regiebauten der Kommunalverbände wenigstens eine gewisse Vereinfachung der Gesamtorganisation der Versicherungszweige durch den Entwurf herbeiführen.

Das Markensystem sollte, wie schon gesagt, bestehen bleiben und zwar deshalb, weil in keinem der bisher auf Beseitigung desselben gerichteten Vorschläge eine wesentliche Verbesserung gegenüber dem bestehenden Rechtszustande erblickt werden könne. Wohl aber könnten gewisse in der Praxis hervortretende Nachteile und Belästigungen, welche nur durch die Ausgestaltung des Systems herbeigeführt seien, aber nicht dem System selber anhafteten, beseitigt werden. Dem suche der Entwurf durch folgende Verbesserungen gerecht zu werden: Förderung des Beitragseinziehungsverfahrens, verschärfte Kontrollbestimmungen betreffs der Beitragsentrichtung, erweiterte Strafbestimmungen gegen die in der Beitragsentrichtung säumigen Arbeitgeber, Strafbestimmungen über Benutzung, Veräußerung oder Feilhalten bereits verwendeter Marken.

Die Vorschläge zur Beseitigung des Markensystems waren im wesentlichen dreierlei Art gewesen:

1. Wegfall der Beiträge und Aufbringung der Mittel durch eine allgemeine Steuer.

2. Die Beiträge, die vom Arbeiter anteilig bei der Lohnzahlung zu erstatten sind, werden nach Lohnprozenten vom Arbeitgeber eingezahlt und zu deren Ermittelung bei den berufsgenossenschaftlich vereinigten Betrieben der Industrie die dort ohnehin zu führenden Lohnlisten benutzt, alle sonstigen Betriebe aber hinsichtlich ihres durchschnittlichen Bedarfs an Arbeitskräften und hinsichtlich der durchschnittlichen Lohnsätze abgeschätzt.

3. Bemessung der J.V. (ähnlich wie bei der U.V.) nach einem Prozentsatze des beim Eintritt des Versicherungsfalles bezogenen Lohnes.

Gegen den ersten Vorschlag, Ersetzung der Beiträge durch eine allgemeine Steuer, führte der Gesetzgeber folgende Bedenken an: Es sei ungerechtfertigt, die Lasten der Versicherung ausschließlich der Gesamtheit aufzuerlegen, wenn auch letztere ein Interesse an der Versicherung habe. Denn auch in anderen Zweigen, die für die Gesamtheit Interesse hätten, geschehe dies nicht z. B. in der Rechtspflege. Auch sei die Begründung des Vorschlags unzutreffend, daß diese Wohlfahrtseinrichtung eine durch das Gesetz geschaffene Sicherung der bestehenden staatlichen Zustände darstelle und aus diesen Gründen von den besitzenden Klassen, die an der Aufrechterhaltung dieses Zustandes das größte Interesse hätten, nach dem Umfange ihres Besitzes zu tragen sei. Denn der für den Erlaß der Arbeiterversicherungsgesetze bestimmende Gesichtspunkt sei nicht die Sicherung der besitzenden Klassen, sondern die Notwendigkeit einer erhöhten Fürsorge für die durch den privatrechtlichen Arbeitsvertrag nicht ausreichend geschützten Lohnarbeiter. Dem Interesse der Gesamtheit an der erfolgreichen Durchführung der J.V. werde in dem Reichszuschuß, und zwar ausreichend, Rechnung getragen. Auch würden die Renten, wenn die Kosten völlig dem Reich übertragen würden, den Charakter eines durch eigene Leistungen erworbenen Rechtsanspruchs verlieren und der Armenunterstützung sich bedenklich nähern. Abgesehen von diesen grundsätzlichen Erwägungen spreche endlich gegen diesen Vorschlag weiter, daß ein für die Besteuerung praktisch gangbarer Weg sich bisher nicht gefunden habe.

Der 2. Vorschlag, Einzahlung der Beiträge durch die Arbeitgeber nach Lohnprozenten, begegnete bei den verbündeten Regierungen ebenfalls großem Bedenken, weil dadurch sämtliche landwirtschaftliche Betriebe, die Mehrzahl der Handwerks- und sonstigen Kleinbetriebe bis herab zu solchen Betrieben, welche Lohnarbeiter nur vorübergehend beschäftigen, sowie alle Hauswirtschaften und Dienstboten umfaßt würden und eine äußerst kostspielige Einrichtung geschaffen werde, ganz abgesehen von den vielen Unzuträglichkeiten, die ein solches System mit sich bringe, wie die schwere Berechnung des zu erstattenden Beitragsteils, zumal bei Hinzutreten von Naturalbezügen oder Tantiemen zum Lohn, das Fehlen eines sicheren Nachweises[1]) der Ansprüche des Arbeiters der V.Anst. gegenüber 2c.

---

[1]) Die Einführung einer festen Grundrente, sei es in Form einer Einheitsrente oder in wenigen Abstufungen nach Lohnklassen, für welche nur der Nachweis erforderlich sein sollte,

Die Annahme des 3. Vorschlags, Bemessung der J.R. nach einem Prozentsatze des beim Eintritt des Versicherungsfalles bezogenen Lohnes, hielten die verbündeten Regierungen deshalb für bedenklich, weil dieser Lohn nicht maßgebend sein könne, da die Invalidität erst allmählich einzutreten pflege und mit der Abnahme der Kräfte sich auch der Arbeitsverdienst fortgesetzt vermindere.

Alle diese Bedenken führten zu dem Entschluß, das Markensystem beizubehalten.

Die wichtigste Aenderung des Entwurfs bezog sich auf die Verteilung der Rentenlast, welche notwendig geworden war infolge der mehr und mehr sich verschieden gestaltenden Lage der einzelnen V.Anst. Während nämlich die Mehrzahl der V.Anst., besonders solche, welche vorwiegend industrielle Bezirke umfaßten (z. B. Berlin und Hansestädte), finanziell äußerst günstig gestellt waren, blieb ein Teil derselben, namentlich solche mit vorwiegend landwirtschaftlicher Bevölkerung hinter dem Durchschnitt erheblich zurück; einige wiesen sogar einen immer mehr steigenden Fehlbetrag hinsichtlich der Kapitaldeckung der laufenden Renten auf (z. B. Ostpreußen, Niederbayern 2c.). — Und zwar war der von der Regierung vorgeschlagene Weg, der eine finanzielle Ausgleichung bringen sollte, folgender:

An die Stelle der Verteilung der Versicherungslast nach der Beitragszahlung der Rentenempfänger, wie sie bisher stattfand, sollte unter Weiterbestehen des bisherigen Vermögens der V.Anst. die Verteilung nach der Beitragsleistung der Gesamtheit der Versicherten treten unter Zugrundelegung des Kapitalwerts der Rentenbeträge (und nicht der einzelnen Jahreszahlungen, wie bisher bei der Verteilung nach der Beitragszahlung der Rentenempfänger), und zwar sollte jede V.Anst. dauernd mit der Hälfte der von ihr festgesetzten Renten selbst belastet werden, während die andere Hälfte auf die Gesamtheit der V.Anst. verteilt werden sollte, wobei noch die gemeinsame Aufbringung eines weiteren Viertels gestattet sein sollte. Als Gründe für die Verschiedenheit der finanziellen Lage führten die Motive einmal — aber nur in geringem Maße — das verschiedene Verhalten der einzelnen V.Anst. bei Erhebung der Einnahmen und Leistung der Ausgaben an, z. B. die Verschiedenheit der Sorgfalt bei der Beitragsüberwachung, größere oder geringere Sparsamkeit, und auch der verschiedenen Verteilung der Lohnklassen wird eine gewisse Bedeutung hierbei zugemessen. In der Hauptsache jedoch beruhe der große Unterschied in der Finanzlage der einzelnen Anstalten auf der Verschiedenheit der Altersgruppierung. Schon in den Motiven zum Entwurfe von 1888 und in den Kommissionsberatungen des Alters- und Invaliditätsversicherungsgesetzes war hierauf aufmerksam gemacht worden. Daß aber die Verschiedenheit so bedeutend werden würde, hatte man nicht vorausgesehen. Aus den Ergebnissen der Volkszählung von 1895 wurde bekannt, daß der Anteil der in der Landwirtschaft (Hauptberuf) beschäftigten Personen an der Gesamtbevölkerung erheblich zurückgegangen war, von 42 % im Jahre 1882 auf 35 % im Jahre 1895. Ferner trat durch immer steigende Abwanderung von vorwiegend jüngeren Leuten aus dem Osten nach dem Westen und den Groß-

---

daß der Versicherte einige Zeit vor dem Eintritte der Invalidität eine versicherungspflichtige Beschäftigung ausgeübt habe, hielten die verbündeten Regierungen für einen sozialpolitischen Rückschritt, weil dadurch der Nachweis in das Belieben der Versicherten gestellt würde, und von dem Nachweise durch Bescheinigungen der Arbeitgeber, Krankenkassen und Behörden befürchteten sie Mißstände, z. B. Betrügereien, Belästigung der Behörden 2c. Dasselbe vermuteten sie von dem Nachweise durch freiwillige Zusatzversicherung zu der Grund-Rente, wobei noch das hinzukomme, daß von der freiwilligen Versicherung wenig Gebrauch gemacht werde. Auch den Nachweis durch Zeugen oder Bescheinigungen der Arbeitgeber und Krankenkassen oder durch behördliche Atteste verwarfen sie wegen der zahlreichen Unzuträglichkeiten, z. B. Unzuverlässigkeit dieser Nachweise und der dadurch ermöglichten Erschleichung der Renten 2c.

städten, aus den landwirtschaftlichen Bezirken in die industriellen Bezirke eine erhebliche Bevölkerungsverschiebung derart ein, daß die vorwiegend landwirtschaftliche Bezirke umfassenden V.Anst. eine relativ große Zahl von Versicherten in hohen Altersklassen hatten. Nun kamen aber nach den bisherigen Erfahrungen jährlich bei den Versicherten in dem Alter von

20—40	Jahren	1	Invaliditätsfall	
40—50	"	4	Invaliditätsfälle	
51—60	"	14	"	
61—70	"	46	"	vor.

Daher hatten, während im Durchschnitt bei allen V.Anst. rund 51 % der Beitragseinnahmen zur Deckung der Rentenlast aufzubringen waren, Berlin und die hanseatische V.Anst. (= industrielle Bezirke mit relativ mehr jüngeren Leuten) kaum 20 %, die landwirtschaftlichen V.Anst. aber durchweg 60 %, Ostpreußen sogar 90 % aufzuwenden. Es hätte sich also für die finanziell ungünstig gestellten Anstalten in absehbarer Zeit die Notwendigkeit ergeben, ihre Beiträge zu erhöhen, während die reichen Anstalten ihre Beiträge hätten herabsetzen können. Wesentliche Ungleichheiten in den Beiträgen und Leistungen bei den einzelnen V.Anst. wären aber mit dem Prinzip der J.V. als Reichseinrichtung unvereinbar gewesen, auch hätte dies einen noch stärkeren Zufluß zu den begünstigteren Plätzen zur Folge gehabt. — Es mußte vielmehr zur wirksamen Ausgleichung für die Zukunft ein Gegenseitigkeitsverhältnis zwischen den Versicherungsträgern geschaffen werden. Denn trotz der Selbständigkeit in der Verwaltung und Finanzgebahrung war doch eine Solidarität der Interessen aller V.Anst. unbestreitbar, deren Trennung unbeschadet ihrer Selbständigkeit wesentlich zur Dezentralisation der Durchführung der Versicherung erfolgt und bezüglich deren (durch § 66 des Invaliditäts- und Altersversicherungsgesetzes) eine spätere Aenderung der Bezirke der einzelnen Anstalten auch zur Vorbeugung finanzieller Schwierigkeiten ausdrücklich vorbehalten worden war.

Es entsprach daher nur dieser Solidarität der Interessen, wenn für einzelne Anstalten, die ihre Verpflichtungen nicht voll tragen konnten, für die Zukunft und ohne ihnen den bisher bereits erzielten Gewinn zu entziehen, zunächst die anderen gleichartigen Träger herangezogen und der für den solidarischen Zweck an einer Stelle entstehende Ueberfluß den hierbei notleidenden anderen Stellen zugeführt werden sollte, ohne daß auf die erst in letzter Linie haftenden Garantieverbände (§ 44 des Invaliditäts- und Altersversicherungsgesetzes) zurückgegriffen wurde.

Um den finanziellen Ausgleich und die Verteilung der Rentenlast herbeizuführen, hatte man verschiedene Wege:

Einmal konnte man den Reichszuschuß von 50 Mk. derart festsetzen, daß man ihn als Grundbetrag der Rente auffassen und durch die V.Anst. aufbringen ließ, den schlechter gestellten V.Anst. aber einen verhältnismäßig höheren Betrag als Reichszuschuß zuwendete. Diesen Weg hielt die Regierung für ungangbar, weil dadurch die Kontingentierung des Reichszuschusses aufgegeben und es schwierig geworden wäre, für die Abmessung des Reichszuschusses den richtigen Maßstab zu finden.

Weiter konnte man eine Teilung der Rente eintreten lassen dahin, daß die die Rente bewilligende V.Anst. einen Teil der Rente allein, den anderen Teil aber alle Träger der Versicherung gemeinsam trugen. Diesen Weg meinten die verbündeten Regierungen deshalb nicht einschlagen zu können, weil dadurch nur für einen Teil der Rentenlast, für den eine Zentralanstalt nötig gewesen, die Schwierigkeit gehoben worden, für den übrigen aber der bisherige Zustand bestehen geblieben wäre.

Auch einem dritten Vorschlag, daß diejenige Anstalt, der jemand zuerst angehöre, alle Beiträge des Versicherten erhalte und die Renten desselben übernehme (das sog. „Heimatsprinzip") glaubte man wegen der schon erwähnten Verschiedenheit der Altersgruppierung nicht folgen zu können. — Der Entwurf suchte vielmehr einen Ausgleich dadurch zu schaffen, daß er den Vermögensbestand der V.Anst. als Maßstab für die Verteilung der Rentenlast gelten lassen wollte.

Dem Einwande gegenüber, daß ein solcher Maßstab mit den Grundsätzen der Beitragserhebung und Rentenbemessung nach Lohnklassen im Widerspruch stehe und deshalb zu einer weitgehenden Schädigung der Interessen der den höheren Lohnklassen angehörenden Versicherten führen würde und daß dabei der Umstand unberücksichtigt bleibe, daß die Verschiedenheiten im Vermögensbestande neben anderen Ursachen besonders auf der verschiedenen Verteilung der versicherungspflichtigen Bevölkerung auf die einzelnen Lohnklassen beruhe, erklärten die Motive, es sei unzutreffend, wenn davon ausgegangen werde, daß innerhalb der einzelnen Lohnklassen Rentenbeträge und Beiträge nicht in demselben Verhältnis ständen. Ferner werde die Tragweite der Lohnklassenverteilung auf die Vermögensbildung bedeutend überschätzt; denn wenn nicht andere wichtigere Faktoren als die Lohnklassenverteilung für die Vermögensbildung ausschlaggebend wären, so müßten bei Erhöhung der Renten der oberen Lohnklassen im Verhältnis zur Beitragshöhe die Durchschnittsziffern der Belastung zwischen den einzelnen Anstalten sich ungefähr gleichkommen.

Die Sorge der V.Anst. hinsichtlich einer ungerechtfertigten Begünstigung der Kasseneinrichtungen und die Befürchtung der letzteren bezüglich einer Bevorzugung der V.Anst. durch eine solche Verteilung der Rentenlast bezeichneten die Motive als unbegründet. Denn die Kasseneinrichtungen, welche betreffs der auf den Kopf der Versicherten bisher bewilligten Renten den Gesamtdurchschnitt weit überschritten hätten und ihn wahrscheinlich auch in Zukunft überschreiten würden, behandle der Entwurf, was die Verteilung der Rentenlast und die Festsetzung des Vermögenswertes angehe, genau so wie die V.Anst.

Der Vorschlag, die bestehenden Ungleichheiten und Unbilligkeiten in der Entwickelung der finanziellen Lage der einzelnen Anstalten durch eine Finanzgebahrung zu beseitigen, welche zu einem im wesentlichen für alle Anstalten gleichen Verhältnis der laufenden Verpflichtungen zu dem vorhandenen Vermögen führt, mit anderen Worten also durch Verteilung der Gesamtlast auf die einzelnen V.Anst., empfehle sich deshalb nicht, weil dann den einzelnen V.Tr. kein genügender Anlaß zu sorgsamer Prüfung der Rentenanträge und zu sparsamer Verwaltung bleiben würde. Daher sei nur ein Teil des Rentenbetrags zur Verteilung zu bringen, während den Rest die festsetzende V.Anst. zu tragen habe.

Die nächste bedeutende Neuerung, die der Entwurf enthielt, betraf die Berechnung der Renten.

Die neue Berechnung sollte dem versicherungstechnischen Erfahrungssatze Rechnung tragen: Je mehr die Rentenzahlungen der Gegenwart auf Kosten der Renten im Beharrungszustande erhöht werden, desto geringer wird die Kapitalansammlung (was man ja erreichen wollte). Ferner sprach bei der neuen Berechnung mit, daß man das Verhältnis zwischen Rente und Beitrag nicht nur für die Gegenwart gleichstellen, sondern auch eine Verschiebung dieses Verhältnisses auf die Dauer verhindern wollte. Dazu kam, daß die Beträge der Renten in den höheren Lohnklassen für hochgelohnte städtische Arbeiter relativ geringeren Wert hatten als die Renten der Lohnklasse I für die in ländlichen Bezirken mit billigen Lebensbedingungen wohnenden Versicherten. Daher stufte man die Grundbeträge der Renten nach den einzelnen Lohnklassen ab, deren man jetzt fünf einrichten wollte, und erhöhte die Anfangsrenten in den höheren Lohnklassen, setzte aber die Rentensteigerungen in diesen Lohnklassen herab. Die Durchschnittsrenten ebenso wie die Einzelrenten und die Steigerungssätze der Beträge in den einzelnen Lohnklassen sollten in demselben Verhältnis, wie $1 : 1^1/_2 : 2 : 2^1/_2 : 3$, stehen und der Grundbetrag der Rente in Lohnklasse I 60 Mk., der Steigerungssatz in derselben 2 Pfg. pro Beitragswoche betragen.

Als A.R. sollte nach dem Entwurf nur der Grundbetrag der J.R. der betreffenden Lohnklasse gewährt werden (also ohne Steigerungssätze), wodurch dieselbe allgemein eine Erhöhung erfahren hätte.

Die in Aussicht genommene Vermehrung der staatlichen Aufsichtsbefugnisse näher darzustellen, will ich übergehen, da auch der Entwurf der Novelle von 1899 nicht mehr darauf zurückkam und die Einrichtung des Staatskommissars überhaupt aufgab, obwohl auch die Novelle, wenigstens zu einem Teil, eine gemeinsame Aufbringung der Rentenlasten vorgeschlagen hatte.

Die übrigen Aenderungen, die der Entwurf beabsichtigte, sind weniger bedeutend und kehren auch großenteils in der Novelle von 1899 wieder, bei deren Erörterung ich dann näher auf dieselben eingehen werde.

Wie war nun die Aufnahme des Entwurfs im Lande? Im allgemeinen wurde er im großen und ganzen nicht sympathisch begrüßt. Schon der Entwurf von 1896 vor seiner Umarbeitung in den Bundesratsausschüssen war bei den mit der Durchführung der J.V. betrauten Organen wegen der beabsichtigten Veränderung in der Aufsichtsführung und der Erweiterung der Befugnisse des Staatskommissars auf großen Widerstand gestoßen, was sowohl auf einer Konferenz der Vorstände fast sämtlicher V.Anst. in Kassel am 30. September 1896, als auch auf einer Versammlung der Vorstände der besonderen K.E. zu Frankfurt a./M. am 23. Oktober 1896 lebhaften Ausdruck gefunden hatte. Auch der badische Krankenkassenverband hatte in einer Konferenz zu Mannheim gegen die beabsichtigte Art der Reform protestiert[1]).

Eine Delegiertenversammlung des Zentralverbandes deutscher Industriellen[2]), die am 3. Februar 1897 in Berlin zu einer Sitzung zusammentrat und in Gegenwart des Ministers Dr. v. Bötticher, des Präsidenten des R.V.A Dr. Bödiker und des Direktors im Reichsamt des Innern v. Woedtke über die Novelle beriet, die dem Reichstag zugehen sollte, hielt dieselbe zwar für geeignet, eine Reihe von Mißständen zu beseitigen, erklärte sich aber mit der vorgeschlagenen anderweitigen Verteilung der Rentenlast, mit der Erweiterung der Befugnisse des Staatskommissars und der Einschränkung des Selbstverwaltungsrechts der V.Anst. nicht einverstanden.

Auch der deutsche Landwirtschaftsrat[3]) erblickte zwar in dem Entwurfe „betreffend die Abänderung von Arb.V.-Gesetzen" eine Grundlage für eine Verbesserung des bestehenden Zustandes, fand aber folgende Wünsche darin unberücksichtigt:

1. Vereinigung der gesamten Rentenversicherung (U. und J.V.) der land- und forstwirtschaftlichen Arbeiter.

2. Ersetzung der kostspieligen Aufbewahrung der Quittungskarten durch den Grundbüchern ähnliche Einrichtungen oder eventuell durch Sammelkarten; Einführung von Marken für längere Zeitabschnitte.

3. Wahrung der Selbständigkeit der V.Anst. und Beibehaltung der seitherigen Befugnisse des Staatskommissärs.

---

[1]) Soziale Praxis 6. Jahrg. Nr. 2 S. 4.

[2]) Vergl. Soziale Praxis 6. Jahrg. Nr. 20 S. 486.

[3]) Vergl. Verhandlungen der XXI. Plenarversammlung des deutschen Landwirtschaftsrats vom 18. bis 23. Februar 1897 in „Der deutsche Landwirtschaftsrat" 21. Jahrg. S. 353 ff.

R. van der Borght[1]) (Aachen) vermißte in dem Entwurfe eine engere Verbindung zwischen den 3 Arbeiterversicherungsgebieten und kam nach eingehender Besprechung der Novelle zu dem Ergebnis, daß dieselbe zwar eine Verbesserung vieler Einzelheiten bedeute, daß dagegen die wichtigsten Fragen, wie die Beseitigung der vollständigen Trennung der 3 Arbeiterversicherungszweige, ganz zurückgestellt seien.

Auch Dr. Fuld[2]) bedauerte sehr, daß die organische Reform der Arb.V. wieder aufgeschoben worden sei, während Stadtrat v. Frankenberg[3]) als nächstliegende Forderung „nicht für alle Gefahren eine einzige Versicherung, sondern irgend eine Versicherung für jeden Lohnarbeiter" bezeichnete.

Sehr abfällig äußerte sich W. Kulemann[4]) über die geplante Reform. Der Entwurf, sagte er, stelle den Versuch dar, eine große Aufgabe mit völlig unzulänglichen Mitteln zu lösen, ein in seinen Zwecken über allen Zweifel erhabenes, höchst verdienstvolles, aber hinsichtlich der Ausführung in seinen Grundlagen verfehltes Werk durch kleinliche Flickarbeit zu bessern und sich vor allem, was den Verdacht einer wirklich durchgreifenden Reform wachrufen könnte, ängstlich zu hüten. Der Entwurf mache den Eindruck, als ob er nur dem Druck der öffentlichen Meinung insoweit nachgegeben habe, „ut aliquid fieri videatur"; ihm scheine die ganze Reform den Anschein einer „Politik des Fortwurstelns" zu haben und wenn zum Trost gesagt werde: „Die Frage soll im Auge behalten und ihre Lösung einer späteren Zeit vorbehalten werden", so sei das eine billige Redensart, die zu nichts verpflichte.

Einer eingehenden Kritik wurde der Entwurf u. a. besonders von H. Gebhard[5]), dem Direktor der hanseatischen V.Anst., unterworfen. In einem in der Versammlung des Anstaltsausschusses zu Lübeck am 25. März 1897 gehaltenen Vortrag, worin er die anderweitige Regelung der Verteilung der Rentenlast, sowie die Neuordnung der Stellung der V.Anst. und ihrer Organe prüfte, gab er die Unzulänglichkeit des bisherigen Gesetzes zu, verurteilte aber den Vorschlag der Regierung, weil eine derartige Verteilung der Rentenlast die in den höheren Lohnklassen versicherten Personen sehr schädigen werde und empfahl, $^2/_3$ aller Renten allen V.Tr. aufzuerlegen und von diesen gleich hohe Beträge für die gleichen Lohnklassen zu erheben, das übrige Drittel aber den einzelnen V.Anst. und K.E. zur Belastung zu überweisen. Ferner forderte er Selbständigkeit der V.Anst. und Selbstverwaltungsbefugnis ihrer Organe und hielt es für ungerecht, wenn man die Renten in allen Bezirken gleich bemessen und in Gebieten, welche bei hohen Löhnen teure Preise hätten, dieselben Renten gewähren wolle, wie in Landbezirken mit weitaus billigerer Lebenshaltung und wenn man eine Erhöhung in ersteren Gegenden ausschließen wolle.

Der neue Entwurf kam zusammen mit dem Entwurfe von v. Plötz und einem Antrage der freisinnigen Vereinigung (Antrag „Rösicke u. Gen.")[6]), welch letzterer die Erlassung eines Notgesetzes behufs Herbeiführung wichtiger Erleichterungen für Arbeitgeber und Arbeiter ohne jegliche Aenderungen der Grundlagen des Gesetzes vorschlug, zum erstenmal in der Reichstagssitzung vom 28. April 1897 zur Beratung.

Natürlich bekämpfte der Antragsteller v. Plötz den Regierungsentwurf und

---

[1]) Jahrb. für Nat.-Oek. u. St. III. N.F. 13 S. 404 ff.

[2]) Siehe „Die J.- und A.V. im Deutschen Reich" 6. Jahrg. S. 161 ff.

[3]) Siehe „Die J.- und A.V. im Deutschen Reich" 6. Jahrg. S. 177 ff.

[4]) Siehe Brauns Archiv 9. Jahrg. S. 309 ff.

[5]) H. Gebhard, „Der Entwurf des J.V.G. von 1897" Hamburg 1897; ferner derselbe Vortrag in der Zeitschrift „Arb.-Versorgung" 1899 S. 121 ff.

[6]) Sten. Ber. des Reichstags 1896/97 Anl. Bd. 7. Nr. 776.

zwar deshalb, weil derselbe nicht mit all den Schwierigkeiten und Absonderlichkeiten des Gesetzes, wie er erklärte, aufräumen wolle, und schlug die Gewährung einer Einheitsrente und Ueberwälzung der Rentenlast auf alle Steuerzahler vor.

Rösicke sprach sich ganz entschieden gegen die Ausdehnung der Aufsichtsrechte des R.V.A. und der Landeszentralbehörden aus, wie sie der Regierungsentwurf beabsichtigte und hielt eine Verteilung der Last unter die V.Tr. für absolut nicht so dringend.

Auch die übrigen Abgeordneten der freisinnigen Partei erklärten sich gegen den Entwurf, weil er die Selbstverwaltung und Verantwortlichkeit der Rentenanstalten illusorisch mache.

Das Zentrum beharrte auf seinem schon 1889 vertretenen Standpunkte, daß der Versicherungszwang auf die Industrie und alle großen gewerblichen Betriebe zu beschränken sei, wodurch dann auch die Zusammenlegung der U.- und J.V. ermöglicht werde, und es beabsichtigte auch zur 2. Lesung einen diesbezüglichen Antrag[1]) einzubringen.

Dr. v. Woedtke riet von der Annahme des agrarischen wie des freisinnigen Antrags ab und empfahl die Annahme des Regierungsentwurfs, der allein den Weg zu dem unbedingt notwendigen finanziellen Ausgleich biete.

Frhr. v. Stumm-Halberg warnte vor Erlassung eines Notgesetzes, überhaupt vor überhastetem Vorgehen, da man sich sonst bald zu neuen Aenderungen entschließen müsse und dann zu unabsehbaren Schwierigkeiten komme. Die Vorschläge des Zentrums bezeichnete er als völlig unannehmbar und hob hervor, daß die Klagen über das Gesetz in landwirtschaftlichen Kreisen garnicht so schlimm seien, wie es von anderen Rednern hingestellt werde und daß die Unzufriedenheit eigentlich nur unter den Arbeitgebern bestehe. Die Errichtung einer Reichsversicherungsanstalt hielt er ebenso wie Frhr. v. Manteuffel für am besten. Staatssekretär v. Bötticher, der sich über die Vorschläge des Zentrums wunderte, wies darauf hin, daß der zugunsten der landwirtschaftlichen Arbeiter, Handwerker und Dienstboten im Jahre 1889 gemachte Schritt nicht mehr rückgängig gemacht werden könne und schlug vor, die beiden Gesetzentwürfe und den Antrag Rösicke einer Kommission zur weiteren Beratung zu überweisen.

Die Verhandlungen im Reichstage, die sich bis zum 30. April hinzogen, endigten, zum Teil unter dem Eindrucke der vorgerückten Session, mit Ablehnung einer Kommissionsberatung, und der Regierungsentwurf blieb unerledigt. —

Der neue Staatssekretär Graf Posadowsky-Wehner brachte nach einer gründlichen Umarbeitung desselben im Oktober 1898 eine neue Vorlage an den Bundesrat, welche, mit einer mathematischen Denkschrift versehen, am 19. Januar 1899 an den Reichstag gelangte[2]).

§ 7.

IV. Die Entwickelung der Gesetzgebung vom Entwurfe von 1899 bis zur Gegenwart.

1. Der Entwurf vom 19. Januar 1899 und seine Begründung.

Der neue Entwurf, der die J.V. gesetzlich regeln sollte, brachte keine entscheidenden grundsätzlichen Veränderungen. Derselbe sollte vielmehr einem Ausbau

[1]) Antrag „Graf v. Hompesch u. Gen." vom 28. IV. 1897, Sten. Ber. des Reichstags 1896/97 Drucksachen Nr. 696.

[2]) Sten. Ber. des Reichstags 1898/99 Drucksachen Nr. 93.

auf der gegebenen Grundlage, der Beseitigung verschiedener in der Praxis hervorgetretener Unzuträglichkeiten und der Vereinfachung und Erleichterung in der praktischen Durchführung des Gesetzes Rechnung tragen.

Betreffs der Zusammenlegung der Versicherungen stand der Entwurf noch auf demselben Standpunkte wie 1897, ebenso bezüglich der Beseitigung des Markensystems, hinsichtlich der Rückkehr zu der vom Reichstage früher abgelehnten Einheitsrente und betreffs Aufbringung der Lasten durch eine allgemeine Steuer.

Auch gegenüber der Ausscheidung der land- und forstwirtschaftlichen Betriebe, der Dienstboten und Arbeiter in kleingewerblichen Betrieben, nahm der Entwurf eine ablehnende Stellung ein.

Im ganzen zeigte der Entwurf eine arbeiterfreundliche Tendenz, die sich offenbarte: In der Klarstellung bisher weniger glücklich formulierter Vorschriften, in der Erweiterung des Kreises der Versicherten, in der Herabsetzung der Wartezeit, in dem Ausbau der Krankenfürsorge durch die V.Anst., in der anderweiten, zu einer Erhöhung der Renten in den höheren Lohnklassen führenden Berechnung der Renten, in der Erleichterung der Uebergangsbestimmungen und besonders in der Verbesserung des Verfahrens bei Bewilligung der Renten durch Errichtung von sog. Rentenstellen.

Hinsichtlich der Leistungen der V.Tr. sah der Entwurf die wichtige Neuerung vor, daß die J.R. auch demjenigen nicht dauernd erwerbsunfähigen Versicherten gewährt werden sollte, welcher während 26 Wochen (vorher 1 Jahr) ununterbrochen erwerbsunfähig gewesen ist, wodurch er die vielbeklagte Lücke zwischen Kranken- und Invalidenfürsorge mindern wollte. Mit Recht bezeichneten die verbündeten Regierungen die Schließung der noch bestehenden Lücke als Aufgabe einer Novelle zum Kr.V.G.[1]).

Wie schon gesagt, sah der Entwurf auch eine Umgestaltung der Rentenberechnung vor, welche hierin noch über den Entwurf von 1897 hinausging. Zunächst enthielt derselbe neben der Einführung der V. Lohnklasse für Einkommen von mehr als 1150 Mk. eine Herabsetzung der Wartezeit für J.R. von 235 auf 200 Wochen, für A.R. von 1400 auf 1200 Wochen. Für die Lohnklassen II—V ward ein höherer Grundbetrag der J.R. vorgeschlagen (90, 120, 140, 180 Mk.). Hierzu sollte dann für jede Beitragswoche ein Steigerungssatz von

2 Pfg. in der Lohnklasse	I	(bisher 2 Pfg.)
3 " " " "	II	(bisher 6 Pfg.)
4 " " " "	III	(bisher 9 Pfg.)
5 " " " "	IV	(bisher 13 Pfg.)
6 " " " "	V	(bisher 13 Pfg.)

kommen. Der Reichszuschuß blieb im Entwurfe unverändert (50 Mk.).

Die A.R. sollte sich nur aus dem Grundbetrage und dem Reichszuschuß zusammensetzen unter Wegfall der bisherigen Steigerungssätze, woraus eine kleine Erhöhung dieser Renten folgen mußte. Dagegen lehnte der Entwurf die vielfach begehrte Herabsetzung der Altersgrenze ab und zwar hauptsächlich mit Rücksicht auf die Steigerung der Ausgaben.

Bezüglich der Beiträge glaubte der Entwurf in der I. Lohnklasse eine Herabsetzung von 14 auf 12 Pfg. und in der II. Lohnklasse eine solche von 20 auf 18 Pfg. deshalb vorschlagen zu sollen, weil die Gesamtheit der Versicherungsträger für den bereits verflossenen Teil der ersten Beitragsperiode beträchtliche Ueberschüsse erzielt hatte, die über das zur Deckung der Renten nötige Kapital weit hinausgingen. Die Denkschrift berechnete gemäß dem Grundsatze, daß sich in den einzelnen Lohnklassen die Beiträge zu einander verhalten sollen, wie die Steigerungssätze der Renten und daß für die in derselben Lohnklasse stehenden Personen

---

1) Dieser Forderung wurde die Novelle zum Kr.V.G. vom 25. Mai 1903 gerecht.

die Beiträge gleich zu bemessen seien, sowie unter Verteilung des erwähnten Beitragsüberschusses (von rund 446 Mill. Mk.) auf die einzelnen Lohnklassen den Wochenbeitrag für die II. Lohnklasse auf 0,17892 Mk., also rund 18 Pfg., und da die Rentengrundbeträge und die Steigerung in den einzelnen Lohnklassen sich wie $1 : 1^1/_2 : 2 : 2^1/_2 : 3$ verhalten sollten, ermittelte sie aus dem vorstehenden Betrage unter unwesentlicher Aufrundung die Wochenbeiträge von 12, 18, 24, 30 und 36 Pfg.

An Stelle des Kapitaldeckungsverfahrens, wonach bisher für die Bemessung der Beiträge die in einer bestimmten Periode erwachsenden und von Periode zu Periode wegen der Erhöhung der Rentensteigerungen und Beitragserhebungen steigenden Lasten in Ansatz kamen, sollte das Durchschnittsprämienverfahren (= dauernd gleiche Beiträge) treten, um zu verhindern, daß die in Zukunft höheren Ansprüche der gegenwärtigen Generation durch höhere Beiträge der künftig in die Versicherung eintretenden Personen gedeckt werden[1]), wie dies das Kapitaldeckungsverfahren zur Folge gehabt hätte. (Siehe Seite 693/694 der Motive a. a. O.) Hinsichtlich des finanziellen Ausgleichs war der Entwurf auf den Vorschlag von 1897 im Hinblick auf den lebhaften Widerspruch, den derselbe im Reichstage und bei den Beteiligten gefunden hatte, nicht mehr zurückgekommen. Gleichwohl hielt er es jedoch für unumgänglich notwendig, auf das Vermögen als Verteilungsmaßstab in irgend einer Weise zurückzugreifen. Und zwar suchte er den Ausgleich herbeizuführen durch Teilung der sämtlichen Lasten der V.Tr. in eine Gemeinlast und eine Sonderlast und durch entsprechende Bildung eines Gemein- und Sondervermögens der V.Tr. derart, daß der Gemeinlast, die von allen V.Tr. getragen werden sollte, im allgemeinen die Leistungen zugewiesen werden sollten, die von der Dauer der Beitragsleistung unabhängig sind und in voller Höhe gewährt werden müssen (d. i.: Aufwendungen für den Grundbetrag der laufenden und künftigen A.R.), und als Sonderlast die übrigen von dem Umfange der Beitragsleistung abhängigen oder arbiträren Leistungen der einzelnen Träger behandelt werden sollten.

Das Verhältnis von Gemeinlast zu Sonderlast sollte auf Grund rechnungsmäßiger Ermittelungen 3 : 2 betragen und die künftig eingehenden Beiträge sollten bei jedem Versicherungsträger nach diesem Verhältnis zwischen dem Gemein- und Sondervermögen geteilt und diesen Beständen zugeführt werden.

Aus den Kreisen der V.Anst. selbst war auf den Weg verwiesen worden, daß man eine Teilung der Rente eintreten lassen könne, indem $^1/_3$—$^1/_4$ die V.Anst. selbst, den Rest sämtliche gemeinsam zu tragen hätten und daß dementsprechend auch die Beiträge an eine gemeinsame Kasse abgeführt werden bezw. der V.Anst. zur Deckung der ihr zustehenden Rentenlast verbleiben könnten. Dadurch wären aber die Mißstände nicht beseitigt, sondern nur auf ein Drittel des bisherigen Umfangs ermäßigt worden.

Einen weiteren Vorschlag, die bestehende unbillige Rentenbelastung durch Zusammenlegung der Versicherungsträger und Errichtung einer Reichsanstalt zu beseitigen, hielt man ebenfalls für unzweckmäßig, weil die Verwaltung dann zu sehr kompliziert und die möglichste Nutzbarmachung der angesammelten Kapitalien erschwert werde, weil ferner die von den Einzelstaaten mühsam geschaffenen Verwaltungseinrichtungen aufgehoben werden müßten und weil endlich das moderne Prinzip der Dezentralisation auf diese Weise verloren gehe. —

Eine andere Möglichkeit zur Herbeiführung eines wirksamen finanziellen Ausgleichs, nämlich die Mittel für die J.V. unter Wegfall der Beiträge der Versicherten und Arbeitgeber im Reiche durch eine allgemeine Steuer aufzubringen, erklärten die

[1]) Man nahm an, daß diese höheren Ansprüche durch Ansammlung von Beitragsteilen der gegenwärtigen Generation ihre Deckung finden würden.

verbündeten Regierungen für völlig unannehmbar, weil die Einführung völlig neuer Grundsätze die ruhige Entwickelung der staatlichen Einrichtung, die sich jetzt allmählich einlebe, in bedauerlicher Weise hemmen und Verwirrung und berechtigten Mißmut bei den Beteiligten hervorrufen werde. Ebenso ungeeignet erschien der andere nicht weniger durchgreifende Vorschlag, welcher die bestehenden Schwierigkeiten durch Aufhebung des Versicherungszwangs für die Arbeiter der Land- und Forstwirtschaft, im Handwerk und in den kleingewerblichen Betrieben sowie für das Gesinde beseitigen wollte. Denn größtenteils würden die landwirtschaftlichen Arbeiter eine Beseitigung der Versicherung, auf welche die Ersetzung des Versicherungszwangs durch eine freiwillige Versicherung schon wegen der Stellungnahme der landwirtschaftlichen Arbeitgeber hinauslaufen würde, als eine schwere Benachteiligung empfinden. Wo aber wirklich das Verständnis für die Bedeutung der J.V. in diesen Kreisen noch nicht aufgegangen sein sollte, da müsse eher versucht werden, dies Verständnis zu wecken und zu heben, statt die Beseitigung dieser Wohlfahrtseinrichtung zu erstreben. Auch habe eine Beseitigung des Versicherungszwangs für die landwirtschaftlichen Arbeiter nur zur Folge, daß einerseits diese Leute wiederum der Armenpflege anheimfallen würden und daß andererseits die finanzielle Lage der landwirtschaftlichen V.Anst. noch viel ungünstiger werde, da ihnen durch Beitragserstattungen an die früher versicherungspflichtigen Arbeiter ein Teil ihres Vermögens entzogen werde und sie durch das Ausscheiden der landwirtschaftlichen Arbeiter nur auf die Beiträge der im Verhältnis zu anderen V.Anst. nur spärlich vorhandenen industriellen Arbeiter angewiesen seien, ganz abgesehen davon, daß von der Befugnis der freiwilligen Versicherung weniger die jungen und gesunden, als vielmehr die gerade in jenen Anstalten zahlreich vorhandenen älteren und der Erwerbsunfähigkeit nahestehenden Arbeiter Gebrauch machen würden.

Hinsichtlich der übrigen Gruppen von Versicherten, deren Ausscheiden aus der Versicherungspflicht in Vorschlag gebracht war, glaubte der Entwurf aus im allgemeinen denselben Gründen wie bezüglich der landwirtschaftlichen Arbeiter ebenfalls seinen alten Standpunkt nicht verlassen zu können. Denn die Behauptung, daß die im Handwerk beschäftigten Personen in der Regel selbständig würden und daher von der Versicherung keinen Nutzen hätten, sei unrichtig, da ein großer Teil der im handwerksmäßigen Betrieb ausgebildeten Hilfspersonen vielmehr in Fabrikbetriebe übergehe und bei dem Ineinandergreifen dieser beiden Betriebsarten sei eine jederzeit leicht erkennbare Grenze schwer zu ziehen. Aber selbst für die, welche später selbst einen Betrieb eröffneten, sei wegen ihrer wirtschaftlich oft ungünstigen Lage die freiwillige Versicherung von erheblicher Bedeutung, deren Vorteile sie jedoch erst später oder garnicht erlangen könnten, wenn für sie nicht schon früher Beiträge entrichtet seien. In gleicher Weise habe auch das Gesinde keinen Grund zur Unzufriedenheit mit dem Versicherungszwang.

Für alle diese Arbeiterkategorien aber, so meinten die Motive zum Entwurf, treffe der allgemeine Gesichtspunkt zu, daß es vielleicht möglich gewesen wäre, beim Erlasse des Gesetzes sie unberücksichtigt zu lassen, daß es aber aus sozialpolitischen Gründen absolut nicht angehe, ihnen nachträglich die Wohltaten zu entziehen, die durch die Einführung der Versicherungspflicht auch ihnen erwachsen seien.

Ein weiterer Vorschlag hinsichtlich des Ausgleichs, den Grundbetrag der Rente oder einen Teil desselben nach Maßgabe der Zahl der Versicherten zu verteilen, schien der Reichsverwaltung ebensowenig annehmbar wie die übrigen Vorschläge. Denn ganz abgesehen davon, daß die Zahl der Versicherten an sich schon einen unrichtigen Maßstab bilde — da man dabei die aus den Vorjahren übernommenen Verpflichtungen ohne Rücksicht auf die für deren Deckung bestimmten Mittel der Vorjahre lediglich nach der Kopfzahl verteile — so würden auch dadurch die bereits vorhandenen Ungleichheiten nicht beseitigt, sondern nur die künftigen

Leistungen der ärmeren Anstalten etwas herabgemindert. Auch werde die Zahl der Versicherten bei dem großen Wechsel der Arbeiterbevölkerung kaum zuverlässig ermittelt werden können und die aus den Wegzügen und Zuzügen von Versicherten folgenden Verschiebungen in den Beitragseinnahmen würden nicht erfaßt.

Außer diesen Vorschlägen fanden auch die schon 1897 gemachten Vorschläge, wie die anderweitige Festsetzung des Reichszuschusses und das sog. „Heimatsprinzip" (siehe S. 51) aus im wesentlichen denselben Gründen wie damals keine Annahme.

Der Untersuchung der Gründe, welche zu der verschiedenen Vermögenslage der V.Anst. geführt hatten, widmeten die Motive diesesmal einen breiteren Raum als bei den vorhergehenden Entwürfen. Im ganzen führten sie deren 9 an:

1. Verschiedenheiten in der verwaltenden Tätigkeit der Anstaltsorgane.
2. Verschiedenheiten in der Arbeitsgelegenheit.
3. Verschiedenheiten in der durchschnittlichen Dauer der Beschäftigung.
4. Verschiedenheiten betreffs des Ausscheidens aus der Versicherungspflicht, das durch die Verheiratung bei weiblichen, durch den Uebertritt in selbständige Stellung bei männlichen Versicherten herbeigeführt werde und in der städtischen Bevölkerung weit häufiger sei als in der ländlichen.
5. Verschiedenheiten in der Neigung der Bevölkerung, sich der Beitragsleistung zu entziehen.
6. Verschiedenheiten in den Wirkungen der Bestimmungen über das Ruhen der Renten beim Zusammentreffen mit U.R., was in industriellen Bezirken häufiger vorkomme als in landwirtschaftlichen.
7. Verschiedenheiten in der Verteilung der Lohnklassen auf die verschiedenen Anstalten.
8. Verschiedenartigkeit der Wirkungen des Begriffs der Invalidität für die verschiedenen Angehörigen der Lohnklassen.
9. Verschiedenheiten in der Altersgruppierung der Versicherten in den Bezirken der verschiedenen Anstalten.

Von allen diesen Momenten wurde dem letzteren wieder die Hauptbedeutung zugesprochen. Und auch mit Recht. Ergaben sich doch nach der Berufszählung vom 14. Juni 1895 für die Land= und Forstwirtschaft fast doppelt soviel A.R. als für den Durchschnitt aller Berufszweige im Reich und fast viermal soviel A.R. als für die Industrie. Ferner verhielt sich nach der vom R.V.A. veröffentlichten Invaliditätsstatistik (Beiheft zu den „Amtlichen Nachrichten des R.V.A." Jahrg. 1898) die Gesamtdurchschnittsziffer der männlichen Invalidenrentenempfänger in der Land= und Forstwirtschaft zu derjenigen in der Industrie wie

$$21{,}419 : 11{,}664 = \text{das } 1{,}8363\text{fache.}$$

Für den Gesamtumfang des Reichs kamen also infolge der ungünstigen Altersgruppierung in Land= und Forstwirtschaft auf je 1000 Versicherungspflichtige fast doppelt so viel J.R. als in der Industrie. Das gleiche Verhältnis bestand bez. der J.R. bezw. A.R. zwischen den V.Anst. mit vorwiegend landwirtschaftlicher Bevölkerung im Durchschnitt gegenüber den fast ausschließlich gewerblichen Anstalten [1]).

Eine eingehende Begründung erfuhr die beabsichtigte Neueinrichtung von örtlichen Rentenstellen. Bisher waren die Versicherten hinsichtlich der Rentenfeststellung sowohl beim Vorbereitungsverfahren wie beim eigentlichen Feststellungs=

[1]) Siehe auch S. 101ff. — Nach der Berufsstatistik von 1895 entfielen von 100 Erwerbstätigen in der Landwirtschaft auf die Altersklassen 20—50 Jahre 52,35, in der Industrie von 100 Erwerbstätigen auf dieselben Altersklassen 63,74, dagegen auf die Altersklassen von 50 und mehr Jahren in ersterem Beruf 25,36, in letzterem 13,42; in der Landwirtschaft hatten also die Altersklassen, die weitaus die meisten Rentner aufweisen, fast doppelt soviel Erwerbstätige als in der Industrie.

verfahren zu der zuständigen V.Anst. in keine persönliche Fühlung getreten; alles wurde rein bureaumäßig abgewickelt. Das war ein großer Fehler. Denn der Rentenbewerber will persönlich darüber aufgeklärt werden, ob und weshalb gegen seine Ansprüche eventuell Bedenken bestehen, sonst wird er mißtrauisch.

Dem sollte die Einrichtung von örtlichen Rentenstellen abhelfen, indem an Stelle der bureaukratischen Feststellung durch ein beamtetes Vorstandsmitglied eine kollegiale Beschlußfassung über die Rentenanträge in einer besonderen Abteilung des Vorstandes (Rentenkammer) unter dem Vorsitze eines beamteten Vorstandsmitgliedes und unter Zuziehung je eines Vertreters der Arbeitgeber und der Versicherten stattfinden sollte. Die Obliegenheiten der örtlichen Rentenstellen sollten hauptsächlich in Begutachtungen der Anträge und Beitragserstattungen bestehen, und mit Erlaubnis der Landeszentralbehörde sollte ihnen sogar statt der Begutachtung die Beschlußfassung hinsichtlich der Bewilligung von Anträgen zugewiesen werden können. Dann sollte ihnen aber auch die Auskunftserteilung über alle die J.V. betreffenden Angelegenheiten übertragen werden, sowie solche Verwaltungsaufgaben, die schleunigster und sachkundiger Abwickelung bedürfen, was von der weit abgelegenen Zentralstelle aus äußerst schwierig war, und endlich sollten sie die Kontrolle der Beitragsentrichtung übernehmen, soweit diese nicht durch die mit deren Einziehung betrauten Stellen und durch besoldete Kontrollbeamte gesichert sei. Auch für die Durchführung des Heilverfahrens der V.Anst. betrachteten die Motive die Rentenstellen als höchst wertvoll, da sie die örtlichen Verhältnisse kennen würden und die Vorstände der V.Anst. von Fällen benachrichtigen könnten, die für ein Heilverfahren oder zur Entziehung der Rente geeignet seien.

Die Befugnisse der Rentenstellen sollten, soweit dies unbedenklich geschehen könne, um Kosten und Beamten zu sparen, den bereits vorhandenen öffentlichen Behörden oder Beamten übertragen werden, und man kam zu dem Entschluß, daß, wenn man für Bezirke etwa von dem Umfange der preußischen Kreise eine örtliche Rentenstelle errichte und einen Zuschlag für besonders dicht bevölkerte Bezirke hinzufüge, im ganzen etwa 1000 örtliche Rentenstellen ausreichen könnten. Die entstehenden Kosten, meinte man, würden reichlich aufgewogen durch die Ersparnisse, welche infolge des Fortfalls der Staatskommissare und Vertrauensmänner, sowie zahlreicher und zum Teil durch Berufungen stark in Anspruch genommener Schiedsgerichte erzielt würden. Auch seien etwaige finanzielle Opfer durch die von der neuen Organisation zu erhoffende Erhöhung der versöhnenden Wirkung des Gesetzes keinesfalls zu teuer erkauft.

Durch diese Errichtung von örtlichen Rentenstellen, wie sie der Entwurf vorsah, wäre zweifellos eine gesunde Dezentralisation der Verwaltung der V.Anst. und eine ausgiebigere und sachgemäßere Vorbereitung der Entscheidungen über Rentenanträge geschaffen worden und man hätte sich der Möglichkeit einer Zusammenlegung der drei Versicherungszweige sehr genähert[1]). Was aus diesem Vorschlage im Reichstage geworden ist, werden wir gleich sehen.

Die wesentlichen sonstigen Abänderungsvorschläge des Entwurfs gegenüber dem bestehenden Gesetze waren noch folgende:

1. Ausdehnung der Versicherungspflicht auf Betriebsbeamte, ähnliche sonstige Angestellte, sowie auf (männliche und weibliche) Lehrer und Erzieher.

2. Einheitliche Gestaltung des Begriffs der Erwerbsunfähigkeit sowohl hinsichtlich des Anspruchs auf Rente als auch in Bezug auf Befreiung von der Beitragsleistung.

3. **Weitere Ausgestaltung der den V.Anst. und K.E. gestatteten vorbeugenden Krankenpflege.**

---

[1]) Siehe auch Freunds Vorschläge S. 35/36.

4. Zulassung der Befreiung vorübergehender Dienstleistungen in noch größerem Umfange als bisher.

5. Zulassung der Aufnahme der Rentenempfänger in ein Invalidenhaus auf Kosten der V.Anst. und K.E.

6. Anrechnung von Krankheitszeit als Beitragszeit in für die Versicherten günstigerer Weise als bisher. (Genesungszeit = Krankheitszeit.)

7. Erleichterung und Vereinfachung der Geltendmachung des Rückerstattungsanspruchs von Beiträgen an weibliche Versicherte, die sich verheiraten.

8. Mildere Gestaltung der Rentenrückerstattungspflicht bei Armenunterstützung (höchstens die Hälfte der Rente, nur bei voller Unterstützung die ganze Rente).

9. Erweiterung der Befugnisse der Ausschüsse der V.Anst. (besonders in Vermögensfragen).

10. Beseitigung des Aufsichtsrats, der Vertrauensmänner und des Staatskommissars.

11. Ausdehnung der Berufungsfrist von 4 Wochen auf 1 Monat.

12. Beseitigung der Doppelmarken bei freiwilliger Versicherung und zeitliche Beschränkung derselben auf das beim Einkleben der Marken abgelaufene letzte Kalenderjahr.

13. Gestattung der freiwilligen Versicherung in jeder Lohnklasse und Erlaubnis derselben auch für die ins Ausland sich begebenden Versicherten.

14. Zeitliche Beschränkung der Nachbringung von Beiträgen auf 2 Jahre (seit der Fälligkeit) und Beschränkung der Befugnis, Beiträge einer höheren als der maßgebenden Lohnklasse beizubringen.

15. Kostenloses Verfahren bei Streitigkeiten über Beitragsentrichtung (abgesehen von einigen Ausnahmefällen).

16. Rückerstattung irrtümlicher Beitragsentrichtung.

17. Ausgedehntere Erlaubnis der Vermögensverwendung der V.Anst. für die Verbesserung der Wohnverhältnisse der Arbeiter und anderer Wohlfahrtseinrichtungen.

18. Beseitigung der Härten der Strafvorschriften bezüglich unzulässiger Eintragungen und Vermerke in die Quittungsbücher.

19. Zulassung von Verträgen zwischen Arbeitgebern und Arbeitern, nach welchen ersteren gegenüber unständige Arbeitnehmer sich verpflichten, die Beiträge selbst zu entrichten.

20. Erleichterung und Vereinfachung der Uebergangsbestimmungen.

Im ganzen ließ der Entwurf nur 25 Paragraphen unverändert, beseitigte 40 Paragraphen vollständig und fügte 53 neue ein, wobei auch die systematische Einteilung des Gesetzes wesentlich verbessert wurde.

§ 8.

2. Beurteilung des Entwurfs in Interessentenkreisen und in der Literatur. Verhandlungen im Reichstage.

Der neue Entwurf wurde nicht viel freundlicher aufgenommen als die Reformvorschläge der Regierung von 1895—1897.

Eine Konferenz der Vertreter von 23 V.Anst. zu Eisenach [1]) im Februar 1899 erklärte sich gegen den vorgeschlagenen Weg des finanziellen Ausgleichs, indem sie den im Entwurfe vorgesehenen Umfang der Gemeinlast ablehnte und verlangte, daß

[1]) Vergl. Soz. Praxis 8. Jahrg. S. 507 und 542/543.

nicht mehr als Gemeinvermögen ausgesondert werde, als was zur Deckung des Kapitalwerts der bisher entstandenen Rentenanteile tatsächlich erforderlich sei, wodurch sich das auszusondernde Gemeinvermögen auf ungefähr 35% (gegen 60% der Vorlage) des Vermögens der Anstalten ermäßige[1]).

Auch die vorgeschlagene Einrichtung von örtlichen Rentenstellen hielt sie als zu teuer, unnötig und unzweckmäßig für unannehmbar und nur bei einer Zusammenlegung der Arb.V. eventuell für erfolgreich. — Ebenso erachtete die Konferenz die im Entwurfe den Landeszentralbehörden übertragene weitgehende Einräumung der Machtbefugnis namentlich bezüglich der Renten- und Einzugsstellen für unangemessen. —

Die Großindustriellen des Westens sowie auch der Zentralverband deutscher Industrieller sprachen sich ebenfalls gegen den Entwurf, namentlich gegen die Rentenstellen und die anderweite Verteilung der Rentenlast aus. Insbesondere betonten sie, daß die Errichtung von örtlichen Rentenstellen eine Förderung der sozialdemokratischen Agitation bedeute und der Vorschlag einer anderweiten Verteilung der Rentenlasten „den Weg einer sozialistischen Aufteilung des Kapitals" betrete, „der zu den bedenklichsten Konsequenzen führen könne"[2]).

Der deutsche Landwirtschaftsrat[3]) erkannte in dem neuen Entwurfe im allgemeinen eine Grundlage zur Besserung der bestehenden Verhältnisse an, vermißte aber in demselben:

1. Die Vereinigung der gesamten Rentenversicherung (U.- und J.V.) der land- und forstwirtschaftlichen Arbeiter;

2. eine umfangreichere Beteiligung der Allgemeinheit an der Tragung der Lasten und Uebertragung der Versicherung an Landesanstalten, weil letzteres der geeignetste Weg zum finanziellen Ausgleich sei;

3. die Beseitigung der Beitragsmarken, eventuell obligatorische Entwertung der eingeklebten Marken, Ausgabe von Marken für längere Zeitabschnitte und die Befreiung der Ausländer von der Versicherungspflicht.

Auch gegen die Abstufung der Rentengrundbeträge nach den einzelnen Lohnklassen und gegen die örtlichen Rentenstellen wandte er sich, da ein Bedürfnis für letztere nicht bestehe oder, wenigstens nicht in dem Maße als gegeben erachtet werden könne, daß die zweifelsohne erhebliche Mehrung der Verwaltungskosten gerechtfertigt erscheine.

Der Vorsitzende der V.Anst. Berlin Dr. R. Freund[4]) begrüßte mit Freuden, daß die Novelle sich an seinen schon im November 1895 auf der erwähnten Konferenz im Reichsamt des Innern gemachten Vorschlag betreffs Einrichtung von lokalen Arbeiter-Versicherungsämtern in ihrer Organisationsreform durch Uebertragung der Rentenfestsetzung auf lokale Stellen unter obligatorischer Zuziehung von Arbeitgebern und Arbeitnehmern angelehnt habe, bedauerte aber sehr, daß statt der ursprünglich beabsichtigten Entscheidung über die Rentenanträge den Rentenstellen nur die Begutachtung derselben zustehen solle; außerdem machte er schwere Bedenken geltend gegen die Form der Schaffung der Rentenstellen und ihre Einfügung in den Gesamtorganismus der J.V., da der leitende Beamte nicht von der V.Anst., sondern von der Landesregierung bestellt werde, wodurch von vorn-

---

[1]) Damals wurde auch ein Ausschuß gebildet mit dem Auftrage, für den Fall des Nichtzustandekommens des Regierungsvorschlags bezüglich des Ausgleichs die Frage zu prüfen, ob und in welcher Weise ein solcher Ausgleich durch die Bildung eines Rückversicherungsverbandes zu erreichen sei.

[2]) Vergl. Soz. Praxis 8. Jahrg. S. 507/508, 543/544, 597, 627.

[3]) Vergl. „Verhandlungen der XXVII. Plenarversammlung vom 20.—24. Febr. 1899" in „Archiv des deutschen Landwirtschaftsrats" 23. Jahrg. S. 323ff.

[4]) Vergl. Soz. Praxis 8. Jahrg. S. 81ff., 353ff., 470ff.

herein der Keim zu Zwistigkeiten gelegt und ein inniges Zusammenarbeiten der Anstalten mit den Rentenstellen erschwert werde, so daß der Wert der ganzen Institutionen in Frage gestellt werde. — Auf das dringendste aber warnte er vor der vorgeschlagenen Art des finanziellen Ausgleichs, da sie eine sehr ungerechte Maßregel sei und es außerdem den Anstalten unmöglich mache, in dem Umfange, wie es durchaus notwendig und wünschenswert sei, die Organisation der Krankenfürsorge durchzuführen. Er riet vielmehr, als Maßstab für die Verteilung der Rentenlast die Zahl der in dem Bezirk jeder V.Anst. vorhandenen versicherungspflichtigen Personen gelten zu lassen und sich mit dieser zweifellos wesentlich zur Entlastung der notleidenden Anstalten beitragenden Aenderung in der Verteilung der Rentenlast vorläufig zu begnügen und die weitere Entwickelung abzuwarten[1]). — Ferner führte er aus, daß die Verschmelzung der gesammten Arb.V., besonders der J.- und Kr.V. sowohl aus inneren wie aus äußeren Gründen zu erstreben sei; denn jede Ausgabe für Krankenfürsorge komme der J.V. zu gute, die Einführung der zeitlich unbegrenzten Krankenfürsorge sei zur zwingenden Notwendigkeit geworden und die jetzt beabsichtigte Organisationsreform der J.V. durch Schaffung von örtlichen Rentenstellen sei als Unterbau bei der Verschmelzung sehr zweckdienlich, die schweren Mißstände in der Organisation der Kr.V. zu beseitigen. — Ganz unerklärlich aber war ihm die beabsichtigte Beschränkung der Selbstverwaltung der V.Anst., als deren unausbleibliche Folge er große Mißstimmung der beteiligten Kreise befürchtete, da weder Arbeitgeber noch Arbeiter unter solchen Verhältnissen noch Lust bezeigen würden, bei der Verwaltung der Anstalten mitzuarbeiten.

G. v. Witzleben[1]) stimmte im allgemeinen Freunds Kritik des Entwurfs, wenn auch nicht in so abfälliger Weise, bei. Speziell forderte er noch Uebertragung der Heilkosten nicht auf die Sonderlast, sondern auf die Gemeinlast.

Die Beratungen über den Entwurf im Reichstage begannen am 17. Januar 1899. Die Hauptbestimmungen der Vorlage fanden aber bei der ersten Lesung keine sympathische Aufnahme, während die zahlreichen Erleichterungen und unwesentlicheren Verbesserungen und Aenderungen viel günstiger beurteilt wurden.

Staatssekretär Graf Posadowsky, der die Vorlage der verbündeten Regierungen vertrat, wies auf die Schwierigkeit der Materie hin, um die es sich handle, sowohl hinsichtlich derjenigen, welche die Kosten der sozialen Gesetzgebung zu tragen hätten, als auch bezüglich der großen Arbeiterwelt, der die Wohltaten des Gesetzes zu gute kommen sollten und legte in großen Umrissen die Gründe für die Aenderungen dar, die der Entwurf vorsah.

Die freisinnige Vereinigung (Abgeordneter Schmidt) wandte sich namentlich gegen den vorgeschlagenen finanziellen Ausgleich, weil die Notwendigkeit eines solchen nicht erbracht und die statistischen Unterlagen wegen der bisherigen kurzen Beobachtungszeit unsicher seien; auch habe die Gruppierung nach Lohnklassen in den Anstalten mehr Einfluß auf die Vermögensansammlung als die Altersgruppierung[2]). Mit den Rentenstellen an sich erklärte sie sich einverstanden, aber nicht mit der Form ihrer Einrichtung; sie wünschte vielmehr Rentenstellen mit dem Charakter der Lokalbehörden, statt denjenigen mit dem Charakter von Kreisbehörden, da die Kreisbehörden sich doch wieder der Lokalbehörden bedienen müßten. Ferner war sie der Ansicht, daß die Krankenkassen als lokaler Unterbau der Invaliditätsanstalten zu organisieren seien.

Die Zentrumspartei (Dr. Hitze) bestand auf ihrer alten Forderung, den Versicherungszwang mehr zu begrenzen und wünschte Einführung von Gefahren-

---

[1]) Soz. Praxis 8. Jahrg. S. 149 ff., 1017 ff.

[2]) Vergl. auch Rösickes Rede in der 2. Sitzung: Sten. Ber. d. Reichstags 1898/99.

klassen und Einrichtung einer Witwen- und Waisenfürsorge statt der Beitragserstattung.

Die Mehrheit der Konservativen (v. Löbell) wünschte Abschaffung des Markensystems, Aenderung in der Verteilung der Lasten, und Rücksichtnahme bei der Versicherungsgesetzgebung, deren Tempo ein langsames sein und bleiben müsse, auf die Kräfte der Arbeitgeber und insbesondere auf den schwer bedrängten Mittelstand, den man bei der bisherigen Sozialpolitik völlig vernachlässigt habe.

Die Nationalliberalen (Hofmann) hatten dieselben Bedenken wie die Freisinnigen gegen die Art der Errichtung der örtlichen Rentenstellen und besonders gegen die vorgeschlagene Verteilung der Lasten.

Die Sozialdemokraten tadelten gleichfalls den von der Regierung empfohlenen Weg zur Herbeiführung des finanziellen Ausgleichs, die Herabsetzung des Beitrags für die I. und II. Lohnklasse, was die Notlage der bereits schlecht situierten V.Anst. noch verschärfe, sowie den bureaukratischen Charakter der Rentenstellen.

Die konservativ-agrarische Partei brachte ihre Anträge von 1897 trotz ihrer damaligen Drohung nicht mehr ein; gleichwohl gab sie ihre früheren Grundsätze nicht preis.

Abgeordneter v. Stumm-Halberg bezeichnete den ganzen Entwurf als halbe Arbeit, als ein Notgesetz und verurteilte die Art und Weise, wie man den Ausgleich herbeiführen wolle, der einzig und allein durch eine Reichsanstalt oder, wenn dies aus politischen Gründen unmöglich, durch Landesanstalten zu erreichen sei. Ferner bedauerte er mit den meisten Abgeordneten das Fehlen der Witwen- und Waisenversorgung.

Die Vereinigung der Versicherungszweige wurde vielfach gewünscht, aber allseitig zugegeben, daß die Lösung dieser Frage noch nicht reif sei.

Der Reichstag überwies die Vorlage an eine Kommission von 28 Mitgliedern, welche unter dem Vorsitze des Abgeordneten Schmidt in 32 Sitzungen den Entwurf einer durchgreifenden Abänderung unterzog.

Die vom Bundesrat vorgeschlagene Verteilung der Rentenlasten durch Ausscheiden einer Gemeinlast und einer Sonderlast fand zwar die Zustimmung der Kommission, jedoch war die überwiegende Mehrzahl der Meinung, daß das vorhandene Vermögen keinesfalls bei der Teilung herangezogen werden dürfe, vielmehr zur Deckung der Gemeinlast nur die künftigen Beitragseinnahmen zugrunde zu legen seien. Auch wurde davor gewarnt, die Gemeinlast zu hoch zu bemessen, weil sonst den V. Tr. kein hinreichendes Interesse an sparsamer Verwaltung verbleibe. Es wurde schließlich ein Antrag angenommen dahin gehend, daß an Stelle der sämtlichen A.R. der Gemeinlast nur $^3/_4$ derselben überwiesen und zur Deckung der letzteren in jeder V.Anst. vom 1. Januar 1900 ab $^4/_{10}$ (statt $^6/_{10}$ nach dem Entwurfe) der Beiträge ausgeschieden werden sollten.

Diese Abänderungen wurden seitens der Regierungsvertreter lebhaft aber erfolglos bekämpft und es wurde dazu erklärt, hierdurch werde der Grundsatz des Entwurfs durchbrochen, wonach die von dem Umfang der Beitragsleistung unabhängigen Lasten, deren Höhe durch Wanderungen beeinflußt werde, die Gemeinlast bilden sollten.

Bezüglich der Beiträge und Renten, wozu mehrere Anträge vorlagen, kam allgemein die Ansicht zum Ausdruck, daß die in der Vorlage vorgesehenen Grundbeträge der J.R. zu hoch, die Steigerungsbeträge aber zu niedrig seien, wodurch das Interesse der Versicherten an der Versicherung verloren gehe; auch bei Bemessung der J.R. könnten sich bei den Sätzen des Entwurfs Uebelstände ergeben, die unbedingt beseitigt werden müßten. Wenn nämlich z. B. ein Versicherter, der 200 Beiträge zu einer höheren Klasse entrichtet und damit einen dieser höhern Lohnklasse entsprechenden Rentenanspruch erworben habe, in einer niederen Klasse die

Beitragsentrichtung fortsetze, so vermindere sich nach der Berechnung der Vorlage der mit 200 Wochen bereits erworbene Rentenanspruch fortgesetzt. Auch seien die Renten für die erste Zeit viel zu hoch, und dies gebe, namentlich bei der Selbstversicherung, zu großen Bedenken Anlaß. Es gelangten schließlich folgende Sätze zur Annahme:

„Der Grundbetrag der J.R. beläuft sich für

Lohnklasse	I	auf 60 Mk.	(Reg.-Entwurf	60 Mk.)
„	II	„ 70 „	„ „	90 „
„	III	„ 80 „	„ „	120 „
„	IV	„ 90 „	„ „	150 „
„	V	„ 100 „	„ „	180 „

Der Berechnung des Grundbetrags der J.R. werden stets 500 (statt 600) Beitragswochen zugrunde gelegt; der Steigerungssatz beträgt pro Beitragswoche:

in Lohnklasse	I	3 Pfg.	(Entwurf:	2 Pfg.)
„ „	II	6 „	„	3 „
„ „	III	8 „	„	4 „
„ „	IV	10 „	„	5 „
„ „	V	20 „	„	6 „.“

Für die A.R. behielt die Kommission das System des Entwurfs bei, wonach die A.R. künftig aus einem festen Betrage, der für jede Lohnklasse verschieden normiert ist, und aus dem Reichszuschusse bestehen sollte. Hiernach sollte die A.R. betragen in:

		Grundbetrag	Reichszuschuß	zusammen	bisher
Lohnklasse	I	60 Mk.	50 Mk.	110 Mk.	106,40 Mk.
„	II	90 „	„ „	140 „	134,60 „
„	III	120 „	„ „	170 „	162,80 „
„	IV	150 „	„ „	200 „	191,00 „
„	V	180 „	„ „	230 „	191,00 „

Die Beiträge wurden folgendermaßen festgesetzt:

Lohnklasse	I	14 Pfg.	(Entwurf:	12 Pfg.)
„	II	20 „	„	18 „
„	III	24 „	„	24 „
„	IV	30 „	„	30 „
„	V	36 „	„	36 „

Betreffs der Lohnklassen trat in den Verhandlungen im allgemeinen das Bestreben hervor, für die Einschätzung der Versicherten in die einzelnen Klassen mehr als bisher den Individuallohn maßgebend sein zu lassen. Diese Absicht verfolgten auch die gestellten Anträge. Auch regierungsseitig war man gerne bereit, Verbesserungen in dieser Hinsicht zuzustimmen, falls sich ein gangbarer Ausweg finden lasse. Schließlich wurde der betreffende Paragraph (22) dementsprechend modifiziert.

Die Rentenstellen, zu denen 7 Anträge gestellt waren, führten, wie vorauszusehen war, in der Kommission zu besonders lebhaften Erörterungen. Einige wollten zwecks Schaffung einer größeren Gleichmäßigkeit in der Konstruktion die Gestaltung der Rentenstellen von den Behörden unabhängig machen; andere wünschten, daß den Rentenstellen durchweg die Entscheidung über die Rentenanträge übertragen werde, während wieder andere die Entscheidungsbefugnis und die Errichtung der Rentenstellen bloß fakultativ machen wollten; ein Teil der Kommissionsmitglieder forderte sogar überhaupt Streichung der Rentenstellen, weil der Vorschlag der Regierung mit diesen örtlichen Organen verfrüht, zu kompliziert und zu teuer sei. Man nahm schließlich, nachdem die Anträge in einer Subkommission beraten waren, einen Vermittlungsvorschlag an und stellte die unteren Verwaltungsbehörden als das Prinzipale, die Rentenstellen dagegen als das Subsidiäre bezüglich der Funktionen hin, die den Rentenstellen zugedacht waren (also gerade umgekehrt, wie es die Vorlage gewollt hatte).

Die Erörterungen über die Frage, ob für die im Entwurfe vorgesehenen Rentenkammern überhaupt noch ein Bedürfnis bestehe, führten trotz des Widerstandes der Regierung zur Beseitigung derselben, da die Mehrheit der Kommission der Ansicht war, daß das Bedürfnis auf weitergehende Heranziehung der Arbeiter und Arbeitgeber beim Rentenfeststellungsverfahren nicht anzuerkennen sei. — Dagegen wurde der Abschnitt über Schutzvorschriften, der schon 1889 abgelehnt worden war, wieder neu eingefügt mit der Begründung, daß dieselben ein notwendiges Korrelat zu der den V.Anst. und Krankenkassen gesetzlich obliegenden Fürsorgepflicht seien.

Von dem Grundsatze, außer den besonders zugelassenen K.E. nur territoriale V.Anst. zu Trägern der Versicherung zu machen, wich man insofern ab, als durch Einfügung eines neuen Paragraphen den Seeleuten das Recht der Versicherung in der Seeberufsgenossenschaft unter der Voraussetzung der gleichzeitigen Begründung einer Witwen- und Waisenversorgung in der Genossenschaft gestattet wurde. Schon bei Beratung der Novelle zu den U.V.-Gesetzen (1897) war die Frage erörtert worden, inwieweit man den Berufsgenossenschaften das Recht geben solle, die J.V. für die bei ihnen versicherten Personen zu übernehmen. Da nun die Seeleute von der J.V. nicht den Nutzen hatten wie andere Arbeiter, weil die Invalidität bei ihnen nur eine relativ geringe Rolle spielt im Vergleich zu den Todesfällen, so war daher seitens der Regierung der Vorschlag gemacht worden, den Seeberufsgenossenschaften das Recht der Versicherung zu erlauben.

Eine große Rolle spielte in den Kommissionsberatungen wie in den späteren Reichstagsverhandlungen die Frage, wie die Lücke der reichsgesetzlichen Fürsorge auszufüllen sei, welche dadurch entsteht, daß die Krankenfürsorge sich nur auf 13 Wochen erstreckt, die Rente für vorübergehende Erwerbsunfähigkeit aber erst mit Beginn der 27. Krankheitswoche anhebt. Das Ergebnis der Beratungen war schließlich die Annahme einer Resolution, die an die verbündeten Regierungen das Ersuchen richtete, dem Reichstage unverzüglich eine Novelle zum Kr.V.G. vorzulegen, wonach die Fürsorgepflicht der Krankenkassen von 13 auf 26 Wochen ausgedehnt werde[1]).

Obwohl die Berechnungen der Vorlage bei der ersten Lesung bezüglich der Deckung der Renten durch die Beiträge allseitigem Mißtrauen begegnet waren und auch schon die erwähnte Eisenacher Konferenz den Uebergang zum Prämienverfahren entschieden bekämpft hatte, so wurde doch das Prämiendurchschnittsverfahren, wonach durch die Beiträge die Kapitalwerte der den V.Anst. zur Last fallenden Rentenbeträge, Beitragserstattungen und sonstigen Aufwendungen der V.Tr. gedeckt werden, unter Beseitigung des bisherigen Kapitaldeckungsverfahrens nach Perioden angenommen mit der Motivierung, daß die Rückkehr zum Prämiendurchschnittsverfahren, außer anderen Vorzügen, die es habe, auch die spätere Einführung der Witwen- und Waisenfürsorge erleichtere, indem für die J.V. so volle Prämiendeckung geschaffen werde und eine Steigerung der Lasten für diese Versicherung ausgeschlossen sei; die Einwendungen gegen die versicherungstechnischen Berechnungen wies man als völlig unbegründet zurück.

Hinsichtlich des Kreises der Versicherten wurde die Zulässigkeit der freiwilligen Versicherung namentlich auf selbständige Unternehmer erweitert und die Anträge auf Einschränkung der Zwangsversicherung abgelehnt.

---

[1]) Eine solche ging im Frühjahr 1903 dem Reichstage zu und wurde angenommen. Siehe Sten. Ber. d. Reichstags 1900/03 Nr. 870 u. 975 (§ 6 Abs. 2 des Kr.V.G.).

Auch der Begriff der Erwerbsunfähigkeit wurde für die Versicherten günstiger fixiert. Für die Festsetzung der Invalidität sollte fortan nicht mehr wie bisher der Erwerb durch Lohnarbeit, sondern durch Tätigkeit überhaupt maßgebend sein.

Ebenso wurden zugunsten der Versicherten die Bestimmungen über die Krankenfürsorge geändert.

Ferner wurde im Interesse des einheitlichen Gesetzesvollzugs die Neuerung geschaffen, daß die zur Entscheidung über die Versicherungspflicht zuständigen Behörden bei ihren Entscheidungen an die vom R.V.A. aufgestellten Grundsätze gebunden sein sollten.

Eine Resolution behufs Verbindung einer Witwen- und Waisenfürsorge mit der J.V. wurde abgelehnt, da seitens der Regierung erklärt wurde, daß, so erstrebenswert dies auch sei, die Rücksicht auf die augenblickliche Leistungsfähigkeit aller Erwerbsstände dies verbiete.

Nach Beendigung der Kommissionsberatungen gelangten die Beschlüsse der Kommission, deren Berichterstatter Abgeordneter Hoffmann war, am 10. Mai 1899 zur Beratung in den Reichstag.

Die 2. und 3. Lesung dehnte sich noch über 13 Sitzungen aus, ohne daß aber das Plenum an den Kommissionsbeschlüssen grundsätzliche Veränderungen vornahm.

Auch im Reichstage verursachte die längste Debatte der Abschnitt über die Rentenstellen. Die Konservativen wünschten dieselben nicht, weil sie einer Ausdehnung der Selbstverwaltung abgeneigt waren, und umgekehrt war die freisinnige Partei dagegen, weil sie eine Beeinträchtigung der autonomen Verwaltung durch sie fürchteten. Auch ein Teil der Nationalliberalen verwarf sie als nicht notwendig. Diesen Bestrebungen, die Rentenstellen zu Fall zu bringen, traten die Vertreter der verbündeten Regierungen energisch entgegen, und es wurde seitens des Staatssekretärs Grafen v. Posadowsky darauf hingewiesen, daß in den Rentenstellen ein sehr wichtiger sozialpolitischer Kern für die Belebung der sozialpolitischen Fürsorge liege.

Gleichwohl wurde der Standpunkt der Kommission, daß Rentenstellen nur von Fall zu Fall bei dringendem lokalen Bedürfnisse zu errichten seien, angenommen und von dem ursprünglich im Entwurfe vorgeschlagenen örtlichen Unterbau der V.Anst. wenig mehr übrig gelassen. Die den Rentenstellen zugedachten Aufgaben sind nun nach den Reichstagsbeschlüssen den unteren Verwaltungsbehörden, soweit nicht Rentenstellen errichtet werden[1]), worüber die höheren Kommunal-, Staats- und Reichsbehörden zu entscheiden haben, zugewiesen.

Hinsichtlich der Verteilung der Rentenlast schloß sich die Mehrheit trotz der Bemühungen der Regierungsvertreter, der Gemeinlast 45% (statt 40%) zuzuführen, da 40% nicht genügten, dem Kommissionsvorschlag an und fügte noch zur Sicherstellung des Sondervermögens die Bestimmung hinzu, daß das künftige Sondervermögen der enzelnen Anstalten zur Deckung der Gemeinlast nicht herangezogen werden dürfe ohne vorherige Zustimmung des Bundesrats oder Reichstags.

Der Passus „Schutzvorschriften" dagegen wurde auf Antrag der freisinnigen Partei schon in 2. Lesung wieder beseitigt, und auch alle Anstrengungen der Sozialdemokraten in 3. Lesung, den von ihnen in das Gesetz gebrachten Abschnitt wiederherzustellen, waren fruchtlos.

Auch der schon so oft laut gewordene Wunsch einer Reliktenversorgung wurde wieder in den beiden letzten Lesungen im Plenum lebhaft erörtert. Zwei zur 2. Lesung gestellte Anträge, einmal des Abgeordneten Frhrn. v. Stumm, sodann der Abgeordneten Dr. Schädler, Dr. Hitze und Gen. auf Annahme folgender Resolution:

---

[1]) Bis Ende des Jahres 1901 war noch keine Rentenstelle errichtet.

„Die verbündeten Regierungen zu ersuchen, dem Reichstage einen Gesetzentwurf vorzulegen, durch welchen im Anschluß an die J.V. die Witwen- und Waisenversicherung für die versicherten Personen eingeführt wird" bezw. „die verbündeten Regierungen zu ersuchen, dem Reichstage tunlichst bald einen Gesetzentwurf vorzulegen, durch welchen im Anschluß an die J.V. die Witwen- und Waisenversicherung für die in Fabriken beschäftigten Personen unter entsprechender Erhöhung der Beiträge (Zusatzmarke) eingeführt und den übrigen Versicherten die Beteiligung im Wege der freiwilligen Versicherung ermöglicht wird",

wurden einstweilen zurückgestellt und fanden erst ihre Erledigung in der Sitzung vom 12. Januar 1900 mit der Annahme der Resolution „Stumm".

Am 15. Juni wurde mit allen gegen 3 Stimmen das „Invalidenversicherungsgesetz" angenommen und trat am 1. Januar 1900 in Kraft.

§ 9.

C. Die neuesten Reformvorschläge[1]).

So gut auch der Eindruck war, den die endliche Reform der J.V.Gesetzgebung im allgemeinen auf die Interessentenkreise machte und so sehr auch die fast einstimmige Annahme der Vorlage für eine allgemeine Zufriedenheit mit der Reform zu sprechen schien, so fehlte es doch keineswegs an Stimmen, die an der Reform genug zu tadeln wußten. Ja man sagte sogar vielfach, wesentlich Neues habe das Gesetz eigentlich nicht geschaffen und darauf beruhe nicht zum mindesten seine fast einstimmige Annahme. Andererseits gab es auch wieder solche, welche die Novelle über allen Zweifel als ein vortreffliches gesetzgeberisches Werk hinstellten, welches in jeder Weise seinem beabsichtigten Zwecke gerecht werde. — Ueber einen Punkt aber herrschte und herrscht auch heute noch in Deutschland fast Einstimmigkeit, daß nur der obligatorische Weg rasch und sicher zum Ziele führt, dagegen der Weg der freien Individualversicherung garnicht oder nur sehr langsam. Daß heute allgemein das deutsche System der Z.V. vor dem englischen auf Freiwilligkeit beruhenden System bevorzugt wird, das haben die beiden letzten internationalen Kongresse für soziale Arb.V. zu Paris am 25. Juni 1900 und Düsseldorf vom 17.—24. Juni 1902 hinlänglich gezeigt[2]). So haben gerade französische Referenten auf dem letzten Kongreß mehrfach mit ganz besonderer Achtung von dem Umfange und der Wirkung des großen deutschen Versicherungswerkes gesprochen.

Auch die Klagen über das Markensystem, wie sie in den 90er Jahren zu hören waren, haben bedeutend nachgelassen. Man hat allmählich gelernt, die geringen Belästigungen, die die J.V. mit sich bringt, gern über den großen Wohltaten dieser staatlichen Einrichtung zu vergessen.

Diese Klagen waren übrigens auch großenteils auf die mangelhafte Beobachtung des Gesetzes zurückzuführen. Je vollständiger die Beitragsleistung wird, desto vollständiger wird auch die beabsichtigte Wirkung des Gesetzes und desto mehr werden auch die Klagen über die Gesetzesbestimmungen bei den Beteiligten verstummen.

Dies hatte sich schon der Gesetzgeber bei dem Gesetz von 1889 gesagt und deshalb in § 126 den V.Anst. die Berechtigung zu Kontrollmaßregeln betreffs der Beitragsleistung beigelegt. Da aber die Ausübung der Kontrolle in der Folgezeit

[1]) Siehe auch § 18 Ende.

[2]) Vergl. Soz. Praxis 9. Jahrg. S. 1029 ff. und 11. Jahrg. S. 1051 ff.; Arbeiterversorgung 22. Jahrg. S. 469 ff.

bei den V.Anst. eine sehr verschiedene gewesen war und die Unterschiede sich nur zum Teil aus den örtlichen Verhältnissen[1]) erklären ließen, so brachte die Novelle in § 161 Abs. 3 statt der Berechtigung die Verpflichtung für die Anstalten, die Beitragsleistungen zu überwachen. Ja man hielt diesen Punkt, und zwar mit Recht, für so wichtig, daß ein Entwurf von Kontrollvorschriften ausgearbeitet wurde, der den Beratungen bei einer am 15. November 1901 im R.V.A. abgehaltenen Konferenz von Vertretern der Landesversicherungsämter, V.Anst. und K.E. zugrunde lag[2]). Nach eingehenden Verhandlungen, bei denen man besonders darauf sah, die neue Maßregel auf das unbedingt Gebotene zu beschränken und jedwede unnötige Belästigung der Beteiligten zu vermeiden, wurden für die Bezirke dreier V.Anst. die von den Anstaltsorganen beschlossenen besonderen Kontrollvorschriften, zunächst versuchsweise auf die Dauer von 2 Jahren, auf Grund des § 161 des Gesetzes genehmigt. Diese Vorschriften sollen es besonders ermöglichen, im Falle erwiesener Unregelmäßigkeiten die schuldigen Arbeitgeber, sowie die unständig beschäftigten Versicherten zur Führung von Listen oder anderen Aufzeichnungen anzuhalten und die Vorlegung aller auf die Versicherungsverhältnisse bezüglichen Papiere an den Kontrollbeamten besser als bisher sicher zu stellen[3]). — Dagegen mußte der Gedanke einer im Deutschen Reiche allgemein einzuführenden Mitwirkung der Verwaltungsbehörden bei der Feststellung und Einforderung der Beiträge aufgegeben und den V.Anst. überlassen werden, mit den Verwaltungsbehörden in Verbindung zu treten, wenn sie deren Mitwirkung für zweckmäßig erachteten[4]). — Wenn im allgemeinen die Novelle als ein Fortschritt gegen das alte Gesetz angesehen wurde, so waren doch Vieler Wünsche unerfüllt geblieben, die hauptsächlich in einer Erweiterung der J.V. und Steigerung ihrer Leistungen, einer Vereinheitlichung der gesamten Arb.V., einer Relikten- und Arbeitslosenfürsorge bestanden. Doch bevor wir auf diese Wünsche näher eingehen, wollen wir uns zu der Novelle selber wenden und sehen, ob die von dem Gesetzgeber betreffs derselben gehegten Erwartungen sich erfüllt haben.

Bis jetzt haben sich zwei Abänderungen als verfehlt ergeben, einmal das Prämiendurchschnittsverfahren und zum andern die Beschränkung der Funktionen der örtlichen Rentenstellen.

Bei der Novelle war man bekanntlich vom Kapitaldeckungsverfahren, d. h. Deckung der bewilligten Renten, zum Prämiensystem, d. h. Deckung der aus jedem Betrage erwachsenden Anwartschaft, übergegangen mit der Begründung, daß durch das erstere die in Zukunft höheren Ansprüche der gegenwärtigen Generation durch höhere Beiträge der künftig in die Versicherung eintretenden Personen hätten gedeckt werden müssen. Nun scheinen aber die bisherigen Rechnungsergebnisse der V.Anst. für 1900 und 1901 darzutun, daß das zu bildende Gemeinvermögen nicht in der Lage ist, die nach dem Prämiensystem nötigen Deckungsmittel aufzusammeln. Bei den Verhandlungen einer Konferenz des Verbandes südwestdeutscher V.Anst. zu Karlsruhe ist diese wichtige Frage daher schon bereits Gegenstand der Erörterung gewesen, und dabei wurde von dem Oberregierungsrat Rasina (V.Anst. Baden) ausgeführt, das durch das neue Gesetz an Stelle des Kapitaldeckungsverfahrens eingeführte Prämiendeckungsverfahren sei

[1]) Solche konnten sein: Einführung des Einzugsverfahrens, Vorherrschen einer industriellen Bevölkerung, bei welcher die Beitragsleistung erfahrungsgemäß eine viel geregeltere ist; z. B. wurden im Jahre 1894 durchschnittlich 12,5 % der Verwaltungskosten für die Beitragskontrolle aufgewandt, und zwar von den V.Anst.: Ostpreußen 30 %, Hannover 32,5 %, dagegen von der V.Anst. Rheinprovinz nur 2,4 %, von der V.Anst. Sachsen sogar nichts.

[2]) Arb.-Versorgung 1901 S. 698 ff.

[3]) A.N. d. R.V.A. 19. Jahrg. Nr. 4 S. 322.

[4]) A.N. d. R.V.A. 19. Jahrg. Nr. 4 S. 318.

1. für die Massenversicherung ganz unmöglich,
2. für die staatliche Zwangsversicherung unnötig, und
3. für die Entwickelung der J.V. schädlich.

Man schloß sich allgemein Rasinas Ausführungen an und forderte Rückkehr zum Kapitaldeckungsverfahren. — Auch der Kommentator Düttmann[1]) betrachtet ein Kapitaldeckungsverfahren mit längeren Perioden, das zwischen dem Umlageverfahren und dem Prämienverfahren die Mitte halte, für die gesamte Arb.V. als das richtige System. Vom Bundesrat oder Reichstage wird daher, wenn die kommenden Rechnungsergebnisse die obige Vermutung wieder bestätigen, über kurz oder lang der Frage näher getreten werden müssen, ob überhaupt das Prämiensystem beibehalten werden kann.

Die Uebertragung der ursprünglich den örtlichen Rentenstellen zugedachten Funktionen an die unteren Verwaltungsbehörden hat sich, wie nicht anders zu erwarten war, als völlig verfehlt gezeigt. Die Begutachtung der Rentenansprüche durch die unteren Verwaltungsbehörden leidet an großen Mängeln, was durch die Wahrnehmungen der Schiedsgerichte bestätigt wird. Auch seitens der V.Anst. wird über die geringe Hilfe geklagt, die sie bei den mit der Vorprüfung und Begutachtung der Rentenanträge betrauten unteren Verwaltungsbehörden fänden. Selbst in Arbeiterkreisen[2]) nimmt die Unzufriedenheit über die Begutachtung der Rentenanträge zu. Ungerechtfertigterweise hat aber der Gewerkschaftskongreß in Stuttgart (16.—21. Juni 1902) bezüglich dieses Punktes nachhaltige Vorwürfe gegen das R.V.A. erhoben, „die Rechtsübung sei im Begriffe, dem Arbeiter die Wohltaten der Versicherung vollständig zu entziehen"[3]). Nicht das R.V.A. ist schuld, sondern die unteren Verwaltungsbehörden.

Hans Seelmann glaubt diese ungenügende Begutachtung der Rentenanträge auf die schwierige Feststellung der Invalidität zurückführen zu sollen[4]) und verurteilt sowohl die Theorie wie die Praxis der Gesetzgebung hinsichtlich der Invaliditätsfeststellung, da sich oft die Urteile der wirtschaftlichen Sachverständigen und das des Arztes in Bezug auf die Frage, ob Invalidität vorhanden sei oder nicht, widersprechen würden und müßten. Daß diese Schwierigkeit vorhanden ist, mag teilweise der Fall sein; aber sie ist nicht die einzige Ursache davon, daß die Verwaltungsbehörden ihre Funktionen bei der Durchführung der J.V. nicht zur Zufriedenheit erfüllen, sondern hierfür ist vielmehr darin hauptsächlich der Grund zu suchen, daß die unteren Verwaltungsbehörden entweder durch ihre neue Arbeit zu sehr belastet sind oder wo sie es nicht sind, sich nicht in dem Maße ihrer neuen Aufgabe widmen, wie es dieselbe verdient und wie es bei Beibehaltung des Vorschlags des Regierungsentwurfs durch die örtlichen Rentenstellen auch geschehen wäre. Daher ist die Wiederherstellung des Regierungsentwurfs bezüglich der örtlichen Rentenstellen die zweite notwendige Abänderung des J.V.G.

Diese beiden Reformen, Rückkehr zum Kapitaldeckungsverfahren und Wiederherstellung der Befugnisse der Rentenstellen nach dem Vorschlage des Regierungsentwurfs, haben sich bis jetzt in der Praxis schon als notwendig herausgestellt. Ob die Erwartungen des Gesetzgebers bezüglich der übrigen Neuerungen, welche die Novelle brachte, sich erfüllen, wird die Zukunft lehren.

Was das Gesetz im ganzen betrifft, so bereitet die Auseinanderhaltung der Begriffe „Unternehmer" und „Arbeiter" bei der Ausführung des Gesetzes den Versicherungsbehörden immer mehr Schwierigkeiten. So war bis jetzt unter anderem

[1]) Kommentar zum J.V.G. von H. Gebhard u. A. Düttmann (§ 33 J.V.G.); ferner: „Arbeiterwohl" 22. Jahrg. S. 1ff.

[2]) Dr. E. Lange hat dies vorausgesagt (siehe: Brauns Archiv 15. Bd. S. 170ff.).

[3]) Arb.-Versorgung 1902, Nr. 22, S. 453ff.

[4]) Die J. u. A.V. i. D.R. 12. Jahrg. Nr. 12 u. 13.

bei einigen Arbeiterkategorien strittig, ob sie als Unternehmer oder als Akkordarbeiter anzusehen seien; in anderen Fällen handelte es sich um die Auslegung des Begriffs des Gehilfen, Werkmeisters, Betriebsbeamten und besonders des „sonstigen Angestellten". Mehrfach hatte sich die Rechtspflege bei den bez. Versicherungsorganen mit der Auslegung der Begriffe „Lohn", „freier Unterhalt" und „vorübergehende Dienstleistungen" zu befassen. Bezüglich des letzteren, der besonders die Hausgewerbetreibenden betrifft, wurde eine Einigung der Meinungen dahin erzielt, daß die V.Anst., obwohl ihnen ein unmittelbarer Anspruch auf Beiträge nur gegen die Hausgewerbetreibenden zusteht, doch berechtigt seien, auch den Arbeitgeber auf dem (in § 155 J.V.G.) vorgeschriebenen Wege zur Erfüllung seiner Verpflichtungen anzuhalten[1]).

Dies sind aber nicht die einzigen Punkte, hinsichtlich deren eine Reform nottut. Inmitten aller steht noch immer die Vereinheitlichung der Arb.V., sei es nun auf dem Wege der Verschmelzung der Kr.- und J.V, mit Zentralisierung des Krankenkassenwesens, wie es Dr. Freund vorschlägt, oder auf dem Wege des Zusammenschlusses der U.- und J.V., wie Dr. Bödiker befürwortet. Sicher ist, daß in den örtlichen Rentenstellen des Regierungsentwurfs der fruchtbringende Keim einer Vereinheitlichung des großen Werkes unter Berücksichtigung der lokalen Bedürfnisse und Erleichterung der Verwaltung gelegen hätte.

Die allgemein im Deutschen Reiche herrschende Unzufriedenheit mit der Trennung der 3 Versicherungsgesetze fand ihren beredten Ausdruck in einer gelegentlich der Beratung der Kr.V.-Novelle in der 3. Lesung desselben von dem Abgeordneten Trimborn eingebrachten und von dem Abgeordneten Rösicke unterstützten Resolution die (in der Sitzung vom 30. April 1903) einstimmige Annahme fand und folgenden Wortlaut hat:

„Die verbündeten Regierungen zu ersuchen, in Erwägung darüber einzutreten, ob nicht die 3 Versicherungsarten zum Zwecke der Verbilligung der Arb.V. in eine organische Verbindung zu bringen und die bisherigen Arb.V.G. in einem einzigen Gesetze zu vereinigen seien"[2]).

Die Regierung steht dem Plan einer Vereinheitlichung aller 3 Gesetze nicht unsympathisch gegenüber, hat aber bis jetzt noch keinen Ausweg gefunden, wie die nicht zu verkennenden Schwierigkeiten hinwegzuräumen seien, welche der Ausführung eines solchen Planes entgegenstehen[3]). Aber daß dieser Plan — und zwar so bald wie möglich — durchgeführt werden muß, erfordert die Notwendigkeit. Denn daß die Arb.-V. zu vielgestaltig ist, dafür liefert der beste Beweis das stetige Wachsen der Arbeitersekretariate, Volksbureaus und sonstigen Auskunftsstellen. Und die Tatsache, daß durch die Zersplitterung der Arb.V. eine Unmasse Geld und Arbeitskräfte (die Verwaltung erfordert bereits $^1/_4$ Million Arbeitskräfte bei 13 Millionen Versicherten) verschwendet wird, kann kaum mehr bestritten werden.

Neben die Zentralisation der Arb.V. tritt als 2. Forderung die Weiterfortbildung der J.V. mit Rücksicht auf die höheren Lohnklassen, die Herabsetzung der Altersgrenze, Änderung des Begriffs der Invalidität, besonders mit Rücksicht auf die niedrigen Lohnklassen, und als letztes Ziel die möglichste Ausdehnung der J.V. auf alle Volksklassen[4]). Als 3. Reform wird, namentlich von sozialdemokratischer Seite, vielfach eine Steigerung der Leistungen der J.V. gefordert. Ferner enthält,

---

[1]) Vergl. A.N. d. R.V.A. 14. Jahrg. Nr. 4 S. 316.

[2]) Sten. Ber. d. Reichstags 1900/03 Anl. Nr. 972 u. 302. Sitzung, S. 9201.

[3]) Soz. Praxis 12. Jahrg. Sp. 915/16; vergl. auch Arb.-Versorgung 20. J. S. 577 ff.: „Die Vereinfachung der Arb.-V." von Dr. Zacher.

[4]) Vergl. Eingabe des Zentralvorstandes des Deutschen Werkmeisterverbands an den Bundesrat betr. Weiterfortbildung des J.V.G. besonders mit Rücksicht auf die besser bezahlten Angestellten: S. „Arb.-Versorgung" 19. Jahrg. Nr. 1 S. 21.

abgesehen von der weiter unten noch zu besprechenden Witwen- und Waisenversorgung und der Arbeitslosenversicherung, das Reformprogramm der Sozialdemokraten, die sich überdies mit der J.V.-Gesetzgebung allmählich auszusöhnen beginnen — wie sie ja überhaupt in der letzten Zeit immer realpolitischer werden und sich in verstärktem Maße mehr und mehr der praktischen Reformarbeit zuwenden[1]) — und nur an der ganzen Arb.V.-Gesetzgebung den ihr anhaftenden „Klassencharakter" hassen, speziell noch die Demokratisierung der Versicherungsinstitute, unbedingte Einordnung aller Staatsangehörigen — zum mindesten aber aller Arbeiter und der diesen wirtschaftlich gleichgestellten Personen — in die Versicherungsgenossenschaften, Heranziehung aller Klassen zur Tragung der Kosten, Fortentwickelung der Landesversicherungsanstalten zu Arbeiterschutzinstituten großen Stils und zwar durch Ausdehnung des Heilverfahrens zum Zwecke der Bekämpfung der Volkskrankheiten (Tuberkulose, Geschlechtskrankheiten 2c.), Erweiterung der Fürsorge beim Bau von Arbeiterwohnungen, Invalidenhäusern 2c.[2]). —

Von all diesen Reformvorschlägen bedarf besonders zunächst die Forderung Berücksichtigung, die Versicherung mit Rücksicht auf die höheren Lohnklassen weiter hinauszurücken. Die Grenze der Zwangsversicherung von 2000 Mk. ist viel zu eng, zumal da mit weiterem Aufschwunge der weltwirtschaftlichen Entwickelung und der gesamten Kultur die Löhne wahrscheinlich noch höher steigen werden und die Lebenshaltung sich dementsprechend noch mehr verteuern dürfte. Der Zentralvorstand des deutschen Werkmeisterverbandes hält sogar eine Grenze von 5000 Mk. für nicht zu hoch und hat sogar dem Bundesrat eine diesbezügliche Eingabe unterbreitet[3]). Das Bedürfnis einer Weiterfortbildung der J.V. in dem genannten Sinne macht sich in immer weiteren Volkskreisen fühlbar. Bei einer am 1. März 1903 in Berlin abgehaltenen Vertretertagung von 24 Privatangestellten-Verbänden mit zusammen 300000 Mitgliedern wurden als Grundlage für weitere Erörterungen, die — wie es den Anschein hat — auch bei einer Reform der J.V. berücksichtigt werden dürften, folgende Beschlüsse gefaßt[4]):

1. Es ist die Schaffung einer besonderen Kasseneinrichtung für die Privatangestellten gemäß § 10 des J.V.G. erforderlich. Dieselbe hat für die von ihr gewährten A.- und J.R., soweit sie sich im Rahmen der gesetzlichen Bestimmungen halten, den Reichszuschuß in Anspruch zu nehmen, richtet indessen daneben eigene Gehaltsklassen mit erhöhten Leistungen und Renten ein.

2. Diese Gehaltsklassen sollen sich auf alle Privatangestellten ohne Unterschied der Gehaltshöhe erstrecken und Alters-, Invaliden-, Witwen- und Waisenrente gewähren.

3. Die Einzahlungen sollen im Verhältnis zu den Gehaltsbezügen stehen. Die Prämien sind von Arbeitgebern und Angestellten zu gleichen Teilen zu entrichten.

4. Das Recht der Selbstversicherung in den höchsten Altersklassen, sowie das der Weiterversicherung für selbständig werdende Angestellte muß dem Versicherten gewahrt bleiben.

5. Das Heilverfahren der Landesversicherungsanstalten hat die Pensionsanstalt für Privatangestellte ebenfalls auszuüben.

6. Angestellte, die bei einer vom Reichsaufsichtsamt für die privaten Versicherungen zugelassenen Kasse versichert sind, müssen von der Zugehörigkeit zur staatlichen Pensionsanstalt für Privatangestellte befreit werden, sofern jene Kasse die Mindestleistungen der staatlichen Anstalt erfüllt.

---

[1]) Vergl. den letzten sozialdemokr. Parteitag in München: Siehe Soz. Praxis 11. Jahrg. S. 1350 ff.

[2]) Sozialistische Monatshefte 1902 II. Bd. Nr. 9 S. 685 ff.

[3]) Soz. Praxis XI. Jahrg. Sp. 310.

[4]) Arb.-Versorgung 1903 Nr. 15 S. 345 ff.

Bei Annahme dieser Grundsätze in einer zukünftigen Abänderung des J.V.G. wären wir einer allgemeinen Volksversicherung ein gut Stück näher gerückt. Andererseits muß man sich aber auch vergegenwärtigen, daß, je weiter die staatliche Versicherung in dieser Richtung vorgeht, um so größere Gefahr der Existenz der privaten Versicherungen droht. Eine Schädigung der letzteren würde — wenigstens nach der heutigen wirtschaftlichen Lage — eine Gefahr für das Gedeihen unserer Volkswirtschaft bedeuten, und so sehr auch ich eine Verbreiterung der J.V. auf weitere Volksklassen dringend wünsche, so muß ich diesen Wunsch doch zurücksetzen hinter der Forderung der Erhaltung der Existenz der privaten Versicherungsanstalten. Ihnen muß neben der Fortentwickelung der staatlichen Gesetzgebung völlige Bewegungsfreiheit bleiben. Aber daß die Grenze der Zwangsversicherung weiter hinausgerückt werde, dürfte unbedingt erforderlich sein. Welcher Lohnsatz die Grenze bilden soll, ist noch eine schwebende Frage. Ich möchte mich Seelmanns[1]) Ansicht anschließen, der 3000 Mk. vorschlägt und ein dementsprechendes Aufsetzen von weiteren Lohnklassen bis zur Zahl VIII.

Außer der Nichteinbeziehung der höheren Lohnklassen in die J.V. bildet aber nicht minder die Stellung der Handwerker in der J.V. ein reformbedürftiger Punkt der Gesetzgebung. In die Zwangsversicherung sind sie wegen ihrer Stellung als Unternehmer nicht inbegriffen, und von dem ihnen (nach § 17 J.V.G.) zustehenden Recht der freiwilligen Selbstversicherung machen sie trotz ihrer vielfach ungünstigen wirtschaftlichen Lage teils aus Unkenntnis teils aus Abneigung gegen die staatliche Versicherung keinen Gebrauch.

Ein Erlaß des preußischen Handelsministers regte deshalb an, die zur freiwilligen Versicherung berechtigten Personen wiederholt und ausdrücklich auf ihre gesetzliche Befugnis hinweisen zu lassen. Ebenso wurde in der Reichstagssitzung vom 9. Februar 1903 die Nichtbeachtung der gesetzlichen Vergünstigungen durch die Handwerker lebhaft bedauert. Meiner Ansicht nach dürften alle diesbezüglichen Ermahnungen in den Wind gesprochen sein. Hier hilft bloß Zwang. — Auch in Handwerkerkreisen selbst sind lebhafte Bestrebungen im Gang, einen Anschluß an die Reichsversicherung der Arbeiter zu erwirken. Unter dem Vorsitze des Abgeordneten Euler (Zentrum) trat eine Kommission aus den Vorständen verschiedener Handelskammern zusammen, um die Grundzüge für einen Gesetzentwurf festzulegen, der die obligatorische Versicherung sämtlicher selbständiger Handwerker umfassen solle. In der letzten Sitzung des Ausschusses des deutschen Handwerks- und Gewerbekammertags wurde dieser Entwurf beraten und eine diesbezügliche Petition an den Reichstag beschlossen[3]).

Auch die deutschen Gewerbevereine nahmen in der am 7. September 1903 zu Mainz stattgefundenen Hauptversammlung Stellung zu diesem Problem. Es wurden von ihnen dort folgende Beschlüsse gefaßt[4]):

Einmal sollten von nun an die Vereinsvorstände die selbständigen Gewerbetreibenden zur freiwilligen Versicherung veranlassen und zum andern solle an den Reichskanzler die Bitte gerichtet werden, durch Einbringung eines Gesetzentwurfes die J.V.-Gesetzgebung auf alle selbständigen Handwerker auszudehnen derart, daß

---

[1]) H. Seelmann, „Der Ausbau der J.V. zu einer allgemeinen Volksversicherung" Berlin 1903; siehe ferner: Arb.-Versorgung 1903 S. 145 ff.

[2]) Auch ein Erlaß des Landwirtschaftsministers vom 21. Mai 1903 an die Landwirtschaftskammern wünscht, daß d. landw. Betriebsunternehmer über d. Recht der freiw. Versicherung aufgeklärt werde, (Arb.-Versorgung 20. Jahrg. S. 556).

[3]) Soz. Praxis XII. Jahrg. Sp. 838; ferner Arb.-Versorgung 1903 S. 156; ferner Königsberger Handwerkerzeitung 1902, Nr. 21.

[4]) Die J. und A.V. im Deutschen Reich 13. Jahrg. S. 165.

durch Schaffung weiterer Lohnklassen auch die Möglichkeit der Gewährung höherer Renten gegeben werde.

Entscheidend für diese Frage dürfte wohl der IV. deutsche Handwerks- und Gewerbekammertag gewesen sein, der vom 10.—12. September 1903 in München tagte[1]) und die Frage der Schaffung einer Alters- und Invaliditätsversicherung für die selbständigen Handwerker auf die Tagesordnung gesetzt hatte. Bereits im September 1902 war auf dem Handwerkerkongreß eine Kommission mit der Prüfung der Frage betraut worden[2]). Diese hatte Leitsätze des Inhalts aufgestellt, daß sämtliche selbständigen Handwerker der obligatorischen J.V. zu unterwerfen seien, die ein Einkommen bis 2000 Mk. bezögen. Für diese seien fünf Einkommensklassen mit Renten von 110—450 Mk. zu bilden und für die höheren Einkommen, 2000 Mk. bis 3000 Mk. und über 3000 Mk., zwei weitere Klassen mit entsprechend höheren Renten aufzusetzen. Diese Leitsätze wurden dem Handwerkertage zur Bewilligung vorgelegt und mit großer Majorität ein Antrag der Breslauer Kammer angenommen, der sich mit den genannten Leitsätzen deckte. Ferner gelangte ebenda eine Resolution des Sekretärs (Dr. Paeschke) der Breslauer Handwerkskammer zur Annahme, die folgenden Wortlaut hatte:

„Der IV. deutsche Handwerks- und Gewerbekammertag beschließt, bei der Reichsregierung und dem Reichstage dahin vorstellig zu werden, daß für die selbständigen Handwerker die Alters- und Invaliditätsversicherung unter Zugrundelegung der Bestimmungen des J.V.G. eingeführt wird."

Es scheint also endlich der Zeitpunkt immer näher zu rücken, wo die J.V. das wird, was sie sein sollte, nämlich ein allgemeine Versicherung der minder bemittelten Volksklassen. Wir sähen dann in Deutschland zuerst die Ideen verwirklicht, die bereits ein Daniel Defoé in seinem Essay on projects (1697) und ein Sismondi (1819) der Welt vergeblich vorgetragen hatten.

Weswegen auch dem Handwerker versagen, was man dem wirtschaftlich und sozial gleichgestellten Arbeiter mit vollen Händen gewährt? — Auch die verbündeten Regierungen scheinen ihren Widerstand jetzt aufgegeben zu haben. Das Reichsamt des Innern hat der oben genannten Kommission auf ihr Befragen erklärt, daß man bereit sei, einer obligatorischen Versicherung der Handwerker näher zu treten unter der Bedingung, daß das Einkommen unter 2000 Mk. in die allgemeinen Versicherung eingereiht wird und für die höheren Einkommen zwei Extraklassen aufgesetzt werden.

Zur Lösung der Frage, wie der Anschluß der Handwerker an die Reichsversicherung geschehen soll, hat Illing[3]) vorgeschlagen, eine Handwerker-Innungs-Pensionskasse auf möglichst breiter Grundlage an die Reichsversicherung als Zuschußkasse im Sinne des § 52 des J.V.G. anzugliedern. Ob dies der richtige Weg sein dürfte, mag dahingestellt bleiben; immerhin ist das erfreulich, daß sich heute nicht nur Theoretiker mit dieser wichtigen Frage befassen, sondern daß aus Handwerkerkreisen selbst der Ruf nach Reform des J.V.G. im Sinne der möglichsten Ausdehnung auf die kleinen selbständigen Unternehmer immer lauter wird. (Vgl. die J. u. A.V. i. D. R. 13. J. S. 165; Soz. Praxis 12. J. S. 1298ff.)

Doch nicht allein den Handwerkern will man durch eine Reform des J.V.G. größere Fürsorge zuwenden; es erheben sich auch Stimmen, die den in den §§ 5, 6 Abs. 1, § 7 des J.V.G. bezeichneten Personen, d. h. hauptsächlich den pensionenbeziehenden Beamten und Beamtenwitwen, sowie auch den Beziehern von U.R. in

---

[1]) Siehe „Münchener Neueste Nachrichten" Nr. 427 (1903).

[2]) Soz. Praxis 12. Jahrg. S. 1298ff. („Der gegenwärtige Stand der Handwerkerversicherungsfrage" von Dr. G. Adler). —

[3]) Soz. Praxis XI. Jahrg. Sp. 1234.

allen Fällen (ohne Rücksicht auf die Höhe der Pension bezw. der U.R.) J.- und A.R. gewährt wissen wollen[1]). Nur in diesem Falle ist allerdings auch eine freiwillige Fortsetzung der J.V. für die mit Pensionsberechtigung angestellten Reichs-, Staats- und Kommunalbeamten zweckdienlich. Bisher empfiehlt sich nur solchen, die niederen Gehalt besitzen, eine freiwillige Weiterversicherung; eine Fortsetzung der Versicherung aber zum Zwecke des Erstattens bei Todesfall wäre höchst unwirtschaftlich. Denn es ist zweifelhaft, ob der Versicherte bezugsberechtigte Personen hinterläßt, da nur der Witwe und den hinterlassenen ehelichen Kindern unter 15 Jahren ein Anspruch zusteht und weil eine fortwährende Weiterzahlung des gesamten Beitrags erfolgen muß, während die Hinterbliebenen nur einen Anspruch auf die Hälfte des gezahlten Betrags haben. Und was den Bezug von J.- bezw. A.R. betrifft, so dürfte die J.R. für die pensionsberechtigten Beamten nach dem bisherigen Gesetze sehr wenig in Frage kommen, da ihre Pension in den meisten Fällen den $7^1/_2$fachen Grundbetrag der Rente erreicht und weil die wenigsten Personen Aussicht haben, betreffs Bezug von A.R. nach vollendetem 70. Lebensjahre noch Dienst zu tun[2]).

Ein weiterer wunder Punkt der Gesetzgebung ist Beitragserstattung an weibliche Versicherte im Falle der Verheiratung. Zunächst widerspricht es dem Prinzip der Versicherung völlig, in Verehelichungsfällen Beitragserstattung zu beantragen. Ferner erhält im günstigsten Falle die Versicherte allerdings ja die gesetzmäßige Rente. Erlischt aber die Anwartschaft, dann ist Verlust sowohl der Rente wie der Beitragserstattung die Folge. H. Seelmann[3]) fordert daher Beseitigung des § 42, der die Beitragserstattung bei Heirat betrifft, und als Ergänzung die Aufhebung der Bestimmungen über das Erlöschen der Anwartschaft; den Frauen solle vielmehr die Anwartschaft auf Rente erhalten bleiben auch ohne weitere Beitragsleistung, was ohne erhebliche Belastung der V.Tr. geschehen könne.

Eine große Lücke hat die Novelle nicht geschlossen, nämlich das Fehlen der Reliktenversorgung, oder, wie es H. v. Frankenberg[4]) besser bezeichnet, einer Familienversicherung, die wieder von der Regierung hinausgeschoben wurde, weil man den Zeitpunkt hierfür noch nicht für gekommen hielt. Die Erstattung der halben Beiträge an die Witwen und hinterlassenen ehelichen Kinder unter 15 Jahren ist zwar Angehörigenfürsorge, und auch die Rechtspflicht der V.Anst., während des Heilverfahrens des Invalidenrentenempfängers vorübergehend erwerbsunfähige Versicherte der Familie durch Barzahlungen zu unterstützen, muß als solche angesehen werden, aber sie sind es nicht in dem Sinne einer Unterstützung bei Schädigungen der eigenen Gesundheit. Wenigstens könnte man, wie es H. v. Frankenberg vorschlägt[5]), auch auf Grundlage des jetzigen Gesetzes leidenden Angehörigen die Heimstätten, Kranken- und Genesungshäuser der V.Anst. unter gewissen günstigen Bedingungen zur Verfügung stellen[6]). — Wie eine Witwen- und Waisenversicherung am besten durchführbar sei, darüber ist man noch garnicht im klaren. — Einen beachtenswerten Vorschlag macht H. Düttmann[7]), indem er sagt, man könne bei dem gegenwärtigen Streit um den Zolltarif einen Ausgleich der Gegensätze dadurch herbeiführen, daß man dasjenige, was den breiten Volksschichten durch Erhöhung der Kosten des Lebensunterhalts entzogen werde, in möglichst weitem Umfange den hilfsbedürftigen Angehörigen wieder zu gute kommen lasse, und zwar könne man

---

1) Vergl. H. Seelmann a. a. O.
2) Vergl. auch H. Simons Aufsatz in J. u. A.V. im Deutschen Reich 1903 Nr. 5 u. 6.
3) H. Seelmann a. a. O.
4) Siehe Schmollers Jahrb. 23. Jahrg. S. 131 ff.
5) Siehe Schmollers Jahrb. 23. Jahrg. S. 131 ff.
6) Vergl. hierzu Schriften d. Ver. f. Armenpfl. u. Wohlt. 53. Heft u. 54. Heft.
7) „Arbeiterwohl" 22. Jahrg. S. 1 ff.: „Kornzölle u. Witw.- u. Waisen-Versorgung."

zur Aufbringung der Mittel zu einer Witwen- und Waisenfürsorge die Hälfte derselben aus Beiträgen der Beteiligten (Arbeitgeber, Arbeiter und Reich), die andere Hälfte aus den Mehreinnahmen der Zölle decken; die Rückkehr zum Kapitaldeckungsverfahren werde die Beiträge um ein Drittel ermäßigen und dieses Drittel könne zur Deckung der halben Kosten der Beiträge der Beteiligten für die Hinterbliebenenversorgung dienen. — Auch vom Reichskanzler wurde am 5. Mai 1901 erklärt, daß er bei Mehreinnahmen aus den Zöllen vorschlagen werde, diese zur Hebung der Arbeiterwohlfahrtseinrichtungen im Reich und zum Besten der weniger günstig gestellten Klassen der Bevölkerung zu verwenden.

In gleicher Weise wie Düttmann bezweckte ein zu § 11 des Zolltarifentwurfs vom 25. Dezember 1902 gestellter Antrag des Zentrums (Heim und Gen.), die Mehrerträge aus den Lebensmittelzöllen zur Durchführung der Witwen- und Waisenfürsorge zu verwenden. Dieser Antrag gelangte auch in den Kommissionsberatungen zur Annahme, fiel aber in 2. Lesung im Plenum und es wurde ein gemäßigterer Antrag des Abgeordneten Trimborn angenommen, der einige Lebensmittelzölle von der Verwendung ausschloß. Gleichwohl bedeutet auch dies noch ein gutes Stück Finanzierung der Reliktenversorgung. — Finanzpolitisch sprechen aber große Bedenken dagegen, ganz abgesehen davon, daß man eine ständige staatliche Einrichtung von so großer sozialpolitischer Bedeutung nicht auf den schwankenden Erträgnissen der Lebensmittelzölle fundieren darf. Denn einmal hat sowohl das Reich wie die Einzelstaaten eine Besserung ihrer finanziellen Lage sehr wohl im Haushalte nötig, dann wäre auch eine Verteilung der Zolleinnahmen sehr schwierig, und endlich würde die Witwen- und Waisenversicherung den Staat zwingen können, eine Zollpolitik einzuschlagen, die dem Gedeihen unserer Volkswirtschaft völlig widerspräche. — Viele gewichtige Stimmen warnen daher vor einer Verquickung der Witwen- und Waisenfürsorge mit der Handelspolitik und fordern die Durchführung der ersteren mit Hilfe von Beiträgen (z. B. Franke und Diehl: „Soz. Praxis" 11. Jahrg. S. 750 ff. und 1225).

Auf die Arbeitslosenversicherung hier näher einzugehen, fällt nicht in den Rahmen meiner Aufgabe.

Dies sind nur die wesentlichsten notwendigen Reformvorschläge. Die J.V.-Gesetzgebung bedarf im einzelnen noch mancher Abänderung, und der Gesetzgeber soll stets darauf bedacht sein, seine Aufgabe, Sozialpolitik zu treiben, im Auge zu behalten, d. h. die Schäden in den gesellschaftlichen, hauptsächlich durch Besitz und Erwerb bestimmten Beziehungen der Staatsangehörigen im Interesse der Gesamtheit zu beseitigen. **Denn es ist das Recht und die Pflicht des Staates, jedem Staatsangehörigen für die Fälle, in denen die Verwertung des einzigen ihm noch zur Verfügung stehenden nutzbaren Gutes, seiner mit der Person verbundenen körperlichen bezw. geistigen Arbeitskräfte, durch von der Person unabhängige Vorkommnisse beeinträchtigt wird, unter allen Umständen ein Einkommen zu sichern, welches er sich nach Lage unserer Wirtschaftsordnung auf dem Wege des vom Staate unbeeinflußten privatrechtlichen Arbeitsvertrags zu sichern außer stande wäre.**

Daß Deutschland hinsichtlich der Erfüllung seiner sozialpolitischen Aufgaben, besonders auf dem Gebiete der Arb.V., an der Spitze aller Länder marschiert, wurde teils direkt teils indirekt auf den letzten beiden Kongressen für internationale Arb.V. und von maßgebenden Stimmen des Auslands zugegeben. Dies darf aber den Gesetzgeber nicht abhalten, trotz aller moralischer und erzieherischer Erfolge und trotz der sehr befriedigenden materiellen Ergebnisse in der Praxis (siehe 2. Abschnitt) nach immer größerer Vervollkommnung der J.V.-Gesetzgebung und der gesamten sozialpolitischen Gesetzgebung zu streben, die noch in mancher Beziehung unvollständig ist.

Zweiter Abschnitt.

Die Ergebnisse der Invalidenversicherungsgesetzgebung.

Erster Teil.

Leistungen[1]) der Träger der deutschen Invalidenversicherung.

§ 10.

I. Leistungen im allgemeinen.

Die deutsche J.V., der jüngste Zweig der deutschen Arb.V., kommt dem idealen Ziele der letzteren, einer allgemeinen Volksversicherung, am nächsten, da hier noch weitere Kreise der Bevölkerung in den Bereich der Versicherung gezogen sind, als bei der U.V. und Kr.V. — Obwohl die Zahl der versicherten Personen sich absolut nicht genau angeben läßt, so darf doch mit Sicherheit behauptet werden, daß etwa zwei Drittel der erwerbstätigen Bevölkerung der J.V. unterliegen. Während die Kasseneinrichtungen, die nach den gesetzlichen Bestimmungen zu Trägern der J.V. besonders zugelassen wurden und nicht territorial abgegrenzt sind, Mitgliederverzeichnisse führen und sich also nur für sie die Mitgliederanzahl genau feststellen läßt, bot nur die Berufs- und Gewerbezählung vom 14. Juni 1895 eine gewisse Handhabe zur Ermittelung der Gesamtzahl der Versicherten, nachdem vorher nur die Ergebnisse der Berufsstatistik vom 5. Juni 1882 als Grundlage für Annahme über die Anzahl der Versicherten vorhanden gewesen waren.

Nach Berechnungen des R.V.A.[2]) waren Mitte 1895 überhaupt versichert:

	7707601	männliche Personen
und	4105658	weibliche Personen,
im ganzen	11813259	Personen, wovon
	11265638	Personen bei den V.Anst.
und	547621	Personen bei den K.E.

---

[1]) Vergl. A.N. d. R.V.A.: „Statistik der J.V. für die Jahre 1891—1899"; 1902 Nr. 1 und 4; 1903 Nr. 1 und 4. Laß und Zahn, „Einrichtung und Wirkung der deutschen Arb.V." S. 188 ff.

[2]) Vergl. A.N. d. R.V.A. 1901 1. Beiheft S. 3 und 4; „Arb.-Versorgung" Nr. 21 S. 433 ff.

Ende 1896 waren es 12314000 Personen
„ 1897 „ „ 12486000 „
„ 1898 „ „ 12660000 „
„ 1899 „ „ 12836000 „
„ 1900 „ „ 13015000 „
„ 1901 „ „ 13274000 „

Nimmt man für die Folgezeit den gleichen Vermehrungsfaktor wie in den Jahren 1895—1901 an, so kommt man für Ende 1902 auf die Zahl
13, 5 Millionen.

Dem Berufe nach verteilten sich die versicherungspflichtigen Personen nach Schätzungsberechnungen auf Grund der Berufszählung vom Jahre 1895 folgendermaßen [1]):

	männlich	weiblich	überhaupt
Landwirtschaft	2215809	1590008	3805817
Industrie	4726985	941819	5668804
Handel und Verkehr	573888	309779	883667
Häusliche und öffentliche Dienste	190919	1264052	1454971
Zusammen:	7707601	4105658	11813259.

In Wirklichkeit wird die Zahl der versicherten Personen infolge mangelhafter Beachtung der gesetzlichen Vorschriften seitens der Versicherungspflichtigen, infolge der unstetigen Beschäftigungsdauer, der Arbeitslosigkeit u. a. m. hinter den obigen Angaben etwas zurückbleiben. Doch wir müssen uns, da sie einen einigermaßen sichern Anhalt bieten, im Interesse der weiteren Erörterungen an dieselben halten.

Zur Durchführung der J.V. dienen 31 territoriale V.Anst. und 9 K.E., nämlich 4 Knappschafts- und 5 Eisenbahnpensionskassen. Zu diesen Versicherungsträgern kommt noch als oberste Instanz das R.V.A.

Für eine so umfassende Einrichtung ist natürlich auch eine Masse Personal nötig. Allein der für die Landesversicherungsanstalten [3]) erforderliche Verwaltungsapparat umfaßte am 31. Dezember 1901 bezw. 1900 bezw. 1899 bezw. 1891:

	1901		1900		1899	1891
	V.A.	K.E.	V.A.	K.E.	V.A.	V.A.
I. Organisation:						
1. Mitglieder des Vorstandes . . .	172	97	170	97	159	149
2. Hilfsarbeiter des Vorstandes . .	45	7	42	6	38	29
3. Bureau-, Kassen- und Kanzleibeamte [2])	1992	86	1753	84	1443	578
4. Unterbeamte	181	4	132	26	118	51
5. Mitglieder des Ausschusses . . .	616	— [3])	616	— [3])	610	118
6. Beisitzer bei den unteren Verwaltungsbehörden	12380	—	10727	—	—	—
7. Vertrauensmänner	—	—	—	—	66054	58086

[1]) Vergl. auch L. Laß und Fr. Zahn a. a. O. S. 189.

[2]) Bei der Pensionskasse für die Arbeiter der preußisch-hessischen Eisenbahngemeinschaft, der Arbeiterpensionskasse der Kgl. bayer. Staatseisenbahngesellschaft und der Arbeiterpensionskasse der Kgl. sächs. Staatseisenbahnen besorgen Angestellte der Eisenbahnverwaltung die Geschäfte der Kassen- und Buchführung, welche in obiger Tabelle nicht mitgezählt sind.

[3]) Die K.E. besitzen nach dem J.V.G. keine Kontrollbeamten, keine Ausschüsse und keine mit der Einziehung der Beiträge beauftragten Stellen.

	1901		1900		1899	1891
	V.A.	K.E.	V.A.	K.E.	V.A.	V.A.
8. Kontrollbeamte	348	—[1])	328	—[1])	330	239
9. Schiedsgerichte	90	34	88	30	495	613
10. Schiedsgerichtsbeisitzer	6404	806	2908	420	9376	11188
11. Besondere Markenverkaufsstellen .	5030	—	6421	—	8647	7984
12. In Heilstätten beschäftigte Personen	277	38	224	28	?	?
II. Einziehung der Beiträge:						
1. Mit der Einziehung der Beiträge betraute Knappschafts- oder Krankenkassen	5622	—[1])	5417	—[1])	5370	9578
2. In gleicher Weise wirkende Gemeindebehörden und sonstige von der Landeszentralbehörde bezeichnete Stellen	1574	—[1])	1642	—[1])	2956	
3. Eingerichtete Hebestellen . . .	1	—[1])	1	—[1])	—	—

Nicht mitgerechnet sind hierbei die Ersatzmänner der Vertreter der Arbeitgeber und der Versicherten im Vorstande und im Ausschusse.

Für die Jahre 1891 und 1899 sind die Angaben über das Verwaltungspersonal der K.E. absichtlich weggelassen, weil sie verschiedene der genannten Organe vor der Novelle nicht besaßen und auch die dem R.V.A. zur Kenntnis gelangten Zahlen ungenau sind. Letzteres hat seinen Grund darin, daß erst durch das J.V.G. (§§ 165 Abs. 1 und 173 Abs. 1) die vom R.V.A. erlassenen „Bestimmungen für die Aufstellung der Geschäfts- und Rechnungsergebnisse" vom 1. März 1901 auch für die K.E. bindend gemacht wurden.

Die zur Verwaltung[2]) der J.V. erforderlichen Kosten stiegen im ganzen von 3837912,09 Mk. (V.Anst.: 3722882,40 Mk.; K.E.: 115029,69 Mk.) i. J. 1891, auf 10029089,15 Mk. (V.Anst.: 9387902,50 Mk., K.E.: 641186,65 Mk.) i. J. 1900, und auf 10676061,83 Mk. (V.Anst.: 10039614,32 Mk., K.E.: 636447,51 Mk.) i. J. 1901, also fast auf das Dreifache (bei den K.E. sogar beinahe auf das Sechsfache) seit Bestehen der J.V.

Auch im Verhältnis zu den Einnahmen haben die Verwaltungskosten seit 1891 sich vermehrt.

Es kamen nämlich auf 1000 Mk. der Einnahmen sämtlicher V.Tr.:

Jahr	V.A.			K.E.		V.Tr.		
1891	41	Mk.	bezw.	22	Mk.	40	Mk.	Verwaltungskosten
1892	49	„	„	31	„	48	„	„
1893	49	„	„	36	„	48	„	„
1894	48	„	„	38	„	48	„	„
1895	52	„	„	38	„	51	„	„
1896	52	„	„	37	„	51	„	„
1897	54	„	„	35	„	52	„	„

[1]) Die K.E. besitzen nach dem J.V.G. keine Kontrollbeamten, keine Ausschüsse und keine mit Einziehung der Beiträge beauftragte Stellen.

[2]) Die Verwaltungskosten der Jahre 1900/01 sind mit den Ergebnissen der früheren Jahre aus dem schon oben angegebenen Grunde nicht unbedingt vergleichbar; aus diesem Grunde ist auch von einer Fortsetzung der Tabelle bis zum Jahre 1901 auf Seite 79 Abstand genommen worden.

Jahr	V.A.		K.E.	V.Tr.	
1898	55 Mk.	bezw.	50 Mk.	55 Mk.	Verwaltungskosten
1899	56 „	„	71 „	56 „	„
1900	66 „	„	49 „	64 „	„
1901	66 „	„	46 „	64 „	„

Vergleicht man die Verwaltungskosten mit den Gesamtentschädigungen, so ergeben die Verhältniszahlen von Jahr zu Jahr natürlich ein immer günstigeres Bild.

Es entfallen nämlich auf 1000 Mk. Gesamtentschädigungen an Verwaltungskosten:

im Jahre	im engeren Sinne[1])	im weiteren Sinne[2])
1891	154 Mk.	251 Mk.
1892	127 „	213 „
1893	102 „	177 „
1894	90 „	151 „
1895	82 „	138 „
1896	71 „	125 „
1897	65 „	115 „
1898	65 „	111 „
1899	65 „	109 „

Bei alledem ist jedoch zu beachten, daß die Höhe der Verwaltungskosten wesentlich von der Art der Beitragserhebung und von den für die Kontrolle nötigen Aufwendungen abhängig ist. Ferner haben die Anstalten mit durchschnittlich höheren Lohnklassen naturgemäß einen geringeren Prozentsatz ihrer Einnahmen als Verwaltungsaufwand notwendig, und endlich hängt der Arbeitsumfang der V.Tr. nicht nur von der Zahl der Versicherten ab, sondern in noch stärkerem Maße von der Zahl der eingegangenen Renten- und Beitragserstattungsanträge, welche wieder um so größer ist, je ungünstiger die Altersgruppierung der Versicherten ist.

Trotz des Steigens der Verwaltungskosten, sowohl absolut als auch im Verhältnis zu den Einnahmen, kann doch die finanzielle Entwickelung der J.V.Anst. und besonderen K.E. von 1891 bis jetzt nicht ungünstig genannt werden.

Bevor ich jedoch hierauf näher eingehe, will ich eines vorausschicken:

Durch die Novelle von 1899 hatte der durch das Invaliditäts- und Altersversicherungs-Gesetz von 1889 geschaffene Reservefonds aufgehört zu existieren und die bis Ende 1899 angesammelten Rücklagen zum Reservefonds waren mit dem 1. Januar 1900 dem Sondervermögen der V.Tr. zugeflossen. Das Invaliditäts- und Altersversicherungsgesetz hatte bestimmt, daß der Reservefonds am 31. Dezember 1900 ein Fünftel des Kapitalwerts der bis dahin zu bewilligenden Renten betragen solle; aber da das Gesetz den Verteilungsmodus der dem Reservefonds zuzuführenden Beträge auf die einzelnen Jahre nicht genau geregelt hatte, so hatten sich große Verschiedenheiten in der Höhe der Rücklagen zum Reservefonds ergeben. So schwankte derselbe z. B. Ende des Jahres 1896 bei den V.Anst. zwischen 0 und 34 vom Hundert des Anstaltsvermögens und bei den Kasseneinrichtungen zwischen 0 und 70 vom Hundert und Ende 1898 zwischen 0 und 32 bezw. 59 vom Hundert.

Ein zutreffendes Bild erhält man daher nur, wenn der Reservefonds den

[1]) Zu den Verwaltungskosten im engeren Sinne sind gerechnet: Gehälter, Remunerationen, Vergütung für Schreibhilfe, Tagegelder, Reisekosten, Ersatz für entgangenen Arbeitsverdienst der Vertreter der Arbeitnehmer, Miete für Geschäftsräume, Aufwendungen für Unterhaltung der Dienstgrundstücke, Bureaubedürfnisse, Drucksachen, Porto, Anschaffung und Unterhaltung der Einrichtung ꝛc. (Siehe auch Seite 78 Anm. 2.)

[2]) Zu den Verwaltungskosten im weiteren Sinne sind außerdem noch gerechnet: Die Kosten der Erhebung vor Entziehung oder Gewährung von Renten, Kosten der Schiedsgerichte, Kosten der Beitragserhebung und Kontrolle und Kosten der Rechtshilfe.

Beträgen der allgemeinen Rechnung der V.Anst. und K.E. zugerechnet wird, was bei allen diesbezüglichen statistischen Aufstellungen geschehen ist.

Die finanzielle Entwickelung der J.V. im allgemeinen gestaltete sich folgendermaßen:

Das Gesamtvermögen[1]) aller Versicherungsträger bezifferte sich am Schluß des Jahres 1900 bezw. 1901 auf

845 759 050,99 Mk.,
929 162 189,19 Mk.;

davon kommen auf den Kassenbestand (einschließlich Guthaben bei Bankhäusern ꝛc.)

	13 592 795,75 Mk.	oder	16 ‰,
	13 851 114,89 Mk.	„	15 ‰;
auf Wertpapiere und Darlehen	809 879 694,32 Mk.	oder	958 ‰,
	883 917 525,62 Mk.	„	951 ‰;
und auf Grundbesitz	22 286 560,92 Mk.	oder	26 ‰,
	31 393 539,68 Mk.	„	34 ‰.

Geht man statt vom Ankaufs- oder Auszahlungspreis von dem Bilanzwert aus, so stellt sich das in Wertpapieren und Darlehen angelegte Vermögen um 22 673 378,94 Mk. bezw. 9 248 905,61 Mk. niedriger[2]).

Die Gesamteinnahme eines jeden Jahres stieg von 94 768 063,39 Mk. im Jahre 1891 auf 156 308 662,83 Mk. im Jahre 1900 und auf 165 654 390,58 Mk. im Jahre 1901 und die jährlichen Gesamtausgaben von 13 149 008,49 Mk. auf 73 211 451,66 Mk. bezw. 82 251 261,38 Mk. im gleichen Zeitraum. Der Vermögenszuwachs, der im Jahre 1899 die größte Höhe erreicht hatte, betrug im Jahre 1900 83 097 211,17 Mk. (V.Anst.: 76 074 439,13 Mk., K.E.: 7 022 772,04 Mk.)[3]) und im Jahre 1901 83 403 129,20 Mk. (V.Anst.: 75 643 027,74 Mk., K.E.: 7 760 101,46 Mk.). Die einzelnen Posten der Einnahmen und Ausgaben für das letztere Jahr ergibt folgende Gegenüberstellung:

Einnahmen (im Jahre 1900 und 1901).

	V.A.	K.E.	V.Tr. überhaupt	Jahr
	M	M	M	
Beiträge	117 973 597,50	10 796 819,35	128 770 416,85	1900
	123 492 239,87	11 321 265,48	134 813 505,35	1901
Zinsen	24 588 070,59	2 141 379,53	26 729 450,12	1900
	27 168 714,30	2 477 180,76	29 645 895,06	1901
Miete und Pacht für Grundbesitz	490 401,56	50 996,95	541 398,51	1900
	781 254,22	54 217,21	835 471,43	1901
Strafgelder	233 013,26	—	233 013,26	1900
	305 605,15	156,20	305 761,35	1901
Kursgewinne	27 707,34	705,70	28 413,04	1900
	24 751,72	124,13	24 875,85	1901
Andere nicht vorgesehene Einnahmen	5 716,51	254,54	5 971,05	1900
	28 881,45	0,09	28 881,54	1901
Summe der Einahmen	143 318 506,76	12 990 156,07	156 308 662,83	1900
	151 801 446,71	13 852 943,87	165 654 390,58	1901

[1]) Hierbei ist bei den K.E. nur der Teil des Vermögens eingestellt worden, welcher der reichsgesetzlichen J.V. entspricht; ferner ist der Wert der Inventarien nicht einbegriffen und bei den Wertpapieren nur der Ankaufspreis als maßgebend angenommen worden. — Der Wert der Inventarien betrug beispielsweise im Jahre 1900 1 436 415,74 Mk.

[2]) Siehe auch § 18 und Tabelle XII.

[3]) Siehe Tabelle I und Anmerkung hierzu.

Ausgaben (im Jahre 1900 bezw. 1901).

	V.Anst.	K.E.	V.Tr. überhaupt	Jahr
	M	M	M	
1. Renten	45936623,75	3751059,13	49687682,88	1900
	52392993,34	4713849,69	57106843,03	1901
2. Beitragserstattungen . .	6455091,83	160938,29	6616030,12	1900
	6743222,76	181393,71	6924616,47	1901
3. Heilverfahren	5207249,40	371004,43	5578253,83	1900
	6638221,06	492421,83	7130642,89	1901
4. Invalidenhauspflege (§ 25 J.V.G.[1])	15060,49	—	15060,49	1900
	45079,75	—	45079,75	1901
5. Außerordentliche Leistungen (§ 45 J.V.G.)	47996,48	22472,91	70469,39	1900
	144684,25	48779,06	193463,31	1901
6. Allgemeine Verwaltung .	5234180,49	580875,61	5815056,10	1900
	5599072,53	569448,84	6168521,37	1901
a) Gehälter, Belohnungen 2c. der Beamten 2c. (mit Ausschluß d. Kontroll-beamten)	3523568,61	317585,57	3841154,18	1900
	3802433,28	333944,14	4136377,42	1901
b) Vergütungen (Tagegelder und Reisekosten, Ersatz für entgangenen Arbeitsverdienst)	105297,09	79490,27	184787,36	1900
	119091,25	86690,07	205781,32	1901
c) Aufwendungen für Geschäftsräume	562685,43	71427,98	634113,41	1900
	621838,02	78621,78	700459,80	1901
d) Bureau- und Kassenbedürfnisse	685229,51	92838,30	778067,81	1900
	635504,03	67430,29	702934,32	1901
e) Inventarien	148701,48	2599,08	151300,56	1900
	220880,43	2535,01	223415,44	1901
f) Beiträge zu Pensions-, Witwen- u. Waisenkassen sowie sonstige Versicherungsbeiträge (für Kr.-, U.-, J.V.)	93570,55	467,32	94037,87	1900
	97640,38	479,50	98119,88	1901
g) Pensionen und Unterstützungen für ausgeschiedene Beamte und deren Hinterbliebene	13678,50	2187,09	15865,59	1900
	15937,63	2318,33	18255,96	1901
Uebertrag	62896202,44	4886350,37	67782552,81	1900
	71563273,69	6005893,13	77569166,82	1901

[1]) Nur vier Versicherungsanstalten (Thüringen, Braunschweig, Oldenburg, Württemberg) hatten im Jahre 1900 Ausgaben für Invalidenhauspflege. Im Jahre 1901 kamen noch hinzu Bayern, Sachsen, Westfalen und Berlin (letzteres allein mit 27376,15 Mk.).

	V.A.	K.E.	V.Tr. überhaupt	Jahr
	ℳ	ℳ	ℳ	
Uebertrag	62 896 202,44	4 886 350,37	67 782 552,81	1900
	71 563 273,69	6 005 893,13	77 569 166,82	1901
h) Andere nicht vorgesehene Ausgaben	101 449,32	14 280,00	115 729,32	1900
	85 747,51	— 2 570,28 [1])	83 177,23	1901
7. Erhebungen bei Gewährung oder Entziehung v. Renten u. bei Beitragserstattungen	826 445,67	5 731,35	832 177,02	1900
	972 095,92	6 558,35	978 654,27	1901
8. Rentenstellen [2])	—	—	—	1900
	—	—	—	1901
9. Schiedsgerichte, Beschwerde-, Berufungs- und Revisionsverfahren . .	396 098,70	7 942,07	404 040,77	1900
	450 917,60	9 448,44	460 366,04	1901
10. Beitragserhebung und Kontrolle	2 929 130,55	46 637,62 [3])	2 975 768,17	1900
	3 016 147,55	50 991,88	3 067 139,43	1901
11. Rechtshilfe (§ 172 Abs. 2 Invalidenversicherungsgesetz)	2 047,09	— [4])	2 047,09	1900
	1 380,72	—	1 380,72	1901
12. Kursverlust	39 272,06	677,35	39 949,41	1900
	20 760,21	904,55	21 664,76	1901
13. Abschreibungen [5]) . . .	141 054,39	17 000,00	158 054,39	1900
	124 296,18	19 000,00	143 296,18	1901
14. Andere nicht vorgesehene Ausgaben	13 816,73	1 003 045,27 [6])	1 016 862,00	1900
	9 547,10	46,06	9 593,16	1901
Summe der Ausgaben . .	67 244 067,63	5 967 384,03	73 211 451,66	1900
	76 158 418,97	6 092 842,41	82 251 261,38	1901

Die Steigerung gegen das Vorjahr betrug auf je 100 Mk. des Vorjahres bei

Jahr	den Einnahmen	den Ausgaben	dem Vermögen
1892	5,0	38,3	99,7
1893	4,1	19,4	50,3
1894	6,3	20,9	24,3
1895	5,4	21,0	25,6
1896	7,6	22,1	20,8
1897	5,0	16,6	17,2
1898	6,1	15,8	14,8
1899	8,7	15,2	13,5
1900	3,3	21,1	10,9
1901	6,0	12,3	9,9

[1]) Der negative Betrag rührt daher, daß infolge einiger im Vorjahre verausgabter und im Jahre 1901 wieder vereinnahmter Beträge die Einnahme höher als die Ausgabe war.

[2]) Rentenstellen waren bis Ende 1901 noch keine errichtet.

[3]) Nur die Norddeutsche Knappschaftspensionskasse hatte in den Jahren 1900 und 1901 diese Ausgaben; die übrigen K.E. wiesen für 1900 und 1901 hiervon keine auf, weil sie keine Beitragserhebungsstellen 2c. besitzen (siehe A.N. d. R.V.A. 18. Jahrg. S. 125).

[4]) Diesbezügliche Ausgaben waren im Jahre 1900 und 1901 keine vorhanden.

[5]) Für 1900 hatten 14 Versicherungsanstalten und K.E. und für 1901 13 Versicherungsanstalten und K.E. (von letzteren in beiden Jahren nur die Norddeutsche Knappschaftspensionskasse) Abschreibungen an Grundbesitz zu verzeichnen.

[6]) Hiervon kommen auf die Pensionskasse für die Arbeiter der preußisch-hessischen Eisen-

Diese Uebersicht ergibt eine bedeutende Abnahme der Vermögenssteigerung seit Bestehen der J.V. und auch bei der Steigerung der Ausgaben läßt sich eine solche erkennen [1]); dagegen war die Mehrung der Einnahmen von Jahr zu Jahr während des Bestehens der J.V. im Verhältnis zu den Einnahmen des jeweiligen Vorjahres im Durchschnitte sich ungefähr gleichbleibend. Auch im Verhältnis zu den Einnahmen fiel der Vermögenszuwachs von 861 Mk. von 1000 Mk. der Gesamteinnahmen (1891) auf 601 Mk. (1899).

Der Anteil der Beiträge, Zinsen und sonstigen Einnahmen an der Einnahmesumme überhaupt mußte sich natürlich seit 1891 zu Ungunsten der ersteren nicht unbedeutend verschieben. Und zwar erscheint, hauptsächlich in den letzten Jahren, bei den Beiträgen als Anteilsabnahme, was bei Zinsen, Miete und Pacht als Anteilszunahme zu Tage tritt, während sich der Anteil der „sonstigen Einnahmen" (siehe S. 80), besonders in der letzten Zeit, ungefähr auf dem gleichen Niveau bewegt.

Es kommen nämlich von 1000 Mk. der Einnahmen aller V.Tr. auf

Jahr	Beiträge	Zinsen, Miete, Pacht	Sonstige Einnahmen
1891	992 Mk.	8 Mk.	0 Mk.
1892	961 „	37 „	2 „
1893	935 „	63 „	2 „
1894	908 „	86 „	6 „
1895	884 „	107 „	9 „
1896	875 „	123 „	4 „
1897	860 „	137 „	3 „
1898	848 „	149 „	3 „
1899	841 „	157 „	2 „
1900	824 „	174 „	2 „
1901	814 „	184 „	2 „

Die Verteilung der Ausgaben auf Entschädigungsleistungen, Verwaltungskosten und sonstige Ausgaben ergibt für die Periode von 1891—1901 folgendes Bild:

Jahr	Entschädigungen (Renten 2c.)	Verwaltungskosten	Sonstige Ausgaben
1891	703 Mk.	292 Mk.	5 Mk.
1892	734 „	263 „	3 „
1893	768 „	228 „	4 „
1894	795 „	200 „	5 „
1895	809 „	185 „	6 „
1896	826 „	165 „	9 „
1897	840 „	152 „	8 „
1898	849 „	146 „	5 „
1899	853 „	142 „	5 „
1900	846 „	137 „	17 [2]) „
1901	868 „	130 „	2 „

bahngemeinschaft allein 1000043,65 Mk., was auf einer einmaligen Entschädigung von 1000000 Mk. der Abteilung A der Kasse an die Abteilung B auf Grund des § 65 Abs. 7 der Satzungen der Pensionskasse beruht (vergl. A.N. d. R.V.A. 18. Jahrg. Nr. 1 S. 132).

[1]) Die im Verhältnis zu den vorausgehenden Jahren überaus hohe Steigerung der Ausgaben im Jahre 1900 ist auf den Einfluß des in diesem Jahre zum erstenmal in Wirkung getretenen Invalidenversicherungsgesetzes zurückzuführen, welches unter anderem den Rentenbezug erleichterte und die Renten erhöhte.

[2]) Diese enorme Abweichung von der gewöhnlichen Höhe der „Sonstigen Ausgaben" in den übrigen Jahren beruht auf einer einmaligen Ausgabesumme seitens der Pensionskasse der preußisch-hessischen Eisenbahngemeinschaft (siehe S. 82 Anm. 6).

Während demnach die Entschädigungsleistungen relativ eine bedeutende Zunahme erfuhren, nahm der Anteil der Verwaltungskosten an den Gesamtausgaben von Jahr zu Jahr ab. Die übrigen Ausgaben wahrten — von unbedeutenden Schwankungen abgesehen — immer das gleiche Verhältnis zu den Gesamtausgaben, etwa 5—6‰.

Vergleicht man die Gesamteinnahmen mit den Gesamtausgaben, so erhält man für letztere eine immer steigende Größe. Es entfallen nämlich auf 1000 Mk. aller Einnahmen in den Jahren:

Jahr	Ausgaben	und zwar: Entschädigungen	Verwaltungskosten	Sonstige Ausgaben
1891	139 Mk.	98 Mk.	40 Mk.	1 Mk.
1892	183 „	134 „	48 „	1 „
1893	210 „	161 „	48 „	1 „
1894	239 „	190 „	48 „	1 „
1895	274 „	222 „	51 „	1 „
1896	311 „	257 „	51 „	3 „
1897	345 „	290 „	52 „	3 „
1898	377 „	320 „	55 „	2 „
1899	399 „	341 „	56 „	2 „
1900	468 „	396 „	72 „	8[1]) „
1901	496 „	431 „	66 „	1 „

Bei einem Blick auf die allgemeine Vermögensentwickelung der Versicherungsträger sehen wir die beiden äußerst stark differierenden Summen von 81,6 Mill. Mk. und 929,2 Mill. Mk. als anfänglicher und augenblicklicher Stand der Entwickelung sich gegenüberstehen (siehe Tabelle I). Diese enormen Unterschiede der Vermögensbestände sind, so unwahrscheinlich dies klingen mag, unter gleichmäßigem Wachsen des Vermögens zustande gekommen. Eine Betrachtung unserer Tabelle I liefert das überraschende Resultat, daß der jährliche Vermögenszuwachs bei den Versicherungsanstalten allein ungefähr um 76 Mill. Mk. und bei sämtlichen Versicherungsträgern um etwa $84^{1}/_{2}$ Mill. Mk. schwankt. Auch die letzte Novelle, die bedeutenden Aufwendungen für das Heilverfahren, u. s. f. haben an dieser stetigen Entwickelung nicht zu rütteln vermocht. Die Befürchtung, daß die Beiträge bald erhöht werden müßten, dürfte daher vorläufig noch grundlos sein. Dagegen dürfte es bald an der Zeit sein, dem Gemeinvermögen weitere Mittel zuzuführen, falls man seine Existenz erhalten will.

Die finanzielle Entwickelung des Gemein- u. Sondervermögens war nämlich bis jetzt folgende:

Der Anteil des Gemeinvermögens an den Beitragseinnahmen betrug:

1900	51 508 166,74 Mk.
1901	53 925 402,13 „
1902	55 594 311,91 „

und der Anteil desselben an den gezahlten Renten:

1900	38 574 139,00 Mk.
1901	43 760 233,37 „
1902	50 003 563,46 „

Einem Steigen des Rentenanteils des Gemeinvermögens von rund 11 Mill. Mk. steht also in dem Zeitraum 1900—1902 eine Erhöhung der Beitragseinnahmen um nur 4 Mill. Mk. gegenüber. Berücksichtigt man noch die

---

[1]) Siehe S. 83 Anm. 2.

dem Gemeinvermögen gutzuschreibenden Zinsen, so erhalten wir für dieses nach Abzug der Rentenanteile in den betr. Jahren für 1900—1902 folgende Beträge:

1900	13513494,61 Mk.
1901	24681729,03 „
1902	31638365,37 „

Während also noch 1901 dem Gemeinvermögen ein Ueberschuß von 13,51 Mill. Mk. aus der Gemeinlast verblieb, betrug der Zuwachs des Gemeinvermögens im Jahre 1901 nur mehr 11,17 Mill. Mk. und 1903 sogar nur 6,95 Mill. Mk. Gleichzeitig stieg aber 1901 die Gemeinlast um 5,19 Mill. Mk. und 1902 um 6,24 Mill. Mk. — Da nun mit großer Wahrscheinlichkeit ein weiteres Wachsen der Gemeinlast in den nächsten Jahren in Aussicht steht, so ist zu erwarten, daß schon in wenigen Jahren die Reserven zur Deckung der Gemeinlast herangezogen werden müssen und da diese bis dahin nicht bedeutend angewachsen sein können, so würden auch diese in sehr kurzer Zeit aufgebraucht und somit das Gemeinvermögen erschöpft sein[1]). — Eine für das Gemeinvermögen günstigere Gestaltung der Verteilung der Gemein- und Sonderlast wird daher ebenfalls bei einer Abänderung des bestehenden Gesetzes in Erwägung zu ziehen sein und zwar in dem Sinne, wie es der Entwurf vom 19. Januar 1899 beabsichtigte, womit aber die verbündeten Regierungen im Reichstage trotz aller Bemühungen nicht durchdrangen. (Siehe Seite 63 und 66.)

Die Entwickelung des Sondervermögens ist weitaus günstiger:

	1900	1901
Einnahmen	104221029,22 Mk.	111122327,66 Mk.
Ausgaben	34637312,66 „	38482028,01 „
Vermögenszuwachs . .	69583716,56 „	72640299,65 „

Dazu kommt, daß auch der weitaus größte Teil der Zinsen dem Sondervermögen zufloß, nämlich

1900	26729450,12 Mk.
1901	29645895,06 „

Die Vermögensentwickelung bei den einzelnen Versicherungsträgern ist sehr verschiedenartig gewesen. Während die Anstalten mit vorwiegend industrie- und handeltreibender Bevölkerung und hohen Löhnen so hohe Ueberschüsse erzielten, daß eine Verringerung der Beiträge oder sogar eine zeitweilige Abschaffung derselben möglich gewesen wäre, hatten die Anstalten in Gegenden mit vorwiegend ackerbautreibender Bevölkerung und niedrigen Löhnen unter einem starken Defizit zu leiden oder besaßen wenigstens nur geringes aktives Kapital zur Deckung der Renten.

Die Motive zum Gesetzentwurfe von 1899 hatten z. B. für den 1. Januar 1900 folgende Berechnung der Differenz des Vermögensbestandes und des Deckungskapitals der laufenden Renten aufgestellt: (Siehe Tabelle II).

Während hiernach Ostpreußen am 1. Januar 1900 mit einem Fehlbetrage von 10,2 Mill. Mk., Niederbayern mit einem solchen von 1,3 Mill. Mk. abgeschlossen hätte, wäre bei der Versicherungsanstalt Berlin ein Ueberschuß von 39,6 Mill. Mk., bei der rheinischen Versicherungsanstalt sogar ein solcher von 52,0 Mill. Mk. zu verzeichnen gewesen.

Die Hauptgründe dieser Verschiedenartigkeit sind schon bei der Besprechung der J.V.-G. dargelegt worden. Desgleichen war geschildert worden, wie die Novelle von 1899 die Grundlage zu einem Ausgleiche zu schaffen

[1]) Vergl. C. Leicht, „Die finanzielle Gestaltung des Gemein- und Sondervermögens der Versicherungsanstalten", Arb.V. 20. Jahrg. S. 505 ff.

versucht hatte. Dieser Ausgleich ist — nach Untersuchungen von dem Vorsitzenden der Versicherungsanstalt „Rheinprovinz", Landesrat Brandts[1]), sowie auch nach Mitteilungen des R.V.A.[2]) — teilweise schon gelungen, und das neue Gesetz hat mit der anderweiten Verteilung der Rentenlast schon recht gute Resultate erzielt.

Während nämlich in den früheren Jahren sämtliche Versicherungsanstalten gleichmäßig mit einer jährlichen Steigerung der Rentenlasten von 10—16 % zu rechnen hatten, ist im Jahre 1900, dem ersten Jahre seit Inkrafttreten des Gesetzes, namentlich bei den östlichen Anstalten, in den landwirtschaftlichen Landkreisen nicht nur keine Steigerung, sondern sogar eine bedeutende Abnahme der Rentenlast eingetreten, was auch im Jahre 1901 anhielt, während gleichzeitig der Anteil der Sondervermögen im allgemeinen an dem Rentenzugang im Jahre 1901 stieg.

Der Anteil des Reichs, des Gemein- und Sondervermögens an den im Jahre 1900 bezw. 1901 bezw. 1902 zugegangenen Renten gestaltete sich nämlich bei einem Kapitalwert von 1000 Mk. folgendermaßen:

	1900	1901	1902
Auf das Reich entfielen nach § 35 des Gesetzes	350 Mk.	340 Mk.	332 Mk.
Auf das Reich entfielen nach § 40 des Gesetzes	1 „	1 „	2 „
Auf das Gemeinvermögen entfielen	488 „	487 „	482 „
Auf die Sondervermögen entfielen	161 „	172 „	184 „
Summe:	1000 Mk.	1000 Mk.	1000 Mk.

Der Reichszuschuß ist also im Verhältnis zu den Gesamtzahlungen 1901 und 1902 weitergesunken und der Anteil der Sondervermögen weitergestiegen. Von den gesamten Rentenzahlungen hatten zu tragen:

Das Reich	37 849 336,36	Mk. oder	36,5 %	im Jahre	1902,
gegen	33 870 185,26	„ „	37,2 %	„ „	1901,
gegen			38,1 %	„ „	1900,
das Gemeinvermögen	50 003 563,46	Mk. oder	48,1 %	„ „	1902,
gegen	43 769 233,37	„ „	48,1 %	„ „	1901,
gegen			47,9 %	„ „	1900,
die Sondervermögen	16 031 308,80	Mk. oder	15,4 %	„ „	1902,
gegen	13 337 826,42	„ „	14,7 %	„ „	1901,
gegen			14,0 %	„ „	1900.

Die Versicherungsanstalten, die durch das Verteilungsverfahren entlastet wurden, sind in den Jahren 1900, 1901 und 1902 nicht nur dieselben, sondern auch die Entlastung ist verhältnismäßig in diesen Jahren nahezu dieselbe geblieben, wie folgende Uebersicht lehrt:

Es wurden entlastet in den Jahren:

Versicherungsanstalt		1902 %	1901 %	1900 %
Ostpreußen	um	46	48	49
Niederbayern	„	39	41	44
Westpreußen	„	35	38	37
Posen	„	34	35	35
Oberpfalz	„	25	30	30
Unterfranken	„	27	28	27

[1]) Vergl. „Soziale Praxis" 10. Jahrg. S. 1046.

[2]) A.N. d. R.V.A. 18. Jahrg. Nr. 9 S. 565 ff.

Versicherungsanstalt		1902	1901	1900
		%	%	%
Oberfranken	um	28	28	26
Schlesien	„	26	27	27
Schleswig-Holstein	„	23	26	27
Mecklenburg	„	21	24	25
Pommern	„	22	23	24

Dagegen zeigen diejenigen Versicherungsanstalten, die mehr belastet sind, größere Unterschiede in den Verhältniszahlen. So wurde beispielsweise belastet[1]):

	1902	1901	1900
	%	%	%
Die Arbeiterpensionskasse für die badischen Staatseisenbahnen und Salinen mit	153	167	157
Die Versicherungsanstalt „Berlin“ mit	73	99	121
Die Versicherungsanstalt „Hansestädte“ mit . . .	92	98	89
Die Pensionskasse für die Arbeiter der Reichseisenbahnverwaltung mit	82	93	93
Die Arbeiterpensionskasse der sächsischen Staatseisenbahnen mit	82	91	115
Der Saarbrücker Knappschaftsverein mit . . .	5	69	92
Die Arbeiterpensionskasse der bayerischen Staatseisenbahnverwaltung mit	65	69	74
Der allgemeine Knappschaftsverein zu Bochum mit	42	47	60
Die Versicherungsanstalt „Königreich Sachsen“ mit	36	36	31
Die Pensionskasse für die Arbeiter der preußisch-hessischen Eisenbahngemeinschaft mit . . .	28	32	37

Insgesamt waren im Jahre 1902 2174796,32 Mk. Kapitalwerte für Renten auszutauschen, gegen 1680675,43 Mk. im Jahre 1901 und 1293372,44 Mk. im Jahre 1900, oder wenn man die Forderungen der einzelnen Versicherungsanstalten mit ihren Verpflichtungen ausgleicht,

362781,57 Mk. im Jahre 1902 gegen
313046,60 „ „ „ 1901 und
277297,98 „ „ „ 1900[2]).

Diese Anbahnung eines Vermögensausgleichs läßt hoffen, daß die Leistungen der Invalidenversicherungsanstalten sich nun allmählich gleichmäßiger gestalten werden.

Natürlich hatten die günstig gestellten Anstalten mit ihren relativ hoch gelohnten Versicherten durchschnittlich höhere Rentenbeträge zu zahlen, als die finanziell ungünstig gestellten mit niedrig gelohnten Versicherten. Beispielsweise gewährte Berlin 1899 und 1900 eine durchschnittliche J.R. von 143,85 Mk. bezw. 154,40 Mk., die hanseatische Versicherungsanstalt sogar eine solche von 144,44 Mk. bezw. 155,24 Mk., Ostpreußen dagegen nur eine J.R. von 123,71 Mk. bezw. 129,35 Mk. — Aber auch bezüglich der freiwilligen Leistungen (z. B. Heilbehandlung, Bau von Arbeiterwohnungen ꝛc.) zeigt sich, wie wir noch sehen werden, ein bedeutender Unterschied zwischen den besser und den schlechter situierten Anstalten. Erstere vermochten infolge ihrer größeren wirtschaftlichen Potenz seither mehr und Umfassenderes zu leisten, als letztere, die teilweise vor der Novelle sogar froh sein konnten, wenn sie auf die Dauer ihren gesetzlichen Verpflichtungen nachkommen konnten.

[1]) A.N. d. R.V.A. 18. Jahrg. Nr. 9 S. 565 ff.
[2]) Siehe auch S. 109/110.

§ 11.

II. Einnahmen der Versicherungsträger.

1. Die Einnahmen aus Beiträgen.

Die Gesamteinnahmen aus Beiträgen stellten sich:

im Jahre	bei den Versicherungsanstalten Mk.	den K.E. Mk.	den Versicherungsträgern überhaupt Mk.
1891	88886971,06	5085158,32	93972129,38
1892	88530623,30	7112177,70	95642801,00
1893	89892206,72	7016778,18	96908984,90
1894	92730431,28	7305217,77	100035649,05
1895	95351893,17	7369043,89	102720937,06
1896	101526395,51	7609201,15	109135596,66
1897	104666528,71	8145913,73	112812442,44
1898	109386992,41	8565180,12	117952172,53
1899	118303793,84	8959219,32	127263013,16
1900	117973597,50	10796819,35	128770416,85
1901	123492239,87	11321265,48	134813505,35
1891—1901	1130741673,37	89285975,01	1220027648,38

Die außergewöhnlich große Zunahme der Beitragseinnahmen der K.E. im Jahre 1892 gegenüber dem vorangehenden Jahre, welche das Gegenstück ist zu der Abnahme bei den Versicherungsanstalten, rührt von der Zulassung des „Allgemeinen Knappschaftsvereins zu Bochum" als besondere K.E. her.

Der Rückgang, den die Einnahme aus Beiträgen bei den Versicherungsanstalten im Jahre 1900 gegen das Vorjahr aufweist, hängt eng zusammen mit dem großen Anwachsen dieser Einnahmen von 1898 auf 1899. Mehrere Versicherungsanstalten hatten nämlich durch einen Hinweis auf § 146 des Invalidenversicherungsgesetzes, wodurch eine Verwendung von Marken für zurückliegende Zeiten wesentlich eingeschränkt worden ist, dafür Sorge getragen, daß gegen Ende des Jahres 1899 Beiträge noch auf eine längere Reihe von Jahren zurück verwendet wurden, was, soweit das Einzugsverfahren bestand, auch glückte, während dies den Anstalten mit Entrichtungsverfahren aus nahe liegenden Gründen nicht gelingen konnte[1]).

Dadurch stieg die Beitragseinnahme 1899 auf eine solche Höhe, daß trotz der Einführung der fünften Lohnklasse und der Ausdehnung der Versicherungspflicht auf weitere Kreise dieselbe im Jahre 1900 nicht erreicht werden konnte[2]). Bei den K.E., die von dieser Art der Beitragsleistung fast völlig unberührt blieben, finden wir daher nicht nur keine Abnahme, sondern sogar die gewaltige Zunahme von 20,5 % gegen das Vorjahr 1899, wovon wohl die Einführung der fünften Lohnklasse die Hauptursache sein wird. Daß diese Annahme betreffs der Abnahme der Beitragseinnahmen richtig sein dürfte, geht auch daraus hervor, daß im Jahre 1901 die Beitragseinnahmen nur bei der Versicherungsanstalt Posen, der Arbeiterpensionskasse der bayerischen Staatseisenbahnverwaltung und der Arbeiterpensionskasse der sächsischen Staatseisenbahnen — und auch bei diesen nur wenig — zurückgegangen sind. — Auch die letzten A.N. d. R.V.A. für das Jahr 1902 lassen ein weiteres Steigen

[1]) Vergl. auch **Düttmanns** Aufsatz in „Die J. u. A.V. im Deutschen Reich" 11. Jahrg. S. 81 ff.

[2]) Auch die **Zahl** der Wochenbeiträge blieb im Jahre 1900 um 21077616 Stück oder 3,8 vom Hundert der Wochenbeiträge hinter der Stückzahl derselben im Jahre 1899 zurück.

[3]) Vergl. A.N. d. R.V.A. 19. Jahrg. Nr. 8 S. 481.

der Beitragseinnahmen ersehen. Die jüngsten Berechnungen ergeben nämlich die Summe von 138985779,73 Mk. oder ein Mehr von 4 Mill. Mk. gegen das Vorjahr. — Eigentümlich ist bei der absoluten Gesamtmehreinnahme der Versicherungsträger an Beiträgen ein — wenn auch nicht erheblicher — Rückgang der Beitragseinnahmen bei allen K.E. außer dem Saarbrücker Knappschaftsverein und der Arbeiterpensionskasse für die badischen Staatseisenbahnen und Salinen. Diese Erscheinung, die bereits im Vorjahre außer bei 2 K.E. auch bei 1 Versicherungsanstalt zu Tage trat, dürfte wohl auf die 1902 noch stark herrschende Wirtschaftskrise zu Beginn des Jahrhunderts und die damit verbundene Zunahme der Arbeitslosigkeit zurückzuführen sein.

Allein nicht nur die absolute Zahl der Beitragseinnahmen stieg seit 1891 bedeutend, sondern auch die durchschnittliche Höhe des Wochenbeitrags nahm bei den Versicherungsanstalten (für die K.E. fehlen die Angaben bis 1899) seit Bestehen der J.V. stetig zu und zwar von 20,81 Pfg. (1891) bis 22,80 Pfg. (1901) und belief sich bei den K.E. in den Jahren 1900 und 1901 auf 29,89 Pfg. und 30,17 Pfg.

Schon diese Tatsache beweist, daß seit Inkrafttreten des Invalidenversicherungsgesetzes die Einzahlungen in die höheren Versicherungsklassen sich bedeutend vermehrt haben müssen. Noch deutlicher aber wird dies, wenn wir die Verteilung der Einnahmen aus Beiträgen und der Zahl der entrichteten Beiträge bei den 31 Versicherungsanstalten über die einzelnen Lohnklassen während des Zeitraumes von 1891 bis 1901 verfolgen[1]).

Jahr	A Von 100 Mk. der Gesamteinnahme aus Beiträgen entfallen in den nebenbezeichneten Jahren bei den 31 Versicherungsanstalten auf die Lohnklasse					B Von 1000 eingezahlten Beiträgen entfallen in den nebenbezeichneten Jahren auf die Lohnklassen				
	I	II	III	IV	V	I	II	III	IV	V
	M	*M*	*M*	*M*	*M*					
1891	17,06	36,87	24,98	21,09	—	253	384	217	146	—
1892	15,78	38,69	25,72	19,86	—	235	404	223	138	—
1893	15,31	37,79	26,57	20,33	—	229	397	232	142	—
1894	15,32	37,57	26,65	20,46	—	230	394	233	143	—
1895	15,12	37,21	26,86	20,81	—	227	392	235	146	—
1896	14,59	36,40	27,29	21,72	—	221	385	241	153	—
1897	14,06	35,49	27,35	23,10	—	214	379	243	164	—
1898	13,34	34,35	27,21	25,10	—	206	370	244	180	—
1899	12,82	33,27	26,92	26,99	—	199	361	244	196	—
1900	11,73	30,34	25,27	21,07	11,59	189	342	238	158	73
1901	10,90	29,40	25,09	21,35	13,26	179	336	239	162	84

[1]) Bei den K.E. entfielen in den Jahren:

Jahr	von 100 Mk. Beiträgen auf die Lohnklassen					und von 1000 Stück der eingezahlten Beiträge auf die Lohnklassen				
	I	II	III	IV	V	I	II	III	IV	V
	M	*M*	*M*	*M*	*M*					
1900	0,47	3,57	25,85	19,69	50,42	10	53	322	196	419
1901	0,49[2])	2,99	24,29	20,06	52,17	11[2])	45	305	202	437

Der Anteil an den Gesamtbeiträgen nimmt also bei der ersten Lohnklasse, wenn wir von der geringen Zunahme im Jahre 1894 absehen, konstant ab[2]). Das Gleiche gilt von der zweiten Lohnklasse. Betreffs der letzteren ist die Steigerung im Jahre 1892 darauf zurückzuführen, daß in diesem Jahre vielfach die irrtümlich im Jahre 1891 verwendeten Marken erster Lohnklasse nachträglich durch solche zweiter Lohnklasse anläßlich des Umtauschs der Quittungskarten Nr. 1 ersetzt wurden[3]). — Bei der dritten und vierten Lohnklasse haben wir eine stetige Zunahme bis 1899 und wir hätten sie bei Beibehaltung der vier Lohnklassen zweifellos auch für 1900 zu verzeichnen, da die Abnahme bei der dritten und vierten Lohnklasse im Jahre 1900 wohl sicher zugunsten der neuentstandenen fünften Lohnklasse geschah, deren Anteil an den Beitragsleistungen seit der kurzen Zeit ihres Bestehens schon ganz erheblich gewachsen ist, wie die Tabelle auf Seite 89 zeigt. Dieses relative Steigen der Beitragseinnahmen aus den drei höheren Klassen ist sicher ein Zeichen der verbesserten Lohnverhältnisse und vom wirtschaftlichen Gesichtspunkte betrachtet außerdem noch deshalb sehr erfreulich, weil den Beiträgen in den höheren Lohnklassen auch höhere Renten entsprechen.

Die Zahl der verkauften Doppelmarken war anfangs sehr gering, hat sich dann aber (abgesehen vom Jahre 1892, wo sie niedriger war als im Jahre 1891) von Jahr zu Jahr erhöht und betrug im Jahre 1899 1,5 von 1000 Stück der bei den Versicherungsanstalten vereinnahmten Gesamtbeiträge.

Bezüglich des Austausches der Quittungskarten zwischen den einzelnen Versicherungsanstalten überwiegen bei den Anstalten, aus deren Bezirk mehr Personen auswandern als in denselben einwandern, wie Ostpreußen, Westpreußen, Pommern, Schlesien, die von fremden Versicherungsanstalten eingesandten eigenen Karten; bei den Anstalten dagegen, in deren Bezirk der Zuzug den Wegzug übersteigt, gehen mehr fremde an andere Anstalten weiterzusendende Karten ein, als von diesen kommen. Besonders hoch ist der Kartenaustausch bei der Versicherungsanstalt Berlin, wo beispielsweise im Jahre 1899 128 960 fremde Quittungskarten abgesandt wurden und 60 385 eigene Quittungskarten eingingen. Mit anderen Worten: In diesem Jahre betrug der durch den Eingang der Quittungskarten in die Erscheinung tretende Zuzug von versicherten Personen nach Berlin 128 960 und der Wegzug von Berlin 60 385.

§ 12.

2. Einnahmen aus Zins, Miete und Pacht, Strafgelder, Kursgewinn u. s. f.

Die aus den Beiträgen angesammelten Kapitalien werden, soweit sie nicht zur Bestreitung von Ausgaben dienen, in Schuldverschreibungen des deutschen Reichs, deutscher Bundesstaaten, kommunaler Körperschaften (Provinzen, Kreise, Gemeinden) 2c. zinstragend angelegt[4]). Mit Genehmigung der zuständigen Behörden ist auch eine teilweise Anlage in anderen zinstragenden Papieren, Darlehen oder

---

Für 1891—1899 können keine Angaben gemacht werden. Gleichwohl kann man annehmen, daß bei den K.E. in diesem Zeitraume die Verteilung der Beitragsleistungen auf die einzelnen Lohnklassen nach Höhe und Stückzahl derselben von Jahr zu Jahr sich ähnlich gestaltete wie bei den Versicherungsanstalten.

[2]) Bei den K.E. (siehe S. 89 Anm. 1) zeigt auch im Jahre 1901 die erste Lohnklasse eine geringe Steigerung des Anteils an der Beitragshöhe und Stückzahl, die jedenfalls nur vorübergehend ist und mit der gleichzeitigen Wirtschaftskrise im Zusammenhang stehen dürfte.

[3]) Siehe Statistik der J.V. von 1891—1899 A.N. d. R.V.A. S. 7.

[4]) Siehe § 18.

Grundstücken erlaubt, dagegen Kapitalanlagen in Industriepapieren oder ausländischen Werten wegen des größeren Risikos ausgeschlossen. Infolge dessen müssen sich die Versicherungsanstalten mit einer im Verhältnis zu anderen ähnlichen Einrichtungen geringeren Verzinsung begnügen. Der jährliche Zinsertrag vom Hundert des Ankaufspreises betrug für das Gesamtkapital der 31 Versicherungsanstalten[1]) im Durchschnitt:

1891	3,67
1892	3,67
1893	3,66
1894	3,65
1895	3,58
1896	3,53
1897	3,49
1898	3,49
1899	3,50
1900	3,53
1901	3,56;

für das gesamte Kapital der K.:E. betrug er im Jahre 1900 bezw. 1901 durchschnittlich 3,50 bezw. 3,56 und für das Kapital aller Versicherungsträger in denselben Jahren (1900 und 1901) 3,53 bezw. 3,56.

Bei den einzelnen Versicherungsträgern schwankte der jährliche Zinsertrag vom Hundert des Ankaufs- oder Auszahlungspreises im Jahre 1901 zwischen 3,81 (Niederbayern) und 3,30 (Pensionskasse für die Arbeiter der Reichseisenbahnverwaltung). Im allgemeinen war der jährliche Zinsertrag bei den industriellen Versicherungsanstalten und den K.E. (außer der norddeutschen Knappschaftspensionskasse)[2]) im Jahre 1900 relativ am niedrigsten[3]).

An Kursgewinnen wurden von sämtlichen V.Tr. bis Ende 1901 im ganzen 2439678,37 Mk. erzielt, und die Kursverluste betrugen bis zu dem gleichen Zeitpunkte 449232,16 Mk. Die ersteren haben ihren Kulminationspunkt im Jahre 1895 mit 845254,03 Mk. und weisen bei Beginn der J.V. im Jahre 1891 mit 15719,95 Mk. und im Jahre 1901, dem letzten Jahre der Beobachtung, mit 24875,95 Mk. die geringsten Beträge auf. Die Kursverluste sind ebenfalls in den Anfangsjahren des Bestehens der J.V., besonders von 1892—1894, gering, erreichen dann in den beiden folgenden Jahren ihre durchschnittliche Höhe, steigen dann aber im Jahre 1897 auf das Dreifache derselben, um schließlich in den letzten Jahren wieder zu ihrer normalen Höhe herabzusinken. Der Ueberschuß der Kursgewinne über die Kursverluste war am größten im Jahre 1895 (787429,69 Mk.), sank dann aber von Jahr zu Jahr — außer im Jahre 1898, wo er fast 150000 Mk. betrug — bedeutend und erreichte im Jahre 1901 seinen tiefsten Stand mit 3211,09 Mk. — Die Gesamtsumme der Kursgewinne bis Ende 1901 belief sich auf 57 v. H. der „Sonstigen Einnahmen“[4]) und diejenige der Kursverluste auf 11 v. H. der „Sonstigen Ausgaben“[5]).

---

[1]) Für die K.E. können entsprechende Zahlen nicht überall angegeben werden, da bei einigen das aus der J.V. herrührende Vermögen mit dem übrigen Vermögen zusammen verwaltet wird.

[2]) Bei dieser K.E. betrug der Zinsertrag im Jahre 1900 3,72 % des Ankaufspreises und im Jahre 1901 3,75 %.

[3]) Der Zinsertrag v. H. des Ankaufspreises stand im Jahre 1900 bei der Arbeiterpensionskasse für die badischen Staatseisenbahnen und im Jahre 1901 beim „Allg. Knappschaftsverein“ gleichfalls über dem Durchschnittszinsertrag der Versicherungsträger.

[4]) Unter „Sonstige Einnahmen“ sind alle Einnahmen außer Beiträge, Zinsen, Miete und Pacht verstanden, also hauptsächlich Strafgelder und Kursgewinn.

[5]) In „Sonstige Ausgaben“ sind außer Kursverlust noch inbegriffen: Abschreibungen von Grundstücken und „andere nicht vorgesehene Ausgaben“.

Die Einnahmen aus Miete und Pacht für Grundbesitz beliefen sich in den Jahren 1901 und 1900 auf 835 471,43 Mk. bezw. 541 398,51 Mk. oder 3 % bezw. 2 % der Einnahmen der betreffenden Jahre aus Zinsen, Miete und Pacht zusammen.

Von allen Versicherungsträgern erzielte im Jahre 1900 die Versicherungsanstalt Schlesien die größten Einnahmen aus Miete und Pacht, wurde aber von der Versicherungsanstalt Berlin im Jahre 1901 (186 025,31 Mk.) noch überholt. Während noch 13 von den 40 Versicherungsträgern am Schlusse des Jahres 1900 überhaupt keinen Grundbesitz hatten (gegenüber 15 im Jahre 1899), fiel diese Zahl am Schluß des Jahres 1901 bereits auf 6 Versicherungsträger.

Die Abschreibungen an Grundstücken betrugen im Jahre

1896	196 936,28	Mk.
1897	93 044,44	"
1898	87 876,34	"
1899	125 333,64	"
1900	158 054,39	"
1901	143 296,18	"
1896—1901	804 541,27	Mk.

(davon 748 462,66 Mk. bei den Versicherungsanstalten) oder 25,7 % der „Sonstigen Ausgaben". Auf die in Grundstücken angelegten Kapitalien bezogen, betrugen die Abschreibungen bis Ende 1899 3,02 v. H. (bei den Versicherungsanstalten allein 3,16 v. H.), bis Ende 1900 2,97 v. H. (Versicherungsanstalten: 3,00 v. H.) und bis Ende 1901 2,56 v. H. (Versicherungsanstalten: 2,55 v. H.). In letzterem Jahre hatten von den 34 Versicherungsträgern die Grundstücke besaßen, 12 Versicherungsanstalten und 1 K.E. Abschreibungen zu verzeichnen.

Von den übrigen Einnahmen, außer Beiträgen, Zinsen, Miete und Pacht, wie Strafgelder, Rentenerstattungen[1]) u. s. w. sei hier nur erwähnt, daß die ersteren im Jahre 1900 233 013,26 Mk. oder 87 % der „Sonstigen Einnahmen" und im Jahre 1901 305 761,35 Mk. oder 85 % der letzteren betrugen, mithin also den Hauptbestandteil der „Sonstigen Einnahmen" bilden.

§ 13.

III. Ausgaben der Versicherungsträger.

1. Renten.

a) Statistische Ergebnisse der Invaliditäts-, Alters- und Krankenrenten[2]).

Wir haben bis jetzt im zweiten Abschnitt unserer Abhandlung die Leistungen der Invalidenversicherung im allgemeinen kennen gelernt und einen Blick auf die Einnahmen der Invalidenversicherungsträger geworfen. Im folgenden wollen wir nun deren Ausgaben, abgesehen von den Verwaltungskosten, die schon oben (S. 78 und 79) abgehandelt sind, einer näheren Betrachtung unterziehen.

Die Betriebsausgaben der Versicherungsträger sind hauptsächlich dreierlei

[1]) Siehe S. 60 Nr. 8 der Abänderungsvorschläge des Entwurfs von 1899.

[2]) Siehe § 16 J.V.-G., wonach auch diejenigen nicht dauernd erwerbsunfähigen Versicherten, welche während 26 Wochen ununterbrochen erwerbsunfähig gewesen sind, für die weitere Dauer ihrer Erwerbsunfähigkeit eine Rente erhalten.

Art: Für Renten (J.-, Kr.- und A.R.), für Beitragserstattungen [1]) und für Heilbehandlung [2]). Außerdem aber sehen wir bei ihnen noch Leistungen in Gestalt von Vermögensveranlagungen, die teils den Versicherten allein, teils der ganzen Bevölkerung oder Teilen derselben zu gute kommen und je nach der Form der Veranlagung der Vermögensbestände teils allgemein volkswirtschaftliche, teils soziale Zwecke erfüllen, wie die Befriedigung des landwirtschaftlichen Kreditbedürfnisses, der Bau von Arbeiterwohnungen, Kranken- und Genesungshäusern, Volksheilstätten, Gemeindepflegestationen, Herbergen zur Heimat, Volksbädern, Blindenheimen, Kleinkinderschulen, Schlachthäusern, Wasserleitungs-, Kanalisations- und Entwässerungsanlagen, Straßenbauten, Spar- und Konsumvereine und andere ähnliche Wohlfahrtseinrichtungen.

Die gesamten Aufwendungen an Renten, Beitragserstattungen und für Heilbehandlung — einschließlich der Zuschüsse des Reichs — betrugen bis Ende 1901 601 116 627,40 Mk., wovon auf Renten 547 078 366,18 Mk., auf Beitragserstattungen 29 071 035,76 Mk. und auf Heilverfahren 24 967 225,46 Mk. kommen. Allein im Jahre 1901 betrugen die gesamten derartigen Aufwendungen 105 814 414,66 Mk. (Siehe Tabelle III.)

Hierbei ist von besonderer Bedeutung der Anteil des Reichs bezw. der Versicherungsträger an den Renten und Beitragserstattungen.

Es betrug der Rentenanteil

Im Jahre	des Reichs %	der Versicherungsträger %
1891	39,54	60,46
1892	40,43	59,57
1893	40,62	59,38
1894	40,41	59,59
1895	40,48	59,52
1896	39,92	60,08
1897	39,98	60,02
1898	39,47	60,53
1899	39,18	60,82
1900	38,24	61,76
1901	37,33	62,77
im Gesamtdurchschnitt:	38,48	61,52

Der Anteil an Renten stieg also bei den Versicherungsträgern, wenn man von den beiden ersten Jahren absieht, die wegen der Uebergangsbestimmungen und der Neuheit des Gesetzes überhaupt manche Unregelmäßigkeiten aufweisen, von 59,38 % auf 62,77 %, und der Anteil des Reichs fiel dementsprechend von 40,62 % auf 37,33 %. Die Unregelmäßigkeit in der Abnahme des Anteils des Reichs bezw. in der Zunahme desjenigen der Versicherungsträger im Jahre 1895, die überdies äußerst gering ist, ist auf den Zugang der Rentner aus den versicherungspflichtigen Heimarbeitern der Tabak- und Textilindustrie zurückzuführen, welche durch Bundesratsbeschluß dem Versicherungszwange unterworfen worden waren. Der Anteil der Versicherungsträger an den Beitragserstattungen [3]) stieg ebenfalls, und zwar von 99,92 % im Jahre 1895 auf 99,99 % im Jahre 1901 und stellte sich im Durchschnitt der Jahre auf etwas weniger als 99,99 %. Der Anteil des Reichs an den Beitragserstattungen sank dementsprechend von 0,8 % im Jahre

[1]) Siehe § 16.
[2]) Siehe § 17.
[3]) Siehe auch § 16.

1895 auf 0,1 % im Jahre 1901 und betrug im Durchschnitt der Jahre 1895 bis 1901 etwas über 0,1 %.

Wie aus der Tabelle III ersichtlich ist, stiegen die Aufwendungen für Renten seit 1891 auf fast das Sechsfache, ein Zuwachs, der im großen und ganzen, besonders seit Inkrafttreten der Novelle, hauptsächlich den J.R. zuzuschreiben ist. Im letzten Jahre der Beobachtung (1901) ist der Wert des Zuwachses an Rentenzahlungen gegenüber demjenigen des Vorjahres etwas zurückgegangen und nimmt allmählich wieder die Höhe an, wie sie in den früheren Jahren zu finden ist. Die Aufwendungen für A.R., die bei ihrem Höhepunkt im Jahre 1897 nicht einmal die doppelte Summe der Aufwendungen des Jahres 1891 erreichten, zeigen seit 1898 sogar eine fortwährende Abnahme. Auch die Aufwendungen für Kr.R. haben trotz ihrer steigenden Tendenz bis jetzt ganz wider Erwarten keine große Bedeutung im Verhältnis zu den Aufwendungen für die Renten überhaupt gewonnen.

Den Rückgang an Aufwendungen für A.R. begründet das R.V.A.[1]) zum Teil damit, daß die Bedingungen für die Erlangung einer J.R. nach der Novelle leichter geworden seien durch die Abkürzung der Wartezeit und die Aenderung der Vorschriften über die Grenze der Erwerbsunfähigkeit für die höher gelohnten Arbeiter, zum Teil auch damit, daß mehr A.R. als bisher in J.R. umgewandelt worden seien, da die nach der Novelle zu bewilligenden J.R. höher seien als bisher. Dieses Bestreben der Versicherten, die höhere J.R. zu erlangen, drang in immer weitere Kreise bei dem allmählichen Bekanntwerden der gesetzlichen Bestimmungen unter den Arbeitern und wurde noch genährt durch die Zeitungen, die auf die Erhöhung der J.R. durch das Invalidenversicherungsgesetz gegenüber dem Invaliditäts- und Altersversicherungsgesetz fortwährend hinwiesen.

Betrachtet man die Zahl der Renten, so ist der Rückgang der A.R. schon seit Beginn der J.V. bemerkbar. Es wurden nämlich bewilligt:

Jahr	J.R.	Kr.R.	A.R.
1891	31	—	132926
1892	17784	—	42128
1893	35177	—	31083
1894	47385	—	33871
1895	55983	—	30144
1896	64450	—	25953
1897	75746	—	22320
1898	84781	—	19525
1899	96665	—	17320
1900	125821	6116	19865
1901	130510	23043	14849
1891—1901	734333	29159	389984

Es wurden also insgesamt bis 31. Dezember 1901 734333 J.R. 29159 Kr.R. und 389984 A.R. zuerkannt, wovon wieder bis 1. Januar 1902 infolge Tod oder Auswanderung der Rentenberechtigten, Wiedererlangung der Erwerbsfähigkeit, Bezugs von U.R. oder aus anderen Gründen eine große Anzahl wegfielen, sodaß am 1. Januar 1902 noch 486945 J.R., 8700 Kr.R. und 179450 A.R. liefen gegenüber 317776 J.R. und 191862 A.R. am 1. Januar 1901 und 264899 J.R. und 201329 A.R. am 1. Januar 1900. Die Zahl der am 1. Januar 1903 laufenden Renten betrug 755529, wovon auf J.R. 574833, auf Kr.R. 12146 und auf A.R. 168550 kommen.

Die große Zahl der A.R. im Jahre 1891 rührt daher, daß wegen der Ueber-

[1]) Siehe A.N. d. R.V.A. 1902 S. 128.

gangsbestimmungen des Gesetzes die Wohltaten desselben den Beziehern der A.R. sofort und fast ohne Gegenleistung zufielen im Gegensatz zu den Invalidenrentnern. Die Unterbrechung in der sinkenden Tendenz der Altersrentenbewilligungen im Jahre 1894 ist auf den Hinzutritt der Hausgewerbetreibenden der Textilindustrie zurückzuführen.

Daß im Jahre 1900 mehr A.R. als im Jahre 1899 bewilligt worden sind, ist aus der Aenderung des Gesetzes von 1899 (Erweiterung des Kreises der Versicherten, leichter zu erfüllende Uebergangsbestimmungen) zu erklären. Es handelt sich hierbei nur um eine vorübergehende Erhöhung der Zahl der Bewilligungen von A.R., was am besten daraus hervorgeht, daß von den 19867 im Jahre 1900 bewilligten A.R. — nach Mitteilungen, die ich vom R.V.A. erhielt —

6359 auf das 1. Vierteljahr
5172 „ „ 2. „
4216 „ „ 3. „ und
4120 „ „ 4. „ entfielen.

Ein weiterer Beweis für obige Behauptung liefert die Tatsache, daß, wie aus der Tabelle auf Seite 94 hervorgeht, im Jahre 1901 die Zahl der A.R. bereits wieder beträchtlich sank.

Die Zahl der laufenden A.R. wird von Jahr zu Jahr immer kleiner, weil mehr Renten wegfallen, als neu hinzutreten. Trotz der höheren Zahl der Rentenbewilligungen im Jahre 1900 ist doch die Zahl der laufenden Renten in demselben Jahre gesunken, und auch für die folgenden Jahre 1901 und 1902 weist die Zahl der laufenden A.R. einen weitern Rückgang auf (siehe Seite 94).

Dadurch erklärt es sich auch, daß trotz der höheren Zahl der bewilligten A.R. die Ausgaben für A.R. zurückgegangen sind. Hätte sich nämlich die Zahl der Bewilligungen nicht erhöht, so hätte der Rückgang in der Ausgabe für A.R. im Jahre 1900 ein größerer als 600000 Mk. sein müssen. Dies geht daraus hervor, daß von 1900—1901 die Ausgaben für A.R. um rund 1500000 Mk. zurückgegangen sind.

Wir sehen also ein immerwährendes Wachsen der Zahl der Invalidenrentner, während die Zahl der Altersrentner sich mehr und mehr verringert und wohl bald den Beharrungszustand erreicht haben wird. Dies ist also ein Beweis dafür, daß die Invalidenversicherung der wichtigere Teil des Gesetzes ist und daß dieses seinen neuen Titel mit Recht hat.

Im Vergleich mit der in der Denkschrift von 1896[1]) geschätzten Summe ist

[1]) Sten. Ber. d. Reichstags 1896/97 Anl. Bd. VI. Nr. 696. Die Denkschrift von 1896 bezifferte die Normalzahl der jährlich zu erwartenden Invaliden auf 70313, so daß auf je 1000 Versicherte 6 Invaliditätsfälle kommen, vorausgesetzt, daß auch alle invalid werdenden Altersrentenempfänger die J.R. beantragen würden. An vorübergehenden J.R. (sog. Kr.R.) nahm sie einen jährlichen Zugang von 53583 an. Auf Grund der Bestimmungen des damaligen Gesetzentwurfs berechnete die Denkschrift als jährliche Ausgabe im Beharrungszustand

für A.R.	14577420	Mk.
„ J.R.	101477420	„
„ Erstattungen	16165890	„
„ Heilverfahren	680200	„
„ Verwaltungskosten	6032600	„
zusammen	142096890	Mk.

und als Kapitalansammlung 1243600000 Mk. (d. i. 110 Mk. auf 1 Versicherungspflichtigen). — Den Vermögensbestand schätzte sie für den 1. Januar 1901 auf 748149000 Mk. — Die Beitragserstattungen bezifferte sie im Jahre 1896 bezw. 1902 auf 5,10 (K.E.: 2,12) bezw. 8,92 (K.E.: 4,41) vom Hundert der Jahreseinnahme und glaubte, daß die Belastung durch die sog. Kr.R.*) 3,6% der durch dauernde J.R. herbeigeführten Belastung betragen würde.

*) Die erwähnten Kr.R. entsprechen den von dem Invalidenversicherungsgesetz eingeführten Kr.R. und waren für eine Erwerbsunfähigkeit von 26 Wochen berechnet (nach dem Invaliditäts- und Altersversicherungsgesetz: „1 Jahr“).

die Zahl der Rentenbewilligungen im Jahre 1900 bereits auf 255 % gestiegen. Die in der Denkschrift von 1898[1]) ausgesprochene Erwartung, daß die bis in das Jahr 1898 hineinreichenden Erfahrungen genügten, um eine zuverlässige Berechnung der Invaliditätswahrscheinlichkeit zu ermöglichen, hat sich ebensowenig als zutreffend erwiesen, wie die gleiche in der Denkschrift von 1896 und 1897 zum Ausdruck gebrachte Ueberzeugung; wurden doch im Jahre 1900 bereits 47242 Renten mehr bewilligt als der Gesetzgeber 1898 vermutet hatte. Man wird kaum fehlgehen in der Annahme, daß die Berechnungen der Denkschrift von 1888[2]), welche später als wesentlich zu hoch bezeichnet wurden, wenn sie auch hinsichtlich der Verteilung der Invaliditätsfälle auf die Altersjahrgänge nicht zutreffend sind, doch in ihrer Endzahl (148333 jährliche Rentenfälle) der Wirklichkeit nahe kommen werden, obwohl die weitere Zunahme der Rentenbewilligungen voraussichtlich in Zukunft geringer sein wird als in den letzten Jahren. Daraus würde sich ergeben, daß die jetzigen Beiträge einer Erhöhung um nahezu 50 % bedürfen, um eine Deckung der Lasten auf Grund des Prämienverfahrens zu ermöglichen[3]).

Der Einfluß des neuen Gesetzes ist, wie schon oben gesagt, zweifellos die Hauptursache der plötzlichen Steigerung der Renten gewesen. Doch kommt dabei neben der Erleichterung der Voraussetzung für die Erlangung der Renten als nicht geringes Moment in Betracht, daß durch die Presse die Meinung hervorgerufen und genährt wurde, es genüge nunmehr ein wesentlich geringerer Grad von Erwerbsunfähigkeit zur Begründung des Rentenanspruchs.

Auch bei Betrachtung der Durchschnittshöhe der Renten finden wir von Jahr

---

[1]) Sten. Ber. d. Reichstags 1898/99 Anl. Bd. I. Nr. 93. Die Denkschrift von 1898 berechnete aus der Vermehrung der 1882 und 1895 gezählten Arbeiter als Vermehrungsfaktor der Versicherungspflichtigen pro Jahr 1013942. Die Zahl der Versicherungspflichtigen eines jeden Altersjahres aus den nach Altersklassen gegebenen Zahlen wurde durch graphische Interpolation ermittelt. Die Zunahme der J.R. bis zu dem normalen Zustande schätzte man auf etwa 46 % der an Personen im Alter von unter 70 Jahren bewilligten J.R. — Die Invaliditätswahrscheinlichkeit für jedes Altersjahr ermittelte man aus der Division der Höchstzahlen der Invaliditätsfälle jeder Altersstufe durch die Zahl der zugehörigen Versicherten. Als jährliche Invalidenzahl ergab sich nach der Invaliditätstafel und den Berechnungen der obigen Denkschrift (von 1898) 60705. Die Zahl der laufenden J.R. sollte nach ihr am 1. Januar 1900 315671, der Bestand an A.R. 209222 betragen. Der Gesamtwert der künftigen Rentenzahlungen an alle nach dem 1. Januar 1900 in den Rentengenuß eintretenden Personen wurde für

A.R.	auf	719329000	Mk.
J.R.	„	5861372000	„
Kr.R.	„	184633200	„

berechnet, indem angenommen wurde, daß die Belastung durch die letzteren Renten im Höchstfalle 3,15 v. H. der durch dauernde J.R. herbeigeführten Belastung betragen werde. — Die Ausgaben sollten sich (ohne Reichszuschuß) stellen:

1900	auf	62800000	Mk.	= 4,91	Mk. pro Kopf der Versicherten
1901	„	68800000	„	= 5,43	„ „ „ „ „
1902	„	74400000	„	= 5,88	„ „ „ „ „

[2]) Sten. Ber. d. Reichstags 1888/89 Anl. Bd. IV Nr. 10. Die Denkschrift von 1888 hatte als jährliche Invalidenzahl 115762 angenommen, wovon am Schluß des Invalidisierungsjahres noch 111449 (darunter 74063 männliche) Invalide leben; nach dem 80. Versicherungsjahr (im Beharrungszustand) hatte sie einen Invalidenbestand von etwa 1251000 vermutet d. h. auf 1000 Aktive 113,5 Invalide geschätzt (vergl. Sten. Ber. d. Reichstags Nr. 10 1888/89 S. 124; siehe auch S. 25 ff.). —

Was die beiden ersten Denkschriften angeht, so sind dieselben teilweise bereits an bez. Ort und Stelle erörtert worden, teilweise sind sie in der Denkschrift von 1898 verbessert, so daß wir uns eine diesbezügliche Kritik ersparen können. Hinsichtlich der Richtigkeit der Annahmen, die bei Aufstellung der Rechnungsgrundlagen zum Entwurfe von 1898 maßgebend waren, sei auf den 2. Abschnitt der Abhandlung verwiesen.

[3]) Vergl. **Gebhard** u. **Düttmann**: Kommentar zum Invalidenversicherungsgesetz vom 13. Juli 1899 § 32 Anmerk. 8, S. 216.

zu Jahr ein fortwährendes Steigen des Betrags derselben und zwar nicht etwa bloß der I.R. sondern auch der A.R. Eine rückläufige Bewegung der Durchschnittsbeträge der A.R. finden wir nur im Jahre 1894 bei der Gesamtheit der Versicherungsträger wie bei einzelnen Versicherungsanstalten, namentlich bei der Versicherungsanstalt Königreich Sachsen. Diese Erscheinung erklärt sich, wie bereits erwähnt, aus dem Einflusse der großen Zahl der Hausgewerbetreibenden der Textilindustrie, welche vom 2. Juli 1894 ab Renten bezogen, die entsprechend dem niedrigen Tagesarbeitsverdienste dieser Personen in der Mehrzahl der Fälle nur 106,80 Mk. oder weniger betrugen.

Nach einer statistischen Aufstellung des R.V.A. belief sich die Durchschnittshöhe der in dem Zeitraum von 1891—1901 zugegangenen Renten in den einzelnen Jahren bei den Versicherungsanstalten und K.E. auf folgende Beträge:

Jahr	I.R.			Kr.R.			A.R.		
	V.Anst.	K.E.	V.Tr.	V.Anst.	K.E.	V.Tr.	V.Anst.	K.E.	V.Tr.
	M	M	M	M	M	M	M	M	M
1891	113,40	114,59	113,49	—	—	—	123,55	154,43	124,00
1892	114,71	117,60	114,91	—	—	—	127,27	157,86	127,95
1893	118,01	122,64	118,35	—	—	—	129,39	159,12	130,12
1894	121,24	128,08	121,72	—	—	—	125,58	161,98	126,26
1895	124,07	133,87	124,73	—	—	—	131,77	161,52	132,54
1896	126,72	139,00	127,45	—	—	—	133,40	162,90	134,23
1897	128,73	143,57	129,51	—	—	—	135,83	164,71	136,75
1898	130,82	149,26	131,72	—	—	—	138,03	165,28	139,09
1899	131,56	151,95	132,40	—	—	—	141,57	168,30	142,62
1900	140,38	168,08	142,04	146,01	168,16	147,73	144,54	173,30	145,54
1901	144,51	175,61	146,32	149,23	174,15	151,72	149,25	174,84	150,43

Wir sehen hieraus, daß der durchschnittliche Betrag der reichsgesetzlichen Renten der K.E. beträchtlich höher ist als derjenige der Renten der Versicherungsanstalten. Dies erklärt sich daraus, daß bei den K.E. vorzugsweise männliche Personen mit durchweg schweren und hochgelohnten Arbeiten beschäftigt sind und daß dieselben zum größten Teil in den höheren Lohnklassen versichert sind. Auch sind ältere Männer bei den K.E. verhältnismäßig seltener als unter den bei den Versicherungsanstalten versicherten Personen.

Die Kr.R. sind für die K.E. von größerer Bedeutung gewesen als für die Versicherungsanstalten, was wohl in der engeren Verbindung seinen Grund hat, in der die Kr.V. bei den K.E. mit der I.V. zu stehen pflegt.

Unter den Versicherungsträgern zahlten außer den K.E. noch folgende Versicherungsanstalten im Jahre 1900 und 1901 hohe Rentenbeträge:

	I.R.		Kr.R.		A.R.	
	1900	1901	1900	1901	1900	1901
	Mk.	Mk.	Mk.	Mk.	Mk.	Mk.
Hansestädte . .	155,29	160,47	160,08	158,98	180,45	182,80
Berlin	154,40	159,48	156,26	160,36	179,93	183,90
Elsaß-Lothringen	152,59	157,49	152,55	154,45	161,97	164,31
Rheinprovinz .	150,57	156,76	153,85	157,35	158,57	166,31

Die niedrigsten Durchschnittsbeträge zahlten die Anstalten[1]):

[1]) Auch Ober- und Unterfranken zahlten sehr niedrige Beträge.

	J.R. 1900 Mk.	J.R. 1901 Mk.	Kr.R. 1900 Mk.	Kr.R. 1901 Mk.	A.R. 1900 Mk.	A.R. 1901 Mk.
Ostpreußen . .	129,35	132,23	133,32	135,63	125,43	127,77
Schlesien . . .	131,80	134,71	135,49	136,46	127,82	131,74
Posen	133,02	135,23	132,11	133,38	131,54	136,52
Oberpfalz . . .	133,03	136,41	136,81	138,26	124,62	127,66
Westpreußen . .	134,36	137,15	137,75	137,86	135,37	139,22
Niederbayern . .	134,75	136,75	137,54	139,86	136,11	138,87

Es sind also durchweg Bezirke mit vorwiegend landwirtschaftlicher Bevölkerung, in denen sich durchschnittlich die niedrigsten Rentenbeträge vorfinden.

§ 14.

b) Die persönlichen Verhältnisse der Rentenempfänger.

Wir haben uns bisher nur mit den Aufwendungen für Renten und mit der Zahl der Rentenempfänger beschäftigt. In folgendem wollen wir nun auf die persönlichen Verhältnisse der letzteren näher eingehen und deren Alters-, Geschlechts- und Berufsgliederung ins Auge fassen.

Was die erstere betrifft, so ergibt die Statistik für diejenigen, welche Ende 1899 von den Versicherungsträgern noch Renten bezogen, daß mehr als $^4/_5$ aller Invalidenrentner, nämlich 81,3% über 50 Jahre und fast $^3/_5$ derselben, nämlich 59,1%, über 60 Jahre alt sind.

Nach einer statistischen Uebersicht des R.V.A.[1]) über den Zugang der Renten in den Jahren 1900 und 1901 verteilen sich die sämtlichen zugegangenen Renten nach dem Alter der Rentenberechtigten zur Zeit der Rentenbewilligung folgendermaßen: Siehe Tabelle IV.

Die Zahlen dieser Tabellen zeigen, daß der Schwerpunkt der Rentenbewilligung bei den Invalidenrentnern auf die sechziger Jahre der Versicherten, bei den Kr.R., soweit die geringe Zahl der Renten ein Urteil zuläßt, etwa auf die fünfundzwanziger bis vierundfünfziger Jahre und bei den A.R. naturgemäß auf das 70. Lebensjahr fällt.

Die Anzahl der Invaliditätsfälle steigt etwa bis zum Alter von 65 Jahren an, nimmt dann aber vom 70. Lebensjahre an rasch ab. In den Jahren 1892 bis 1898 hat sich, wie aus Tabelle V ersichtlich ist, die Altersgruppierung jedoch derart verschoben, daß die Invalidenrentner in den jüngeren Altersklassen (von 20 bis 34 Jahren) relativ allmählich zunahmen, von 65—69 Jahren wieder abnahmen und von 70—74 Jahren wieder zunahmen, während in den mittleren Altersklassen die Zunahme bezw. Abnahme schwankte.

Das Ansteigen der Anzahl der J.R. für die Alter von 70—75 Jahren hat wohl, ebenso wie der Rückgang in der Anzahl der A.R., seinen Grund darin, daß, mit dem fortwährenden Steigen des Durchschnittsjahresbetrags der J.R., dieser in immer mehr Fällen den Jahresbetrag der A.R. übersteigt und daher immer häufiger von erwerbsunfähig gewordenen Altersrentnern Antrag auf J.R. gestellt wird. Die

---

[1]) Siehe A.N. d. R.V.A. 1902 S. 134 ff.

[2]) Das Jahr 1891 ist wegen der geringen Zahl der in Betracht kommenden Renten und das Jahr 1899 wegen der späteren Nachbewilligungen nicht in den Vergleich mit hereingezogen worden.

stärkere Zunahme der Zahl der jüngeren Invalidenrentner scheint damit zusammenzuhängen, daß von jüngeren Personen jetzt öfters J.R. beantragt wird, während dies früher nicht selten infolge der längeren Wartezeit durch den plötzlichen Tod des Rentenanwärters verhindert wurde.

Bei den A.R.[1]) überwiegt — abgesehen von den Jahren 1891[2]) und 1894[3]), die beide viele Rentenbewilligungen an bereits über 70 Jahre alte Personen aufweisen — überall in den einzelnen Jahren die Altersklasse 70. —

Bei den einzelnen Versicherungsträgern gestaltet sich die Verteilung der Rentenempfänger auf die Altersklassen verschieden vom Durchschnitt der Gesamtheit.

Bei den Versicherungsanstalten überwiegen hinsichtlich der J.R. die Altersklassen 60—69, teilweise auch die von 60—64; bei den K.E. im ganzen die Altersklasse 55—59. Die jüngste Altersklasse ist unter den Versicherungsanstalten besonders stark bei Baden vertreten und verhältnismäßig schwach bei Schlesien[4]).

An den Altersrenten ist die jüngste Altersklasse außer bei den K.E. besonders stark beteiligt in den überwiegend städtischen Versicherungsanstalten Berlin und Hansestädte, verhältnismäßig schwach in den vorwiegend landwirtschaftlichen Versicherungsanstalten Ost- und Westpreußen, Posen, Niederbayern, Oberfranken, eine Erscheinung, die im Hinblick auf die Berufsstatistik nicht auffällig ist, die in ihrem Altersaufbau ganz analoge Ziffern aufweist[5]). Auch hier sind die Altersklassen

---

[1]) Siehe Tabelle V.

[2]) Dieses Bewilligungsjahr umfaßt sämtliche vor 1820 Geborene, deren Zahl natürlich gegenüber den über 70 Jahre alten A.Rentnern der späteren Jahre verhältnismäßig groß war.

[3]) Zugang der Hausgewerbetreibenden der Textilindustrie und daher größere Zahl der A.R. über 70 Jahre.

[4]) Siehe Anm. 5.

[5]) Von 100 sämtlicher Erwerbstätigen der Berufsabteilungen A—E standen nach der Berufsstatistik vom 14. Juni 1895 im Alter von . . Jahren:

	in den Jahren von						
	0—20	20—30	30—40	40—50	50—60	60—70	70 u. m.
in Ostpreußen . . .	19,71	24,12	20,21	15,40	11,86	6,67	2,03
„ Westpreußen . .	19,70	27,28	18,95	14,87	11,29	5,88	2,03
„ Posen	23,03	25,55	17,76	14,42	11,76	5,61	1,87
„ Bayern r. Rh. .	21,41	16,27	17,70	14,44	11,82	6,44	1,92
„ Hamburg . . .	15,10	29,04	23,85	16,73	10,18	4,03	1,07
„ Berlin	14,53	31,81	23,72	16,36	9,37	3,43	0,78
im Deutschen Reich .	20,04	26,54	19,04	14,87	11,42	6,08	2,01

Von 1000 Arbeitern der Berufsabteilungen A bis C standen im Alter von . . . Jahren (nach der Berufs- und Gewerbezählung von 1895):

	in den Jahren von						
	0—20	20—30	30—40	40—50	50—60	60—70	70 u. m.
in Ostpreußen . . .	29,78	24,94	17,36	11,75	9,05	5,44	1,68
„ Westpreußen . .	29,73	27,81	16,56	11,67	8,42	4,34	1,47
„ Posen	33,69	26,77	14,60	10,77	8,69	4,14	1,34
„ Bayern r. R. . .	33,26	30,90	14,49	9,32	7,06	3,79	1,18
„ Hamburg . . .	22,01	34,57	21,78	12,54	6,55	2,07	0,48
„ Berlin	21,41	35,62	21,89	12,52	6,14	2,01	0,41
im Deutschen Reich .	30,11	30,12	16,76	10,81	7,36	3,69	1,14
in Schlesien	28,39	28,53	17,22	11,80	8,49	4,34	1,23
„ Baden	33,61	30,45	14,49	9,17	7,14	3,71	1,43

von 20—25 Jahren in Berlin und der hanseatischen Versicherungsanstalt relativ viel stärker besetzt, als die entsprechenden Altersklassen in Ost- und Westpreußen, Posen und Bayern r. Rh.; während die Altersklassen über 50, besonders aber die über 70 Jahre bei ersteren relativ äußerst schwach vertreten sind.

Der Anteil der beiden Geschlechter an der Anzahl der Renten ist sowohl in den einzelnen Zeiträumen, als auch in den einzelnen Altersklassen äußerst verschieden.

Einerseits ist nämlich an den J.R. aus den Beginnsjahren 1895—1897 das weibliche Geschlecht relativ stärker beteiligt (45352 von 152745 Renten oder 30%) als bei den Renten ans den Beginnsjahren 1891—1894 (30255 von 122069 Renten oder 25%); andererseits kommen bei den männlichen Invalidenrentenempfängern auf den ersten Zeitraum 15579 Renten oder 17% mehr als auf den letzten Zeitraum und bei den weiblichen Invalidenrentenempfängern auf den Zeitraum 1895 bis 1897 15097 Renten oder 50% mehr als auf den von 1891—1894.

Bei 274814 J.R. der Jahre 1891—1897, von denen 122069 oder 44% in die Beginnsjahre 1891—1894 und 152745 oder 56% in die Beginnsjahre 1895—1897 fallen, gehören nämlich von sämtlichen männlichen Rentenempfängern (199207) 46% (91814) den Rentenbeginnsjahren 1891—1894 und 54% (107393) denjenigen von 1895—1897 an und von sämtlichen weiblichen Rentenempfängern 40% (30255) dem ersteren und 60% (45352) dem letzteren Zeitraum.

Nimmt man eine Scheidung der gesamten Rentenbezieher[1]) nach dem Geschlecht vor, so findet man, daß etwa 28% aller Rentenempfänger weiblich sind und daß das weibliche Geschlecht verhältnismäßig mehr jüngere Rentenempfänger stellt als das männliche. In den jüngsten Altersklassen sind die weiblichen Rentenempfänger fast ebenso stark vertreten, wie die männlichen. Mit zunehmendem Alter dagegen nimmt der Prozentsatz der weiblichen Rentenempfänger ab. Etwa von der Mitte der dreißiger Jahre an bis zum Alter von 70 Jahren hinauf bleibt das Zahlenverhältnis der weiblichen Rentenempfänger zu den männlichen fast unverändert, etwa wie 1 : 4. Von da ab nehmen die weiblichen Rentenempfänger in den höchsten Altersstufen wieder relativ zu, was einesteils auf den Altersaufbau[2]) anderenteils aber auch darauf zurückzuführen sein dürfte, daß die weiblichen Versicherungspflichtigen dieser Altersklassen, denen die A.R. zumeist in Lohnklasse I zuerkannt ist, beim Eintritt der Erwerbsunfähigkeit in der Regel die Bewilligung der höheren J.R. beantragen.

Innerhalb der einzelnen Versicherungsträger ist der Anteil der Geschlechter am Rentenempfang sehr ungleichmäßig. Während, wie schon oben erwähnt, im Durchschnitt des Reichs von 100 Rentenempfängern 72 dem männlichen und 28 dem weiblichen Geschlecht angehören, schwankt bei den einzelnen Versicherungsträgern der Anteil der Männer zwischen 100% und 53%. Am zahlreichsten sind die weiblichen Rentenempfänger in Schwaben (45%), Schlesien (41%), Oberbayern (38%), Niederbayern (38%), Baden (36%) und Oberfranken (31%); am geringsten

[1]) In folgendem sind nur die J.R. berücksichtigt worden, doch dürften die Resultate auch für alle Rentenempfänger im großen und ganzen Geltung haben.

[2]) Nach der Berufs- und Gewerbezählung vom 14. Juni 1895 standen im Alter von

	0—12	12—16	16—20	20—30	30—40	40—50	50—60	60—70	70 u. mehr Jahren	Zusammen
	%	%	%	%	%	%	%	%	%	%
Männlich .	29,00	8,33	8,16	16,64	13,07	10,00	7,63	4,65	2,52	100
Weiblich . .	27,94	8,04	8,01	16,34	12,94	10,32	8,20	5,23	2,98	100
Summe . .	28,46	8,18	8,10	16,48	13,00	10,16	7,92	4,95	2,75	100

stellt sich ihre Zahl — abgesehen von den K.E. — in den Versicherungsanstalten Pommern (18%), Rheinprovinz (20%) und Braunschweig (20%)[1]. —

Dem Berufe nach gehört die absolute Mehrzahl der Invalidenrentner dem Gewerbe an, relativ aber, d. h. im Verhältnis zu den Versicherten, weist die Landwirtschaft weit mehr Invalidenrentner auf, fast doppelt soviel als die anderen Berufszweige und fast viermal soviel als die Industrie. Und zwar sind bei der Landwirtschaft die älteren Invaliden stärker vertreten als bei den anderen Berufsarten. Beispielsweise waren nach einer Statistik des R.V.A. von 1898 bei den männlichen Personen 566, bei den weiblichen 486 vom Tausend beim Eintritt der Erwerbsunfähigkeit in der Landwirtschaft zwischen 60 und 69 Jahren alt[2]). Dagegen sind bei der Industrie die jüngeren Altersklassen stärker besetzt (mehr als der 3. Teil aller Rentenempfänger besaß nach obiger Statistik ein Alter von weniger als 50 Jahren[2]).

---

[1]) Ein diesbezüglicher Vergleich mit der Berufsstatistik von 1895 (hiernach kamen auf 100 männliche Einwohner jedes Geschlechts weibliche:

in Pommern . .	104,59	in Oberbayern .	101,92
„ Braunschweig .	103,10	„ Schwaben .	103,27
„ d. Rheinprovinz .	99,71	„ Baden . .	103,57
		„ Oberfranken .	105,09
		„ Niederbayern	105,52
		„ Schlesien .	110,97;
		„ Deutsches Reich	103,75),

läßt diese Verhältniszahlen etwas auffallend erscheinen; denn man kann danach dieselben nicht überall mit der Geschlechtsgruppierung der Bevölkerung erklären (letzteres eigentlich nur bei Schlesien und der Rheinprovinz), vielmehr muß man obige Erscheinungen auf den Anteil der Versicherten beider Geschlechter an der Gesamtzahl der Versicherten der betr. Versicherungsanstalt zurückführen. Etwas näher kommen wir den Ergebnissen unserer Rentenstatistik, wenn wir uns bei der Scheidung der Geschlechter und ihrer Inbeziehungsetzung zu einander auf die Versicherungspflichtigen beschränken; tun wir dies, so entfallen nach der Berufsstatistik von 1895 auf 100 männliche Versicherungspflichtige weibliche in

Pommern . .	44	Oberbayern .	79
Braunschweig	46	Schwaben .	78
Rheinland .	37	Baden . .	78
		Oberfranken .	69
		Niederbayern	90
		Schlesien .	69
		Deutsches Reich	53.

Diese Zahlen stimmen wenigstens insofern mit der betr. Rentenstatistik überein, als diejenigen Landesteile bezw. Versicherungsanstalten der betr. Landesteile, welche relativ (d. h. im Verhältnis zum männlichen Geschlecht) wenig weibliche Versicherungspflichtige haben auch relativ die wenigsten Rentenempfänger dieses Geschlechts im Verhältnis zu denjenigen männlichen Geschlechts aufweisen. Jedoch lassen die Abweichungen der Rentenstatistik im einzelnen von der Statistik der Versicherungspflichtigen erkennen, in wie hohem Maße auch andere Faktoren außer der Versicherungspflicht (siehe S. 103 Anm. 2) bei der Geschlechtsgruppierung der Rentner maßgebend sind.

[2]) Vergl. Statistik der Ursachen der Erwerbsunfähigkeit A.N. d. R.V.A. 1898. — Nach der Berufsstatistik gestaltete sich 1895 der Altersaufbau folgendermaßen:

Altersklassen Jahre	Landwirtschaft %	Industrie %	Handel u. Verkehr %
0—20	22,29	21,84	14,96
20—30	21,24	28,03	25,02
30—40	16,24	21,14	22,76
40—50	14,87	14,57	17,87
50—60	13,86	9,17	12,35
60—70	8,47	4,06	5,48
70 u. darüber	3,03	1,19	1,56
	100	100	100

Von 100 Erwerbstätigen waren Arbeiter 1895: in der Landwirtschaft 67,86, der Industrie

Fast ebenso stellt sich die Altersverteilung bei den männlichen Invaliden im Handel und Verkehr. Das weibliche Hausgesinde weist in den jüngeren Jahren fast ebensoviele Rentenberechtigte auf wie die Industrie, dagegen in den mittleren Jahren merklich weniger und geht im hohen Alter ziemlich stark über die Zahl der Rentenberechtigten der Industrie hinaus[1]).

Die Zahl der männlichen Rentenempfänger nimmt für die Gesamtheit aller Berufe mit dem Alter ununterbrochen zu, während die Zahl für die Gesamtheit der weiblichen Rentenberechtigten bis zum Alter von 40 Jahren nahezu gleichmäßig bleibt, was offenbar von der starken Besetzung der jüngeren Jahre bei der Industrie und dem Hausgesinde herrührt.

Im Durchschnitt überwiegen bei den Altern 20—29 und 60—69 die weiblichen Rentenberechtigten; dagegen sind in den dazwischen liegenden Lebensjahren die Männer stärker vertreten, und nur im Alter von 30—34 Jahren ist die Zahl bei beiden Geschlechtern gleich.

Die einzelnen Berufe aber weichen vom Durchschnitt ganz auffällig ab, wie aus folgender Uebersicht ersichtlich ist[2]):

Berufsabteilung	Alter in Jahren									
	20—24	25—29	30—34	35—39	40—44	45—49	50—54	55—59	60—64	65—69
A) Landwirtschaft, Gärtnerei u. Viehzucht, Forstwirtschaft und Fischerei	f	f	f	f	f	f	f	f	v	v
B) Bergbau und Hüttenwesen, Industrie und Bauwesen .	f	f	f	v	v	v	v	v	v	f
C) Handel und Verkehr . .	f	v	v	v	v	v	v	f	f	f
D) Häusliche Dienste, Lohnarbeit wechselnder Art . .	v	v	v	v	v	v	v	f	f	f
E) Militär-, Hof-, bürgerliche und kirchliche Dienste, auch sog. freie Berufsarten . .	v	f	f	f	f	f	f	f	f	v
F) In der Haushaltung ihrer Herrschaft lebende Dienende für häusliche Dienste . .	f	f	v	v	v	v	v	f	f	f
Zusammen	f	f	—	v	v	v	v	v	f	f

Die Häufigkeit der Invalidenrentenempfänger ist bei den einzelnen Versicherungsträgern in den Berufsabteilungen und Geschlechtern sehr verschieden. Den größten Prozentsatz an männlichen Rentenempfängern der Landwirtschaft stellt die

71,92, in Handel und Verkehr 52,73; nach der Berufsstatistik weist die Landwirtschaft die höchste, die Industrie die geringste Quote bejahrter Arbeiter aus, während in letzterem Berufe die jüngeren Altersklassen relativ viel stärker besetzt sind.

[1]) Nach der Berufsstatistik stellen die Dienstboten weiblichen Geschlechts — an der weiblichen Bevölkerung mit 4,98 % beteiligt — zu den weiblichen Erwerbstätigen nahezu den 5. Teil (19,97 %), und zwar gehören über 4/5 aller Dienstboten den Altersklassen unter 30 Jahren an; auf die Berufsabteilungen verteilen sie sich, wie folgt: Landwirtschaft 4,40 % aller Erwerbbtätigen dieser Berufsabteilung; Industrie 3,83 %; Handel und Verkehr 12,02 %; Häusliche Dienste 0,29 %; Oeffentlicher Dienst und freie Berufsarten 13,10 %; ohne Beruf und Berufsangabe 7,60 %.

[2]) Bei dieser Uebersicht ist überall da, wo die männlichen Invaliden relativ das Uebergewicht haben, ein v (= viri) und da, wo die weiblichen Invaliden verhältnismäßig zahlreicher sind, ein f (= feminae) eingesetzt.

Versicherungsanstalt Ostpreußen, den zweitgrößten die Versicherungsanstalt Mecklenburg; dann folgen die Versicherungsanstalten Posen, Pommern ꝛc. Bezüglich der weiblichen Rentenbezieher der Landwirtschaft steht dagegen Schlesien an erster und Ostpreußen erst an zweiter Stelle, und Mecklenburg rückt sogar an die dreizehnte Stelle[1]).

Den größten Prozentsatz an männlichen Rentenempfängern der Industrie weist Elsaß-Lothringen auf; es folgen dann: Rheinprovinz, Berlin, Königreich Sachsen, Westfalen ꝛc. (Hansestädte erst an fünfzehnter Stelle)[2]).

Auch hinsichtlich der weiblichen Rentenempfänger in der Industrie zeigt die Versicherungsanstalt Elsaß-Lothringen den größten Prozentsatz, den zweitgrößten die Versicherungsanstalt Baden; dann folgt: Schwaben, Königreich Sachsen, Württemberg ꝛc.[2]).

Durch die geringste Häufigkeit an Rentenempfängern der Industrie, sowohl der männlichen wie der weiblichen, zeichnet sich Ostpreußen aus. Außerdem finden sich noch niedrige Häufigkeitsziffern bei Posen, Mecklenburg, Westpreußen, Pommern, Schleswig-Holstein ꝛc., überhaupt in den landwirtschaftlichen Distrikten. Die geringste Häufigkeit von Rentenempfängern der Landwirtschaft dagegen — und zwar in beiden Geschlechtern — zeigt Berlin und dieser Versicherungsanstalt sehr nahekommend die hanseatische Versicherungsanstalt und die Versicherungsanstalten Elaß-Lothringen, Rheinprovinz und Königreich Sachsen[3]).

Die Unterschiede in den Promillesätzen, mit welchen die Landwirtschaft und die Industrie bei den einzelnen Anstalten vertreten sind, treten bei den männlichen Invaliden stärker hervor als bei den weiblichen.

Bei 10 Versicherungsanstalten stammt die Hälfte der männlichen Rentenempfänger oder noch mehr aus der Landwirtschaft und bei 14 Versicherungsanstalten mehr als die Hälfte der männlichen Rentenempfänger aus der Industrie, während hinsichtlich der weiblichen Rentenempfänger dasselbe nur von 3 Versicherungsanstalten gilt[4]).

Nach dem, was oben (S. 101/102) über die Beziehungen zwischen Alter und

---

[1]) Nach der Berufsstatistik von 1895 ergaben sich zwar für Schlesien die meisten männlichen landwirtschaftlichen Arbeiter (beinahe 8%), jedoch wiesen nach dieser Provinz Ostpreußen Posen und Pommern die größte Zahl dieser Arbeiter auf (7% bezw. 6% bezw. 5%), während Mecklenburg deren nur 2% hatte, im Verhältnis zu seiner diesbezüglichen Arbeiterzahl also eine hohe Zahl Invalidenrentner zu verzeichnen hat. — Hinsichtlich der weiblichen Invalidenrentenempfänger entspricht die hohe Zahl derselben in Schlesien einer gleichfalls hohen Anzahl weiblicher Landarbeiter in diesem Landesteil (10%), während Ostpreußen mit seinen 4% weiblicher Landarbeiter zwar auch noch eine relativ hohe Zahl zeigt, aber doch von Sachsen, Posen, Brandenburg u. a. noch überholt wird.

[2]) Ein Vergleich mit der Berufsstatistik ergibt für die Rheinprovinz und Sachsen (Königreich) die meisten männlichen industriellen Arbeiter (13% bezw. 10%); Westfalen mit 8% wird von Schlesien übertroffen und Elsaß-Lothringen und Berlin weisen sogar nur 3% bezw. 4% auf. — Bezüglich der Zahl der weiblichen industriellen Arbeiter steht nach der Berufsstatistik das Königreich Sachsen mit 12% an erster Stelle; Baden mit 6%, Elsaß-Lothringen mit 5%, Württemberg mit 4% und Schwaben mit 2% werden aber weit von der Rheinprovinz (10%) und von Schlesien (10%) übertroffen.

Wir sehen also, daß die Berufsgliederung unsere obige Rentenstatistik nur teilweise erklärt, zum Teil liegt sie vielmehr auch in dem Maße begründet, in dem die Arbeiter versichert sind und sich eine diesbezügliche Rentenanwartschaft erwerben, ferner in der größeren oder geringeren Invaliditätshäufigkeit und in der Wahl des Wohnorts des Rentners nach Bewilligung des Rentenanspruchs. — Bei den weiblichen Rentenempfängern kommt außerdem in Betracht, wie weit die weiblichen Versicherten von dem Anspruch auf Erstattung der Beiträge bei Verehelichung Gebrauch machen; denn je mehr von diesem Gebrauch gemacht wird, um so niedriger wird sich die Zahl der weiblichen Rentenempfänger stellen.

[3]) Diese Häufigkeitsziffern entsprechen im großen und ganzen denjenigen der Land- bezw. industriellen Arbeiter der betr. Landesteile in der Berufsstatistik.

[4]) Von den K.E. ist abgesehen.

Beruf gesagt ist, versteht sich von selbst, daß bei den Versicherungsanstalten mit vorwiegend aus der Landwirtschaft stammenden Invaliden das Alter der Rentenberechtigten höher sein muß als bei den Versicherungsanstalten mit vorwiegend Rentenberechtigten der Industrie, und nachdem wir soeben dargelegt haben, daß der Gegensatz der Versicherungsanstalten hinsichtlich der Verteilung der Rentenberechtigten nach dem Beruf bei dem weiblichen Teile weit weniger schroff ist als bei dem männlichen, so ergibt sich als natürliche Folgerung, daß der Gegensatz, der zwischen den vorwiegend landwirtschaftlichen und den vorwiegend industriellen Versicherungsanstalten besteht, bei dem männlichen Geschlechte schärfer hervortritt als bei dem weiblichen.

Das Vorherrschen des einen Berufs unter den Invaliden der einen und eines anderen Berufs unter denjenigen einer anderen Versicherungsanstalt gibt den natürlichen Grund dafür ab, daß bei verschiedenen Versicherungsanstalten auch verschiedene Invaliditätsursachen überwiegen, worauf wir noch im nächsten Paragraphen zu sprechen kommen werden.

Betreffs der Altersverteilung ist bei den männlichen Invaliden der Industrie bei einigen Versicherungsanstalten die Altersklasse 50—59 ebenso stark besetzt, wie die Klasse 60—69, bei den Knappschaftskassen sogar in bedeutend stärkerem Maße. Bei den weiblichen Rentenberechtigten kommen zuweilen mehr auf die Alterklasse 20—29 als auf die Altersklasse 30—39. In dieser Beziehung bildet keiner der Berufe eine Ausnahme; bei dem Gesinde bleibt sogar häufig die Altersklasse 40—49 noch hinter der Altersklasse 20—29 zurück. — Ferner scheint es, als ob auch die aus der Industrie hervorgegangenen Invaliden bei den überwiegend landwirtschaftlichen Versicherungsanstalten älter seien, als bei den industriellen.

Es kommen nämlich:

Bei den V.Anst.	von 100 männlichen Invaliden der Industrie 2c. (B) auf die Altersgruppen der Jahre 20-49	männlichen 50—69	weiblichen 20—49	weiblichen 50—69
Landwirtschaftliche V.Anst.:				
Ostpreußen	26	74	23	77
Westpreußen	37	63	21	79
Pommern	30	70	22	78
Posen	26	74	22	78
Schleswig-Holstein	29	71	20	80
Niederbayern	29	71	31	69
Mecklenburg	26	74	15	85
Industrielle V.Anst.:				
Berlin	37	63	48	52
Westfalen	39	61	36	64
Hessen-Nassau	43	57	28	72
Rheinprovinz	36	64	41	59
Königreich Sachsen	39	61	38	62
Baden	47	53	55	45
Elsaß-Lothringen	29	71	43	57

Das Ausscheiden der Rentenempfänger aus dem Rentengenuß ist natürlich von nicht geringem Einfluß auf die Entwickelung der Invalidenversicherung, und je nach der größeren oder geringeren Ausscheidehäufigkeit, besonders der zahlreichen Invalidenrentner, wird dieser Einfluß ein günstiger oder ungünstiger sein.

Untersuchungen des R.V.A.[1]) haben nun — was man übrigens auch schon vorher[2]) vermutet hatte — ergeben, daß die Ausscheidewahrscheinlichkeit aus dem Genuß der J.R. und damit auch die Kapitalwerte der J.R. sowohl vom Lebensalter der Rentenempfänger als auch von der Zeit, welche seit Beginn der Erwerbsunfähigkeit vorübergegangen ist, abhängig ist. — Bereits in den Jahren 1894 und 1895 waren von der Rechnungsstelle des R.V.A. über diese Ausscheidewahrscheinlichkeit Untersuchungen angestellt worden, die bei den Berechnungen in der Denkschrift zu den Motiven des Gesetzentwurfs von 1898 Verwendung gefunden hatten. Doch war damals die Beobachtungszeit zu kurz und die Zahl der Renten noch eine zu kleine gewesen, sodaß das Resultat nicht als einwandfrei bezeichnet werden konnte.

Das J.V.G. vom 13. Juli 1899 gab erneuten Anstoß zu Untersuchungen in dieser Richtung und zwar vermittelst Zählkarten, deren bis Mitte 1899 295 438 dem R.V.A. zur Bearbeitung eingingen, von denen aber nur 274 814 berücksichtigt werden konnten. Diese Untersuchung der Rechnungsstelle des R.V.A. erstreckte sich auf alle bis Ende 1897 bewilligten Renten und ergab, daß von den beobachteten Rentenempfängern bis zur Wiederkehr ihres Rentenbeginntages im Jahre 1898 aus dem Rentengenuß 78121 oder 28,4 % aller Rentenempfänger ausgeschieden waren[3]), und zwar war bei 74 735 oder 95,8 % aller Ausgeschiedenen der Tod, bei 2885 oder 3,7 % die Wiedererlangung der Erwerbsfähigkeit die Ursache, und bei den noch übrigen 501 oder 0,5 % lagen andere Gründe vor, z. B. Kapitalabfindung, gleichzeitiger Bezug einer U.R. oder Militärpension u. a. m.

Verhältnismäßig gering ist die Zahl der Wegfälle bei den Invalidenrentnern in den überwiegend landwirtschaftlichen Bezirken, hoch dagegen in den überwiegend industriellen, was hauptsächlich darauf zurückzuführen sein dürfte, daß in den letzteren verhältnismäßig viel mehr Renten an Personen der jüngeren Altersklassen bewilligt werden, bei denen meist schwere, das Leben bedrohende Krankheiten, wie Lungentuberkulose, die Ursachen der Erwerbsunfähigkeit sind. Ueberhaupt findet man, daß, wenn man die Wegfallhäufigkeit der J.R. bei den einzelnen Versicherungsanstalten mit den Ursachen der Erwerbsunfähigkeit (siehe folgenden Paragraphen) vergleicht, die größere oder geringere Wegfallhäufigkeit der J.R. durch die jeder Versicherungsanstalt eigentümlichen Verhältnisse bedingt ist.

Die durchschnittliche Wahrscheinlichkeit aus dem J.R.-Genuß auszuscheiden, nimmt, wie die Untersuchung von 1899 gelehrt hat, mit steigendem Alter ab, hat im Anfange der sechziger Jahre ihren niedrigsten Wert erreicht und wächst alsdann wieder mit einigen Schwankungen bis zum Schluß. Danach scheint die Annahme richtig zu sein, daß erst nach einer Reihe von Jahren für den aus lebenskräftigeren Personen verbliebenen Bestand gleichaltriger Rentenempfänger das Ausscheiden aus dem Rentengenuß allein vom Lebensalter abhängig wird. Bei den Invaliden der höheren Lebensalter scheint dagegen die Invaliditätsdauer auf die Gestaltung der Ausscheidewahrscheinlichkeiten nicht mehr einzuwirken. Allerdings ist hierbei zu be-

---

[1]) A.N. d. RV.A. 2. Beiheft 1901.

[2]) In den Motiven zu den Gesetzentwürfen.

[3]) Von je 1000 bis Ende 1899 bewilligten J.R. sind bis dahin weggefallen in den einzelnen Rentenbeginnsjahren 1891—1899: 590, 561, 502, 456, 401, 342, 279, 202 und 91. Diese Zahlen weichen für die einzelnen Versicherungsträger vielfach ab, teils infolge der verschiedenen Altersverteilung der Invalidenrentner, teils (z. B. bei der Arb.Pensionskasse der bayr. Staatseisenbahnverwaltung) durch den Einfluß von verhältnismäßig vielen nur 1/4 Jahr gezahlten Renten für Unfälle (vergl. Stat. d. J.V. S. 20).

rücksichtigen, daß für das 5.—7. Rentenbezugsjahr und für die höchsten Altersstufen die Ausscheidewahrscheinlichkeiten wegen der geringen Zahl von Beobachtungen nicht völlig einwandfrei sind, wie auch ihr schwankender Lauf erkennen läßt. Eine weitere wichtige Tatsache aber erkennt man trotz vielfacher Schwankungen der Verhältniszahlen aus den Tabellen der statistischen Untersuchungen von 1899, daß nämlich die Ausscheidewahrscheinlichkeiten für das männliche Geschlecht in allen Lebensaltern — die Abweichungen in den höchsten Altersjahren müssen wegen der geringen Zahl der Beobachtungsfälle von einem Vergleich ausgeschlossen bleiben — erheblich die für das weibliche Geschlecht übersteigen. Diese Erscheinung steht im Einklang mit der alten Erfahrung, daß die durchschnittliche Lebensdauer des weiblichen Geschlechts die des männlichen im allgemeinen übertrifft.

§ 15.

c) Die Ursachen der Erwerbsunfähigkeit[1]).

Als Invaliditätsursache kommt weitaus am häufigsten die Tuberkulose und zwar die Lungentuberkulose vor. Daneben treten noch häufig als Ursachen der Erwerbsunfähigkeit auf: Erkrankungen der Lunge, des Herzens und der großen Blutgefäße, der Bewegungsorgane, ferner Entkräftung, Blutarmut, Gelenkrheumatismus, Gicht und Altersschwäche. Eine statistische Aufstellung des R.V.A. hat hierüber für die Jahre 1891—1895 folgendes festgestellt: siehe Tabelle VI.

Man ersieht aus dieser Zusammenstellung, daß einige wenige Krankheitsgruppen zusammen den Hauptanteil an allen Invaliditätsfällen geliefert haben und daß die Hauptursachen der Erwerbsunfähigkeit[2]) im wesentlichen bei den männlichen Invaliden dieselben sind wie bei den weiblichen. — Allerdings weist die relative Häufigkeit derselben Ursache bei beiden Geschlechtern teilweise große Unterschiede auf. So sind z. B. für die erwerbsunfähigen Männer die Lungentuberkulose, die Krankheiten des Rückenmarks, der Atmungswege, die übrigen Lungenkrankheiten und die Unterleibsbrüche von entschieden größerer Bedeutung gewesen, als für die weiblichen Invaliden; bei letzteren dagegen haben Enkräftung, Blutarmut, Altersschwäche, die Krankheiten der Augen, des Herzens und der großen Blutgefäße, die sonstigen Krankheiten der Blutgefäße, Lymphgefäße und Lymphdrüsen und namentkich die Krankheiten der Harn- und Geschlechtsorgane eine größere Rolle gespielt.

Die für die Gesamtheit der Fälle häufigsten Ursachen sind aber keineswegs auch in allen Lebensaltern die häufigsten, wie die Uebersicht[3]) auf S. 107 lehrt.

Die Lungenkrankheiten machen sich demnach ganz besonders bei den Männern und zwar in allen Lebensaltern bemerklich und sind neben den Krankheiten der Bewegungsorgane in mehr als der Hälfte aller Fälle die Ursachen der Invalidität gewesen. Vom 50. Lebensjahre an tritt die Lungentuberkulose bei den Männern mehr zurück, und die übrigen Lungenkrankheiten machen sich neben Gelenkrheumatismus und Gicht und schließlich auch Altersschwäche am meisten geltend, bis letztere vom 65. Lebensjahre ab an erste Stelle rückt.

Bei den weiblichen Invaliden traten in den jüngeren Jahren die Lungenkrankheiten, mit Ausschluß der Tuberkulose, weniger häufig auf, dagegen waren

---

[1]) Vergl. A.N. d. R.V.A.: Statistik der Ursachen der Erwerbsunfähigkeit.

[2]) Z. B. Entkräftung, Blutarmut, Altersschwäche, Krankheiten der Lunge (exkl. Tub.), Lungentuberkulose und Gelenkrheumatismus (siehe Tabelle VI).

[3]) A.N. d. R.V.A.: Statistik der Ursachen der Erwerbsunfähigkeit.

Alter in Jahren	Männliche Rentenempfänger				Weibliche Rentenempfänger			
	Summen der häufigsten Ursachen (siehe Tabelle VI)			Auf diese Ursachen kommen von 1000 Fällen	Summen der häufigsten Ursachen (siehe Tabelle VI)			Auf diese Ursachen kommen von 1000 Fällen
20—24	4	27	17	619	4	27	18	524
25—29	4	17	27	585	4	27	18	473
30—34	4	17	27	537	4	18	27	409
35—39	4	17	27	508	4	17	27	346
40—44	4	17	27	479	4	27	17	318
45—49	4	17	27	438	17	4	2	281
50—54	17	4	2	408	17	1	18	287
55—59	17	2	4 (1)	394	17	1	2	361
60—64	17	1	2	451	1	17	2	434
65—69	1	17	2	524	1	17	2	520

Krankheiten des Herzens und der großen Blutgefäße von hoher Bedeutung. Ferner läßt die obige Uebersicht erkennen, daß das Uebergewicht der drei Hauptursachen einer jeden Altersgruppe über die anderen bei den männlichen Rentenberechtigten größer ist als bei den weiblichen und in den unteren und oberen Altersklassen größer als in den mittleren.

Prüft man die Abhängigkeit der Invaliditätsursachen vom Berufe der Rentenberechtigten[1]),

Berufsabteilung	Männlich				Weiblich			
	Summen der häufigsten Ursachen			Auf diese Ursachen kommen v. 1000 Fällen	Summen der häufigsten Ursachen			Auf diese Ursachen kommen v. 1000 Fällen
A) Landwirtschaft, Gärtnerei, Tierzucht, Forstwirtschaft und Fischerei	17	1	27	398	1	17	2	368
B) Bergbau und Hüttenwesen, Industrie und Bauwesen	17	4	1	487	4	1	17	410
C) Handel und Verkehr . .	17	4	1	394	1	17	18	376
D) Häusliche Dienste, Lohnarbeit wechselnder Art .	17	4	1	432	1	17	2	415
E) Freie Berufsarten, Militär-, Hof-, bürgerlicher und kirchlicher Dienst . . .	17	1	4	423	1	17	2(18)	398
F) In der Haushaltung ihrer Herrschaft lebende Dienende für häusliche Dienste .	17	4	1	407	1	18	17	362

so finden sich weder bei den männlichen noch bei den weiblichen Invaliden große Abweichungen. Beachtenswert ist nur das Fehlen der Lungenschwindsucht bei den Erwerbsunfähigen der Landwirtschaft und das Auftreten derselben als Hauptursache der Invalidität bei den weiblichen Erwerbsunfähigen der Industrie. — Auch von allen männlichen Arbeitern der Industrie, die bis zum Alter von 30 Jahren er-

[1]) A.N. d. R.V.A.: Statistik der Ursachen der Erwerbsunfähigkeit.

werbsunfähig werden, leiden mehr als die Hälfte an Lungentuberkulose und bis zum Alter von 40 Jahren an Lungenkrankheiten überhaupt.

Selbst bei der landwirtschaftlichen Bevölkerung, wo diese verheerende Krankheit relativ am seltensten unter den drei Hauptberufsgruppen (Landwirtschaft, Industrie, Handel und Verkehr) auftritt, sind noch bis beinahe 40 Jahren Lungenleiden in mehr als dem 3. Teil aller Fälle die Ursachen der Erwerbsunfähigkeit.

Bei beiden Geschlechtern und allen Berufsabteilungen nimmt die Häufigkeit der Tuberkulose mit dem Alter ab, die der übrigen Lungenkrankheiten dagegen mehr oder weniger rasch zu, bis letztere in den höchsten Altersklassen hinter der Altersschwäche und anderen Ursachen etwas zurücktreten.

In folgendem möge eine Uebersicht über die verheerende Wirkung der Tuberkulose und der sonstigen Krankheiten der Lunge in Hinsicht auf Alters- und Berufsklassen gegeben werden:

Bei je 100 bewilligten Renten waren Invaliditätsursache[1]):

Alter nach Jahren	Tuberkulose der Lungen						Krankheiten der Lungen (ausschl. Tuberk.)					
	männlich			weiblich			männlich			weiblich		
	Landwirtsch.	Industrie	Handel u. Verk.	Landwirtsch.	Industrie	Gesinde	Landwirtsch.	Industrie	Handel u. Verk.	Landwirtsch.	Industrie	Gesinde
20—24	354	548	424	218	546	268	52	62	88	37	39	54
25—29	286	521	414	163	483	219	69	77	40	32	56	64
30—34	250	459	344	149	381	193	92	96	39	67	65	63
35—39	204	407	239	145	247	141	113	121	112	75	101	62
40—44	169	322	278	90	232	96	123	162	91	80	97	54
45—49	129	232	182	76	142	64	149	209	141	113	116	76
50—54	87	149	107	43	95	37	185	246	173	119	132	92
55—59	56	86	66	30	65	25	218	277	195	155	129	124
60—64	30	48	37	18	33	17	221	272	194	173	168	111
65—69	17	27	25	10	18	11	215	233	186	165	146	117

Die Krankheiten des Herzens und der Blutgefäße erscheinen unter den männlichen Invaliden der Landwirtschaft öfter als unter denen der Industrie, bei beiden Berufsgruppen aber beträchtlich seltener als unter den weiblichen Invaliden dieser Berufsklassen; am häufigsten treten sie in allen Altersklassen unter dem weiblichen Gesinde auf.

Bezüglich der Krankheiten der Bewegungsorgane besteht bei den Invaliden der Industrie ein Unterschied insofern, als bei den männlichen Invaliden eine Abhängigkeit vom Alter kaum bemerkbar ist, bei den weiblichen Invaliden dagegen die mittleren Jahre eine größere Häufigkeit aufweisen als die früheren und späteren Jahre.

Bei den einzelnen Versicherungsanstalten gestalten sich die Häufigkeitswerte der Invaliditätsursache analog ihrem Charakter, d. h. je nachdem dieselben vorwiegend in landwirtschaftlichen oder industriellen Distrikten liegen, nähern sich die Häufigkeitswerte denjenigen, wie wir sie für die Landwirtschaft bezw. für die Industrie gefunden haben. Auffällig ist nur die Eigentümlichkeit, daß bei den meisten bayerischen Versicherungsanstalten die Zahl derjenigen Invaliden beiderlei Geschlechts sehr groß ist, deren Erwerbsunfähigkeit in Krankheiten des Herzens und der großen Blutgefäße ihre Ursache hat.

[1]) A.N. d. R.V.A.: Statistik der Ursachen der Erwerbsunfähigkeit.

§ 16.

2. Beitragserstattungen[1]).

Da nach dem Invaliditäts- und Altersversicherungsgesetz von 1889 Beiträge (zur Hälfte) in Heirats- und Todesfällen erst nach 235 Beitragswochen, also nach mindestens rund $4^1/_2$jähriger Dauer der Versicherung erstattet werden sollten, so konnten sich erst vom Jahre 1895 ab hierfür Ausgaben ergeben. Die Höhe der letzteren — einschließlich des auf das Reich entfallenden Anteils für Doppelmarken — in den einzelnen Jahren und die Anzahl der Erstattungsfälle bei Heirat und Tod ist aus Tabelle VII ersichtlich. Die Zahl der festgesetzten Erstattungen bei Unfällen (Invalidenversicherungsgesetz vom 13. Juli 1899 § 43) betrug in den Jahren 1900 und 1901 234 bezw. 360 und die Kosten der Aufwendungen hierfür 11084 Mk. bezw. 19083 Mk. Insgesamt wurden bis Ende 1901 von den Ansprüchen auf Beitragserstattungen anerkannt:

bei den	überhaupt	davon kommen auf Fälle der Verheiratung[2])	Unfälle[3])	Todesfälle[4])
31 V.Anst.	891043	742511	476	148056
9 K.E.	16692	399	113	16180
Zusammen	907735	742910	589	164236

Wie gestaltete sich nun die durch die Beitragserstattungen verursachte Belastung der Versicherungsträger? Bei den Renten hatten wir gesehen, daß die landwirtschaftlichen Versicherungsanstalten durch das Invalidenversicherungsgesetz wesentlich entlastet worden waren. **Hier** finden wir gerade das **Gegenteil** und zwar wurden durch diese Ersatzleistungen am meisten von den vorwiegend landwirtschaftlichen Versicherungsanstalten folgende **belastet**:

		1902 ‰[5])	1901 ‰[5])	1900 ‰[5])
Niederbayern . .	mit	17,9	19,3	24,1
Ostpreußen . . .	„	16,4	19,2	16,2
Oberpfalz . . .	„	8,1	12,5	15,2
Schwaben . . .	„	11,0	11,6	11,4
Mecklenburg . . .	„	7,8	7,9	7,6

Verhältnismäßig am meisten **entlastet** wurden:

[1]) Beiträge werden nach dem Invalidenversicherungsgesetz erstattet bei Heirat weiblicher Versicherten, bei Unfällen und bei Todesfällen gewisser Art (Siehe auch Anm. 2—4.)

[2]) Nach § 42 des Gesetzes haben weibliche Personen, die eine Ehe eingehen, bevor ihnen die eine Rente bewilligende Entscheidung zugestellt ist, Anspruch auf Erstattung der Hälfte der Beiträge, wenn letztere für mindestens 200 Wochen vor Eingehen der Ehe entrichtet sind.

[3]) Nach § 43 des Gesetzes haben Versicherte, die durch Unfall dauernd erwerbsunfähig wurden, und denen für die Zeit des Bezugs der U.R. kein Anspruch auf J.R. zusteht, das Recht auf Erstattung der Hälfte der Beiträge.

[4]) Bei Tod versicherter männlicher Personen steht (nach § 44 J.V.G.) der Witwe bezw. den hinterlassenen ehelichen Kindern unter 15 Jahren ein Anspruch auf Erstattung der Hälfte der Beiträge zu, wenn solche für mindestens 200 Beitragswochen entrichtet sind; dasselbe gilt: bezüglich der vaterlosen ehelichen unter 15 Jahren alten Kinder einer versicherten weiblichen Person bei dem Tode der letzteren, ferner auch betreffs der Kinder, deren Vater sich von der häuslichen Gemeinschaft ferngehalten und sich der Pflicht der Unterhaltung der Kinder entzogen hat und endlich betreffs der Frau bezw. der ehelichen Kinder bei Erwerbsunfähigkeit des Ehemannes.

[5]) ‰ der Sonderlast.

	1902 %	1901 %	1900 %
Der „Allgem. Knappschaftsverein" . um	11,8	13,3	12,5
Die V.Anst. Pfalz . . . . „	11,1	11,3	12,0
„ „ Westfalen . . . . . „	10,0	10,7	8,7
„ „ Oberbayern . . . . „	8,1	8,1	10,3

Die gegenseitigen Ersatzleistungen (§ 128 Abs. 6 J.V.G.) der Versicherungsträger beliefen sich:

Im Jahre 1900 auf 882166,80 Mk., 1901 auf 989747,39 Mk. und 1902 auf 1050309,82 Mk., während das Reich für erstattete Doppelmarken 413,36 Mk. im Jahre 1902 gegen 549,66 Mk. im Jahre 1901 und 690,52 Mk. im Jahre 1900 zu vergüten hatte. Gleicht man die Forderungen jedes Versicherungsträgers mit seinen Verpflichtungen aus, so bleiben 123300,98 Mk. im Jahre 1902 gegen 132645,99 Mk. im Jahre 1901 und 132613,51 Mk. im Jahre 1900 oder 1,7 % (1902) gegen 1,9 % (1901) bezw. 2,0 % (1900) der überhaupt gezahlten Beitragserstattungen zwischen den Versicherungsträgern auszutauschen.

Wie aus Tabelle VII hervorgeht, hat die Summe der in Fällen von Verheiratung erstatteten Beträge in den ersten Jahren rascher zugenommen als die entsprechende Summe bei Todesfällen. Dies hat auch bis in die letzte Zeit angehalten; jedoch ist in den letzten Jahren der Beobachtung die Steigerung der ersteren Fälle eine langsamere geworden. Da die Erstattungen in Fällen von Verheiratung, wie wir noch sehen werden, in der Hauptsache jüngere Personen betreffen, von denen im Laufe der Zeit ein immer größerer Teil erst nach dem 1. Januar 1891 in das versicherungspflichtige Alter trat, so ist zu erwarten, daß die durchschnittliche Anzahl der im einzelnen Fall zur Erstattung kommenden Beträge in Heiratsfällen immer langsamer zunehmen und etwa vom Jahre 1910 ab nahezu auf der gleichen Höhe bleiben wird[1]). — Von überraschend geringer Bedeutung ist die durch die Novelle neugeschaffene Erstattung bei Unfällen geblieben[2]).

Die Verhältniszahlen für die Anzahl der Erstattungen in Fällen von Verheiratung sind natürlich höher als die entsprechenden Verhältniszahlen für die erstatteten Beträge, weil die durchschnittliche Höhe des auf den Erstattungsfall kommenden Betrags bei den Erstattungen in Fällen von Verheiratung niedriger ist als bei denjenigen in Todesfällen (21,78 Mk. bis 32,95 Mk. in den Jahren 1895—1901 in Fällen von Verheiratung, gegenüber 29,21 Mk. bis 54,50 Mk. in Todesfällen). Als durchschnittliche Höhe des auf jeden Erstattungsfall kommenden Betrags ergibt sich nämlich:

Jahr	Für die V.Anst.			Für die K.E.			für die V.Tr. überhaupt		
	in Fällen von Verheiratung	in Todesfällen	in Unfällen	in Fällen von Verheiratung	in Todesfällen	in Unfällen	in Fällen von Verheiratung	in Todesfällen	in Unfällen
1895	21,78	29,14	.	21,44	29,75	.	21,78	29,21	.
1896	23,74	31,33	.	26,37	33,32	.	23,74	31,59	.
1897	26,23	35,44	.	28,00	39,71	.	26,23	35,90	.
1898	28,62	39,86	.	28,38	45,34	.	28,62	40,39	.
1899	30,52	44,18	.	29,58	51,34	.	30,52	44,85	.
1900	31,79	48,30	46,41	31,00	57,56	51,74	31,79	49,09	47,37
1901	32,95	53,54	52,09	29,75	64,07	56,63	32,95	54,50	53,01

[1]) Stat. d. J.V. von 1891—1899 (A.N. d. R.V.A.) S. 21.

[2]) Siehe S. 109.

Der niedrigere Betrag der bei den Erstattungen in Fällen von Verheiratung auf den einzelnen Fall im Durchschnitt entfallenden Summe gegenüber dem Durchschnittsbetrag der Erstattungen in Todesfällen erklärt sich einerseits aus der größeren Zahl der in Todesfällen durchschnittlich erstatteten Beträge, andererseits daraus, daß die weiblichen Personen in einer niedrigeren, überwiegend der 1. und 2., Lohnklasse versichert sind, wie aus folgendem hervorgeht:

Im Jahre 1899 wurden von den Versicherungsanstalten an Beiträgen erstattet:

Lohnklasse	in Fällen von Verheiratung			in Todesfällen		
	überhaupt	auf einen Erstattungsfall	auf 1000 erstattete Beiträge	überhaupt	auf einen Erstattungsfall	auf 1000 erstattete Beiträge
I.	22581805	167,7	479	623533	22,7	61
II.	21226430	157,7	450	3307157	120,5	324
III.	3095578	23,0	66	3395013	123,7	333
IV.	213769	1,6	5	2866855	104,4	281
Doppelmarken	7712	0,1	0	8740	0,3	1
Zusammen:	47125294	350,1	1000	10201298	371,6	1000

Die Erstattungen bei Unfällen haben, wie schon erwähnt, in den beiden ersten Jahren nach Inkrafttreten des Invalidenversicherungsgesetzes noch eine untergeordnete Rolle gespielt. Daß sie bei den K.E. mehr hervortreten als bei den Versicherungsanstalten wird wohl in der engeren Verbindung der U.V. und J.V. bei den K.E. begründet sein.

Die größere Zahl der Erstattungen in Todesfällen gegenüber derjenigen der Erstattungen in Fällen von Verheiratung bei den K.E. im Gegensatz zu den Versicherungsanstalten, wo die Zahl der Erstattungen in Fällen von Verheiratung sehr stark überwiegt, rührt daher, daß bei den K.E. nur außerordentlich wenig weibliche Versicherte vorkommen.

Der durchschnittliche Erstattungsbetrag ist aus demselben Grunde wie der durchschnittliche Rentenbetrag bei den Versicherungsanstalten niedriger als bei den K.E. (siehe S. 97). —

Verteilt man die Beitragserstattungen auf die einzelnen Altersklassen, so kommen für die Erstattungen in Fällen von Verheiratung, wie ganz natürlich, ganz überwiegend die Altersstufen 20—29 in Betracht; die anderen Altersstufen umfassen nach Tabelle VIII in den Jahren 1900 und 1901 nur 157 bezw. 153 von 1000 Fällen und 179 Mk. bezw. 183 Mk. von 1000 Mk. Erstattungen.

Die Zahl der Unfälle, die eine Beitragserstattung zur Folge hatten, war am Ende des letzten Beobachtungsjahres noch zu klein, als daß man über die dadurch zumeist belasteten Lebensalter zuverlässige Schlüsse ziehen könnte.

Die Erstattungen in Todesfällen fallen, sowohl was die Zahl der Fälle als auch was die Höhe des erstatteten Betrags betrifft, in den Altersklassen 40—59 am meisten ins Gewicht.

§ 17.

3. Heilbehandlung[1]).

Das Invaliditäts= und Altersversicherungsgesetz hatte einen Paragraphen (§ 12) enthalten, dem anfänglich wenig Beachtung geschenkt wurde, der aber bald eine große Bedeutung erlangte. Nach diesem Paragraphen war nämlich den Versicherungsträgern das Heilverfahren erlaubt in Bezug auf die Krankheitsfälle, die sowohl ihrer Dauer als auch ihrer Natur nach längere Erwerbsunfähigkeit befürchten ließen.

Welche Krankheitsfälle gehören nun unter diese Kategorie, betreffs deren eine Heilbehandlung möglich war? Ihrer Art nach lassen sich diese Krankheiten ziemlich deutlich in die beiden folgenden Gruppen teilen: in solche von kürzerer Dauer und heftigem Auftreten und solche, die durch konstante geringe ungünstige Beeinträchtigung des Gesundheitszustandes des menschlichen Körpers eine abnorme Veränderung seiner Organe zustande bringen, wie z. B. die Lungentuberkulose. — Für diese beiden Arten ergeben sich naturgemäß verschiedene Heilverfahren: für erstere die Krankenhausbehandlung, angepaßt der Natur des Krankheitsfalles, für letztere jedoch eine mehr dauernde Gegenwirkung durch geeignete längere Pflege, vor allem aber durch eine von vornherein vorbeugende Lebensweise als Ausgleich für die dem jeweiligen Arbeitsbetrieb anhaftenden Gefahr.

Der ersteren Aufgabe dient das Krankenhaus, der letzteren das Genesungsheim und als Vorbeugungsmittel noch mehr als dies die Verbesserung der Lebensweise selber, die in der Errichtung des eigenen Heims, des Arbeiterwohngebäudes, gipfelt.

Wir finden daher als die drei wichtigsten Richtungen, in denen sich die Anwendung des § 12 des Invaliditäts= und Altersversicherungsgesetzes bewegen mußte, die Krankenhausbehandlung, die Unterbringung der geheilten Kranken in Genesungsheimen und den Bau von Arbeiterwohngebäuden. Wir werden später sehen, daß sich in der Praxis die Arbeiterwohlfahrtspflege der Versicherungsträger nicht bloß hierauf beschränkte, sondern sowohl extensiv wie intensiv noch viel weiter ging.

Die Wichtigkeit des § 12 wurde von den Versicherungsanstalten bald erkannt; derselbe fand schon im ersten Jahre nach Inkrafttreten des Invaliditäts= und Altersversicherungsgesetzes einige — wenn auch nur sehr geringe — Anwendung.

Da aber betreffs der Art der Anwendung des Paragraphen im Gesetz nichts gesagt war, so herrschte anfänglich unter den Versicherungsträgern bei der Durchführung der Heilbehandlung große Verschiedenheit.

Um derselben daher ein gewisses formales Gewand zu geben, wurde unter Zustimmung des R.V.A. auf den Konferenzen zu Berlin im März 1893 und November 1894 unter den Vorständen der Versicherungsanstalt folgendes Einvernehmen getroffen:

1. Die Krankenfürsorge des Reichsversicherungsamts erstreckt sich nicht nur auf die der reichsgesetzlichen Krankenfürsorge nicht unterliegenden Versicherten, sondern auch auf die dieser reichsgesetzlichen Fürsorge Unterliegenden.

2. Die Versicherungsanstalten sind befugt, die Krankenfürsorge auch für diejenigen Versicherten zu übernehmen, welche die Wartezeit von 235 Wochen noch nicht zurückgelegt haben.

3. Die Versicherungsanstalten können den Angehörigen des in der Heilanstalt oder sonst kostenlos untergebrachten Versicherten, für deren Unterhalt der Kranke bisher gesorgt hat, eine nach freiem Ermessen festzusetzende Unterstützung bewilligen.

---

[1]) Da erst seit 1897 eine eingehende Statistik der Heilbehandlung existiert, so konnte daher nur für die Zeit nach 1896 dieselbe intensiver behandelt werden. — Vergl. A.N. d. R.V.A. „Statistik der Heilbehandlung" u. „Stat. d. J.V.".

4. Eine Heranziehung der Armenpflege zu den Kosten der Krankenfürsorge der Versicherungsanstalten ist zwar prinzipiell nicht ausgeschlossen, jedoch wenig zu empfehlen[1]).

Die Befugnisse der Versicherungsanstalten waren hiernach hinsichtlich der Krankenfürsorge sehr weitgehend und übertrafen in einigen Beziehungen — was das Maß der Unterstützung betrifft — sogar noch diejenigen der Krankenkassen.

Am 22. März 1896 erließ das R.V.A. ein Rundschreiben an alle Versicherungsanstalten, worin es die Versicherungsanstalten bei der Bekämpfung der Lungenschwindsucht zur Mithilfe durch Uebernahme der Heilbehandlung aufforderte[2]).

Die §§ 18—23 und 47 des Invalidenversicherungsgesetzes brachten hierauf eine weitere Ausgestaltung der den Versicherungsanstalten gestatteten vorbeugenden Krankenpflege, sowie die Befugnis für die Versicherungsanstalten, für die Verbesserung der Wohnverhältnisse der Arbeiter und andere Wohlfahrtseinrichtungen in ausgedehnterem Maße ihr Vermögen verwenden zu dürfen. — Eine gesetzliche Verpflichtung zur Heilbehandlung besteht also nicht.

Ein Rundschreiben[3]) des R.V.A. an die Versicherungsanstalten vom 5. Februar 1900 gab genauere Anweisungen betreffs Anlegung des Sondervermögens der Versicherungsanstalten zum Bau von Arbeiterwohnungen, Krankenhäusern 2c.

Nach Bestimmungen des Invalidenversicherungsgesetzes haben also sämtliche Anstalten das Recht, das Heilverfahren zu übernehmen und sind außerdem befugt, mit bereits im Genuß einer J.R. befindlichen Personen Heilversuche anzustellen, wenn nach Lage des Falles zu erhoffen ist, daß dadurch die Invalidität gehoben wird. Dabei ist Dauer und Höhe der Behandlungskosten dem Ermessen der Versicherungsanstalten im Einzelfalle überlassen. Es steht ihnen frei, die Kranken in Krankenhäusern, Heilanstalten für Lungenkranke oder Luftkurorten, in Genesungsheimen, Rekonvaleszentenanstalten, in Bädern aller Art oder in Privatpflege unterzubringen. Um dabei Doppelleistungen zu vermeiden, hat das Gesetz den Versicherungsanstalten und K.E. alle Pflichten der Krankenkassen deren Mitgliedern gegenüber, soweit sie der Invalidenheilbehandlung teilhaftig werden, übertragen. Dafür haben die Krankenkassen Ersatz in Höhe desjenigen Krankengeldes zu leisten, welches die Versicherten von den Krankenkassen für sich beanspruchen dürfen. Ebenso können die Unfallberufsgenossenschaften nach Maßgabe des ihnen aus der Heilbehandlung der Versicherungsanstalten erwachsenen Nutzens in gewissem Umfange (§ 21 J.V.G.) zu den Kosten herangezogen werden.

Ferner legt das Gesetz den Versicherungsanstalten die Verpflichtung auf, während des Heilverfahrens für solche Angehörige des Kranken, deren Unterhalt dieser bisher aus seinem Arbeitsverdienst bestritten hat, eine bestimmte Angehörigenunterstützung zu zahlen und zwar selbst dann, wenn der Kranke der gesetzlichen Kr.V. nicht unterliegt. Endlich haben die Versicherungsanstalten, sofern ihre Vermögensverhältnisse es erlauben und sich ein Bedürfnis dafür herausstellt, das Recht, den gesetzlichen Mindestbetrag der Angehörigenunterstützung, d. i. die Hälfte des Krankengeldes bei Krankenkassenmitgliedern und ein Viertel des ortsüblichen Tagelohns bei anderen Versicherten, mit Genehmigung des Bundesrats zu erhöhen (§ 45).

[1]) „Arb.-Versorgung" 1895 S. 273 ff.

[2]) „Soz. Praxis" 5. Jahrg. Sp. 1103/04.

[3]) „Die J. u. A.V. i. Deutschen Reich" 10. Jahrg. S. 89 ff.

[4]) Vergl.: „Die Heilbehandlung der gegen Unfall und Invalidität versicherten Arbeiter in Deutschland" von Bielefeldt Berlin 1900; Laß u. Zahn a. a. O. S. 196 ff.; „A.N. d. R.V.A." 1899 S. 471 ff.; „Statistik der Heilbehandlung für die Jahre 1897 bis 1901" A.N. d. R.V.A. 1. Beiheft 1902.

Nach dieser kurzen Vorgeschichte der gesetzlichen Bestimmungen über das Heilverfahren, wollen wir nun zur Entwickelung dieses Verfahrens selber übergehen.

Schon im Jahre 1891 waren, wie gesagt, zur Heilbehandlung von Erwerbsunfähigen, die gleichzeitig Invalidenrente bezogen, einige Beträge aufgewendet worden. Das R.V.A. beziffert dieselben auf 372,84 Mk.; und zwar waren an dieser Aufwendung beteiligt die Versicherungsanstalten: Pommern mit 269,70 Mk., Rheinprovinz mit 10,00 Mk. und Baden mit 22,29 Mk. (zusammen 301,99 Mk.), und auch von den K.E. wurde mit im ganzen 70,85 Mk. zur Heilbehandlung invalider Kassenmitglieder beigetragen.

Zunächst geschah die Heilbehandlung nicht in eigenen Sanatorien. Gleichwohl wurden schon im Jahre 1892 31884,20 Mk. an Kosten der Krankenfürsorge aufgebracht; im Jahre 1893 stieg die Summe schon auf 108338,52 Mk. und belief sich

im Jahre 1894 auf 364576,61 Mk.,
„ „ 1895 „ 631788,93 „ und
„ „ 1896 „ 1175504,38 „.

Im Jahre 1892 hatten bereits fast alle, außer 5 Versicherungsanstalten (Berlin, Oberpfalz, Oberfranken, Unterfranken, Schwaben), Ausgaben für Heilbehandlung zu verzeichnen, und 1899 ging auch endlich die oberpfälzische Versicherungsanstalt als letzte Versicherungsanstalt[1]) zum Heilverfahren über.

Inzwischen war am 14. August 1894 seitens der Versicherungsanstalt Berlin das erste eigene Sanatorium mit 70 Betten, nämlich Gütergotz, eröffnet worden, wo schon im ersten Jahre 249 Arbeiter mit einem Kostenaufwand von 71274,76 Mk. (oder 286,24 Mk. pro Kopf der Behandelten) in Pflege genommen wurden, mit dem Erfolg, daß 165 wieder erwerbsfähig wurden. — Ueberhaupt ging die Berliner Versicherungsanstalt sehr weit in der Heilbehandlung; und mit ihr wetteifernd scheute besonders die hanseatische Versicherungsanstalt keine Kosten, um ihren Versicherten diese Wohltat des Gesetzes in weitgehendstem Maße zukommen zu lassen. Im Jahre 1894 nahm letztere bereits 232 Personen in Pflege mit einem Kostenaufwand von 32822 Mk. (oder 141,47 Mk. pro Kopf der Verpflegten und 17 Pfg. pro Kopf der Versicherten).

Selbst die Versicherungsanstalt Ostpreußen verwandte bei ihrer schlechten finanziellen Lage 1894 32056 Mk. auf Heilbehandlung und hatte 779 Kranke in Pflege, wodurch auf den einzelnen Heilbehandlungsfall wegen der großen Zahl der Behandelten allerdings nur 41,95 Mk. kamen.

Im ganzen wurden schon 1894 2503 kranke Personen in Pflege genommen, wovon 1251 geheilt bezw. wesentlich gebessert wurden[2]).

Die Versicherungsanstalt Hannover folgte am 1. Mai 1895 dem Beispiel der Versicherungsanstalt Berlin nach und errichtete unweit Goslar ein Genesungshaus mit 35 Betten. Diese Versicherungsanstalt war auch die erste, welche der Errichtung und Unterstützung von Lungenheilstätten ihre Tätigkeit zuwandte. — Nach langen vergeblichen Unterhandlungen mit dem Obersanitätskollegium des Herzogtums Braunschweig betreffs Errichtung einer Heilstätte für Lungenkranke in Hohegeiß (in Braunschweig) erlangte endlich auch die Versicherungsanstalt „Hansestädte" durch Kauf ein Terrain bei St. Andreasberg am 23. Juli 1895, wo dann im Herbst 1896 gleichfalls ein Sanatorium, und zwar für Lungenkranke, eröffnet wurde.

---

[1]) Von allen Versicherungsträgern hatte bis Ende 1901 nur noch der Saarbrücker Knappschaftsverein keine Krankenfürsorge angewandt.

[2]) Siehe: „Die J. u. A.V. i. Deutschen Reich" 1895/96 S. 92 ff., S. 60 ff. u. 1894/95 S. 11.

1897 hatten bereits 27 Versicherungsanstalten in Anwendung auf lungenkranke Versicherte von der Befugnis zur Uebernahme des Heilverfahrens Gebrauch gemacht. Unter diesen stand die hanseatische Versicherungsanstalt an der Spitze, die 616 Tuberkulose zur Behandlung nach verschiedenen Sanatorien entsandte.

Doch es würde zu weit führen, die Entwickelung der Heilbehandlung bei den einzelnen Versicherungsträgern bis ins einzelne zu verfolgen; wenden wir uns vielmehr nun, nachdem durch einen edlen Wettbewerb der Versicherungsträger untereinander der Aufwand derselben für Krankenfürsorge 1896 bereits eine Mill. Mk. überstiegen hatte, zur Heilbehandlungsentwickelung bei der Gesamtheit der Versicherungsträger, wie sie seit Beginn des Jahres 1897 immer größeren Umfang und größere Bedeutung gewann.

Die Durchführung des Heilverfahrens geschieht in Krankenhäusern, Naturheilanstalten, Kaltwasserheilanstalten, Mediko-mechanischen Anstalten, Heilanstalten, Luftkurorten, Genesungsheimen, Rekonvaleszentenanstalten, Bädern, in Privatpflege, durch Landaufenthalt, in der eigenen Wohnung und in sonstigen Heilstätten.

Sowohl die Personenzahl der Behandelten, wie die für die Heilbehandlung aufgewandte Summe hat von Jahr zu Jahr enorm zugenommen. — In der kurzen Zeit seit 1897, wo die Zahl der Behandelten schon über 10000 und die Aufwendungen über 2 Million Mk. betrugen, stiegen erstere wie letztere bis 1901 auf ungefähr das Dreifache (siehe Tabelle IX). Insgesamt wurden in den 5 Jahren von 1897—1901 104498 Personen mit einem Kostenaufwand von 22960394,35 Mk. in Heilbehandlung genommen, und die sämtlichen Heilbehandlungskosten von 1891 bis Ende 1901 beliefen sich auf 25272859,83 Mk. (siehe Tabelle IX). — Zuschüsse zu den Kosten des Heilverfahrens werden sowohl seitens der Krankenkassen wie der Träger der U.V. bewilligt. Am meisten sind an den Zuschüssen die ersteren beteiligt. Es flossen z. B. den Versicherungsträgern im Jahre 1901 insgesamt 1245704,86 Mk. (den Versicherungsanstalten 1112511,64 Mk. und den K.E. 133193,22 Mk.) zu[1]). Allein 1165440,04 Mk. dieser Zuschußsumme war den Krankenkassen zu verdanken, und nur 9840,38 Mk. rührten von Trägern der U.V. her, während der Rest (70424,44 Mk.) auf Zuschüsse „von anderer Seite" entfiel.

Vergleicht man diese Heilbehandlungsleistungen der J.V. mit den entsprechenden der Kr.- und U.V., so findet man, daß die Leistungen der Krankenkassen, welche sich aus Arztkosten Aufwendungen für Arznei und kleine Heilmittel, für Wöchnerinnen, Krankenhausund Rekonvaleszentenpflege, aus Krankengeldern an Mitglieder und Angehörige, sowie aus Sterbegeldern zusammensetzen, so bedeutend sind, daß sie von der J.V. wohl nie erreicht werden können[2]). Dagegen sind schon im Laufe des Jahres 1901 die Heilbehandlungskosten der U.V. von der J.V. nicht nur erreicht, sondern sogar übertroffen worden[3]).

Aber nicht nur absolut sind die Aufwendungen für Heilverfahren bei der J.V. gestiegen, sondern auch in Bezug auf die Beitragseinnahmen der Versicherungsanstalten und zwar gleichfalls um mehr als das Dreifache. Es betrugen nämlich die Kosten für Heilverfahren

---

[1]) A.N. d. R.V.A. 19. Jahrg. Nr. 1 S. 143.

[2]) Die Heilbehandlungsleistungen der Krankenkassen betrugen im Jahre 1901 etwa 180 Mill. Mk.

[3]) Die Heilbehandlungskosten der U.V. beliefen sich im Jahre 1901 auf rund 7 Mill. Mk.

in den Jahren	Proz. der Einnahmen
1897	1,6
1898	2,1
1899	2,8
1900	·4,0
1901	4,9

Die größten Aufwendungen von allen Versicherungsträgern machten im Jahre 1901:

Berlin mit 756075,04 Mk. oder 9,9 % des gesamten Aufwands aller Versicherungsträger für 2273 Behandelte;

Baden mit 625942,00 Mk. oder 7,9% für 2206 Behandelte;

Hansestädte mit 623,399,51 Mk. oder 7,8 % für 1496 Behandelte und

Rheinprovinz mit 612393,95 Mk. oder 7,7 % für 3097 Behandelte, die zusammen ein Drittel der gesamten Kosten für Heilbehandlung aufbrachten.

Die geringsten Beträge wiesen im gleichen Jahre auf:

Die Allgemeine Knappschaftspensionskasse für das Königreich Sachsen mit 3577,56 Mk. für 15 Behandelte;

Niederbayern mit 4496,45 Mk. für 22 Behandelte;

Oberpfalz mit 4581,55 Mk. für 55 Behandelte und die

Arbeiterpensionskasse der bayerischen Staatseisenbahnen mit 7166,45 Mk. für 33 Behandelte.

Bei Inbeziehungssetzung der Kosten für Heilverfahren zu den Einnahmen steht die „Norddeutsche Knappschaftspensionskasse“ mit 13,8 % (bei 501 behandelten Personen) an der Spitze sämtlicher Versicherungsträger. Ihr sehr nahe kommt die hessische Versicherungsanstalt mit 12,2 % (bei 1235 Behandelten), während Niederbayern mit 0,47 % und Oberpfalz mit 0,67 % relativ die wenigsten Aufwendungen zu verzeichnen hatten[1]).

Der Kostenaufwand auf eine behandelte Person ist von 1897—1901 ebenfalls bedeutend gestiegen. Er betrug

im Jahre	pro Person
1897	190,38 Mk.
1898	201,29 „
1899	202,45 „
1900	226,45 „
1901	241,89 „

Auch wenn man die Kosten für die behandelte Person als Maßstab setzt, steht für das letzte Beobachtungsjahr die „Norddeutsche Knappschaftspensionskasse“ mit 478,03 Mk. an erster Stelle, an zweiter die hanseatische Versicherungsanstalt mit 416,71 Mk. und an letzter Stelle Ostpreußen mit 64,02 Mk. (bei allerdings 2650 Behandelten)[2]).

Die Kosten für ständige Behandlung stiegen
von 215,13 Mk. pro Kopf der Behandelten im Jahre 1897
auf 262,01 Mk. „ „ „ „ „ „ 1901
und diejenigen für nichtständige Heilbehandlung in dem gleichen Zeitraum von 20,30 Mk. pro Kopf der Behandelten auf 32,62 Mk.

Vergleicht man Umfang und Kosten der ständigen und nichtständigen Heilbehandlung (siehe Tabelle X) in den Jahren 1897—1901 bei den wegen Lungen-

---

[1]) Die Aufwendungen der Versicherungsanstalt Berlin beliefen sich in demselben Jahre (1901) bloß auf 8,1% der Einnahmen.

[2]) Auch die Versicherungsanstalt Oberpfalz wies nur 83,30 Mk. auf.

tuberkulose und den wegen anderer Krankheiten behandelten Personen mit einander, so bemerkt man in Bezug auf die Kosten für eine ständig behandelte Person und einen Verpflegungstag ein fortgesetztes Steigen der Beträge, während die Zahlen der auf eine behandelte Person entfallenden Verpflegungstage in den betreffenden Jahren keine wesentlichen Schwankungen aufweisen.

Der durchschnittliche Kostenaufwand ist bei den Lungentuberkulosen in allen Jahren nahezu doppelt so groß gewesen als bei den anderen Kranken, was in der teuereren und längeren Behandlung der ersteren seinen Grund hat.

Die Aufwendungen für nicht ständige Heilbehandlung bleiben hinter denen für ständige Heilbehandlung weit zurück.

Einer näheren Betrachtung wert ist, wie sich die Aufwendungen der einzelnen Versicherungsträger in Bezug auf eine behandelte Person stellen.

Die meisten Lungentuberkulösen in Behandlung hatte im Jahre 1901 die Versicherungsanstalt Rheinprovinz (1696 mit einem Aufwand von 381 960,06 Mk.), die Versicherungsanstalt Baden (1421 mit einem Aufwand von 529 050,00 Mk.) und die Versicherungsanstalt Berlin (1366 mit einem Aufwand von 564 276,51 Mk).

Absolut die größten Aufwendungen für Heilbehandlung der an Lungentuberkulose Erkrankten machte 1901 Berlin, dagegen relativ, d. h. auf eine behandelte Person bezogen, stellen sich die Aufwendungen der Versicherungsanstalt Schlesien für das letzte Beobachtungsjahr am höchsten, auf 516,40 Mk., während die oberpfälzische Versicherungsanstalt im Jahre 1901 im Durchschnitt nur 98,68 Mk. für die Behandlung einer lungentuberkulösen Person zahlte.

Auch bezüglich der Behandlung der an anderen Krankheiten als Lungentuberkulose Leidenden weist Schlesien für das Jahr 1901 an Aufwendungen für eine behandelte Person die höchste Summe, 320,70 Mk., auf, während Ostpreußen verhältnismäßig die geringste Summe, nur 56,07 Mk. im gleichen Jahre für eine behandelte Person aufwandte, dabei aber die meisten Personen in Behandlung hatte, nämlich 2607.

Wir haben bisher die Aufwendungen für die Heilbehandlung der Versicherten mit Einschluß der Angehörigenunterstützung erörtert. Betrachten wir letztere für sich allein, so können wir auch bei dieser ein fortgesetztes Steigen beobachten.

Von den Gesamtkosten der Versicherungsträger für Heilbehandlung entfielen nämlich auf Angehörigenunterstützung[1]):

im Jahre	Mk.
1901	732 159,81
1900	506 773,07
1899	176 415,24
1898	95 202,32
1897	50 254,43,

während der den Versicherungsanstalten von den Krankenkassen, Gemeinden ꝛc. ersetzte Betrag der Heilbehandlungskosten

im Jahre		Mk.
1901	sich auf	1 239 680,69
1900		948 059,33
1899		496 003,22
1898		304 536,85
1897		179 273,30

belief.

---

[1]) Auch hier haben die Angaben der „Statistik der Heilbehandlung" Verwendung gefunden.

Die Einführung der obligatorischen Angehörigenunterstützung während der Heilbehandlung und der Ersatzpflicht für die Krankenkassen (§ 18 Abs. 3 und 4 des J.V.-Gesetzes) im Jahre 1899 hat also im Jahre 1901 gegen das Jahr 1899 eine Erhöhung der den Familien der Versicherten gezahlten Beträge auf mehr als das Vierfache bewirkt, während in der gleichen Zeit eine Steigerung der Ersatzleistungen der Krankenkassen ꝛc., welche 1901 ungefähr 15 % der gesamten Aufwendungen der Versicherungsträger für Heilbehandlung ausmachten, auf beinahe das Zweiundeinhalbfache stattgefunden hat.

Das außerordentliche Anwachsen der Ausgaben für Angehörigenunterstützung findet außer anderem noch dadurch seine Erklärung, daß nicht weniger als 17 Versicherungsanstalten von den ihnen durch § 45 des Invalidenversicherungsgesetzes eingeräumten Befugnis Gebrauch gemacht und mit Genehmigung des Bundesrats die gesetzlichen Minimalleistungen erhöht haben, sowie daß auch 6 K.E. über das gesetzliche Mindestmaß der Angehörigenfürsorge hinausgegangen sind.

Nachdem wir so von den Leistungen der Versicherungsträger bezüglich der Heilbehandlung Kenntnis genommen haben, wollen wir nun auch die Frage nach dem Erfolge der letzteren in Kürze in folgendem beantworten. Wir wollen auch hier wieder die Scheidung in ständig und nichtständig behandelte Personen beibehalten und auch bezüglich der Krankenkategorien die bisherige Trennung in Tuberkulose der Lungen und sonstige Kranke nicht ändern. Dabei ist zu beachten, daß eine Heilbehandlung nach den gesetzlichen Bestimmungen dann mit Erfolg geschehen ist, wenn nach Beendigung derselben der körperliche Zustand des Behandelten in absehbarer Zeit nicht eine Erwerbsunfähigkeit im Sinne des Gesetzes (§ 5 Abs. 4 J.V.G.) besorgen läßt.

Betrachten wir zunächst den Erfolg der Behandlung bei den ständig behandelten Personen überhaupt, so finden wir, daß in den Jahren 1897—1901 unter 94 982 ständig behandelten Personen bei 69 251 oder 62 % ein Heilerfolg im Sinne des Gesetzes verzeichnet werden konnte.

Dieser Erfolg verteilte sich auf die einzelnen Jahre und Krankenkategorien folgendermaßen:

im Jahre	Lungentuberkulöse	andere Kranke
1897	2257	4052
1898	3623	5451
1899	5696	7531
1900	8037	10145
1901	11249	11210
in den Jahren 1897—1901	30862	38389

Die Tabelle XI läßt erkennen, daß die Anfangserfolge bei Lungentuberkulösen und sonstigen Kranken in den einzelnen Jahren nicht wesentlich von einander abweichen, im Jahre 1901 aber am günstigsten gewesen sind. Dagegen weisen alle Jahre von 1898—1901 durchweg bessere Ergebnisse in Bezug auf die Dauer des Erfolgs auf als das Jahr 1897, was wohl auf die sorgfältigere Auswahl des Krankenmaterials auf Grund der seither gemachten Erfahrungen zurückzuführen sein dürfte. Während nämlich von den 1897 mit Erfolg behandelten tuberkulösen Männern und Frauen bis nach Ablauf des zweiten und dritten Jahres einschließlich des Behandlungsjahres nur 44 bezw. 30 % erwerbsfähig wurden, konnten von den im Jahre 1898 mit Erfolg behandelten Tuberkulösen nach Verlauf des gleichen Zeitraums noch für 45 % bezw. 39 %, von denjenigen aus dem Jahre 1899 noch für 48 % bezw. 41 % und von denen aus dem Jahre 1900 endlich nach Ablauf des zweiten Jahres einschließlich des Behandlungsjahres sogar noch für 50 % aller Behandelten ein dauernder Erfolg konstatiert werden.

Von den wegen anderer Krankheiten als Lungentuberkulose Behandelten waren nach zwei Jahren aus dem Behandlungsjahre 1897 44 %, aus dem Jahre 1898 48 % und aus dem Jahre 1899 47 %, nach drei Jahren aus dem Behandlungsjahre 1897 39 %, aus dem Jahre 1898 44 % und aus dem Jahre 1899 43 % erwerbsfähig geblieben.

Nach vier Jahren sind die Heilerfolge aus dem Jahre 1897 weiter auf 36 % und die aus dem Jahre 1898 auf 41 % und nach fünf Jahren diejenigen aus dem Jahre 1897 auf 34 %, also gleichfalls nach dem dritten Jahre nur in geringem Umfange, zurückgegangen.

Hinsichtlich der Beständigkeit des Erfolgs tritt zwischen Lungentuberkulösen und anderen Kranken kein erheblicher Unterschied nach Ablauf des zweiten Jahres (einschließlich des Behandlungsjahres) zu Tage. Nach Ablauf des dritten Jahres macht sich aber für das Behandlungsjahr 1897 schon ein größerer Unterschied der Erfolge bei Lungentuberkulösen gegenüber denjenigen bei anderen Kranken bemerkbar, der allerdings von Jahr zu Jahr mit Zunahme der Dauererfolge geringer wird. Gleichwohl ergibt sich nach Ablauf des vierten und fünften Jahres für die im Jahre 1897 und im Jahre 1898 behandelten Personen bei Tuberkulösen ein um 6—7 % weniger günstiger Dauererfolg als bei den anderen Kranken. Bei den Lungentuberkulösen allein scheinen sich die Frauen einer erheblich größeren Beständigkeit des Heilerfolges zu erfreuen.

Eine Wiederholung des Heilverfahrens gegenüber den in dem Zeitraum von 1897—1901 mit Erfolg behandelten Personen war bis zum Ablauf dieses Zeitraums einschließlich des Behandlungsjahres bei Lungentuberkulösen zu mehr als 20 %, bei anderen Kranken zu 15 % aller Behandelten der betreffenden Krankenkategorie erforderlich. —

Dies lehrt uns, daß die Wiederholung des Heilverfahrens bei den wegen Lungentuberkulose Behandelten weit mehr erforderlich ist, als bei anderen Kranken. Bei den Lungentuberkulösen zeigte sich sogar, daß Rückfälle schon im 1. Jahre nach dem Behandlungsjahre auftraten, dann aber mit jedem folgenden Jahre abnahmen.

Wir sehen also bei gerechter Würdigung der Leistungen der Versicherungsträger, daß deren Aufwendungen für die Durchführung des Heilverfahrens nichts weniger als unrentierlich gewesen sind. Doch nicht bei den Aufwendungen allein sind die Versicherungsträger geblieben; zahlreiche Versicherungsanstalten sind, um das Heilverfahren möglichst rationell und erfolgreich durchführen zu können, zur Gründung eigener Heilstätten übergegangen.

Allein 9 Versicherungsanstalten sind im Besitz von Lungenheilstätten, nämlich

Berlin: 2 Heilanstalten in Beelitz.
Brandenburg: 1 Heilanstalt in Kottbus.
Hannover: 3 Heilanstalten in Königsberg, Erbprinzentanne und Schwarzenbach.
Baden: Friedrichsheim.
Thüringen: Römhild.
Hessen: Ernst-Ludwig-Heilstätte.
Braunschweig: Albrechtshaus, Marienheim.
Hansestädte: Oderberg, Glückauf.
Elsaß-Lothringen: Altweiler.

Im ganzen sind bis Ende 1901 14 Versicherungsanstalten für die Errichtung und Unterstützung von Lungenheilstätten mit rund 1200 Betten tätig gewesen. Außerdem verdanken fast alle privatim errichteten Lungenheilstätten ihre Entstehung mehr oder weniger Kapitalien von Versicherungsträgern. So erscheinen denn die Invalidenversicherungsanstalten als die eigentlichen Träger der ganzen Heilstättenbewegung und besonders als die Pioniere im Kampfe gegen die Lungentuberkulose.

§ 18.

IV. Anlage der Kapitalbestände der Organe der Invalidenversicherung, besonders zu gemeinnützigen Zwecken.

Das segensreiche Wirken der Invalidenversicherungsanstalten macht sich aber nicht nur auf dem soeben behandelten Gebiet geltend, sondern die Versicherungsträger üben auch durch die sonstige Art und Weise der Anlegung ihrer enorm wachsenden Vermögensbestände eine fruchtbringende Tätigkeit aus.

Nur zu einem geringen Teile sind dieselben in Staatspapieren angelegt, meistens werden sie anderweitig produktiv verwendet.

So waren von den am Schlusse des Jahres 1901 vorhandenen Kapitalbeständen, deren Höhe sich auf 937 752 442,34 Mk. (gegen 79 269 317,40 Mk. im Jahre 1891) belief, angelegt in[1]):

	1891	Ende des Jahres 1901		
	V.Tr.	V.Tr.	V.Anst.	K.E.
	M.	M.	M.	M.
1. Reichsanleihen	6 026 500,00	34 503 300,00 (32 283 703,85)	28 187 900,00 (25 796 820,97)	6 315 400,00 (6 486 882,88)
2. Anleihen deutscher Staaten und staatlich garantierten Eisenbahnpapieren	22 852 223,80	113 300 913,71 (111 059 097,56)	88 068 992,75 (85 451 358,17)	25 231 920,96 (25 607 739,39)
3. Schuldverschreibungen und Pfandbriefen von Gemeinden, weiteren Kommunalverbänden 2c.	29 259 400,00	301 676 822,48 (298 059 573,31)	285 651 222,48 (282 102 776,58)	16 025 600,00 (15 956 796,73)
4. Darlehen an Gemeinden einschließlich Kirchen- und Schulgemeinden sowie an weitere Kommunalverbände	14 839 266,98	264 859 782,50 (264 348 181,82)	251 618 371,69 (251 072 771,01)	13 241 410,81 (13 275 410,81)
5. Hypotheken und Grundschuldbriefen 2c.	3 165 567,69	175 125 318,31 (175 125 318,31)	162 316 968,28 (162 316 968,28)	12 808 350,03 (12 808 350,03)
6. Sparkasseneinlagen	106 782,00	3 041 650,77	2 681 650,77	360 000,00
7. Grundstücken	1 976 019,23	31 393 539,68	29 759 153,56	1 634 386,12
8. Kassenbestand einschließlich Bankguthabens	1 043 557,70	13 851 114,89	12 838 002,18	1 013 112,71
Zusammen	81 619 054,90	937 752 442,34 (929 162 180,19)	861 122 261,71 (852 019 501,52)	76 630 180,63 (77 142 678,67)

Von dem Gesamtvermögen am Ende des Jahres 1900 bezw. 1901 (siehe Tabelle XII) waren seitens der 31 Versicherungsanstalten und 9 K.E. angelegt in Prozentanteilen ihres jeweiligen Vermögen in[2]):

[1]) Die eingeklammerten Zahlen geben den Ankaufspreis, die übrigen den Nennwert an. Vergl. hierzu A.N. d. R.V.A. 19. Jahrg. Nr. 2.

[2]) Vergl. „Arb.-Versorgung" Jahrg. 1902 Nr. 9 S. 181 ff.

	1900		1901		
	V.Anst.	K.E.	V.Anst.	K.E.	V.Tr.
	%	%	%	%	%
1. Reichsanleihe	3	5	3	8	4
2. Anleihen deutscher Staaten und staatlich garantierter Eisenbahnpapiere	11	40	10	33	12
3. Schuldverschreibungen und Pfandbriefen von Gemeinden, weiteren Kommunalverbänden 2c.	34	21	33	21	32
4. Darlehen an Gemeinden und weitere Kommunalverbände	29	16	30	17	28
5. Hypotheken und Grundschuldbriefen . . .	18	15	19	17	19
6. Sonstigem (Grundstücke, Sparkasseneinlagen, Kassenbestand 2c.)	5	3	5	4	5
Zusammen	100	100	100	100	100

Ob tatsächlich die zugelassenen K.E. die Wertpapiere unter 1 und 2 wesentlich mehr als die Versicherungsanstalten bevorzugen, läßt sich hieraus nicht schließen. Dazu wäre die Kenntnis der Verteilung der Gesamtvermögen dieser K.E. erforderlich, die fast ausnahmslos ihren Mitgliedern noch andere Leistungen, wie Zusatzrenten, Witwenpensionen u. s. w. gewähren.

Besonders erstrebten die Versicherungsträger mehr und mehr die Förderung der Kapitalanlagen zu gemeinnützigen[1]) Zwecken, die speziell der Klasse der Versicherten direkt oder indirekt wieder zu gute kommen sollten, eine sozialpolitische Tätigkeit, die für unsere sozialen Verhältnisse von nicht zu unterschätzender Bedeutung ist.

In dieser Weise war am 31. Dezember 1902 die gewaltige Summe von 298 691 550,55 Mk., wovon seit 1891 durch Rückzahlung, Tilgung 2c. bis Ende 1901 18 Mill. Mk. wieder zurückflossen, zu meist günstigem Zinsfuß ausgeliehen. Der Zinsfuß bewegte sich oft unter dem landesüblichen Zinsfuß und ging bei Darlehen an Gemeinden, besonders ländliche, bis 2 ja sogar bis $1^1/_2$% herab (siehe auch Seite 123 und 138).

Außerdem hatten die Versicherungsträger für eigene Veranstaltungen, wie Krankenhäuser, Heilanstalten, Lungenheilstätten, Genesungs- und Erholungsheime, Invalidenhäuser 2c., bis Ende 1902 24 403 241,06 Mk. verausgabt.

Im ganzen waren bis zum 31. Dezember 1902 323 094 791,61 Mk. für gemeinnützige Zwecke angelegt, d. i. $^1/_3$ des Gesamtvermögens der Versicherungsträger. —

Die Verteilung der Vermögensbestände auf die einzelnen Anlagezwecke erläutert folgende Uebersicht[2]):

---

[1]) Der Ausdruck „gemeinnützig" ist hier auf alle die Gebiete erstreckt, die auf S. 122 erwähnt sind.

[2]) Vergl. A.N. d. R.V.A. 18. Jahrg. Nr. 4 S. 267 ff. u.A.N. d. R.V.A. 19. Jahrg. Nr. 4 S. 323/324.

Anlegung der Vermögensbestände der V.Tr. zu gemeinnützigen Zwecken:

	V.Anst. Ende 1902	K.E. Ende 1902	V.Tr. überhaupt Ende 1902	V.Tr. überhaupt Ende 1895
	M	M	M	M
I. Durch darlehensweise Hingabe:				
1. Für den Bau von Arbeiterwohnungen:				
a) innerhalb der Mündelsicherheit (§ 164 Abs. 1 J.V.G.)	78916549,92	6223101,90	85139651,82	8115856,01
b) außerhalb der Mündelsicherheit (§ 164 Abs. 3 a.a.O.)	17167083,08	1141493,10	18308576,18	—
c) zusammen	96083633,00	7364595,00	103448228,00	—
2. Für den Bau von Kranken- und Genesungshäusern, sowie Volksheilstätten, für Gemeindepflegestationen, Herbergen zur Heimat, Arbeiterkolonien, Volksbäder, Blindenheime, Kleinkinderschulen, für Schlachthäuser, Wasserleitungs-, Kanalisations- 2c. Anlagen, für Spar- und Konsumvereine und andere ähnliche Wohlfahrtseinrichtungen:				
a) innerhalb der Mündelsicherheit:				
α) in städtischen Gemeinden	82054421,92	445000,00	82499421,92	—
β) in ländlichen Gemeinden	42520952,13	207491,00	42728443,13	—
b) außerhalb der Mündelsicherheit:				
α) in städtischen Gemeinden	1100374,00	—	1100374,00	—
β) in ländlichen Gemeinden	1410569,00	24750,00	1435319,00	—
c) zusammen	127086317,05	677241,00	127763558,05	4433400,00
3. Zur Befriedigung des landwirtschaftlichen Kreditbedürfnisses	65300764,50	2179000,00	67479764,50	10266619,28
Summe I	288470714,55	10220836,00	298691550,55	22815875,29
II. Für eigene Veranstaltungen (Krankenhäuser, Heilanstalten, Lungenheilstätten, Erholungs- und Genesungsheime, Invalidenhäuser 2c.)	21932328,35	2470912,71	24403241,06	—
Summe I und II	310403042,90	12691748,71	323094791,61	22815875,29

Welchen Anteil nehmen nun die einzelnen Versicherungsträger an dieser Kapitalanlage und an dem Gesamtvermögen überhaupt?

Nach den amtlichen Nachrichten des R.V.A. besaßen Ende 1901 die größten Vermögensbestände:

			Ankaufspreis der Wertpapiere:
Berlin	mit	56369736,17 Mk.	(55195701,05 Mk.)
Schlesien	„	66303099,28 „	(64669997,71 „)
Rheinprovinz	„	99819770,95 „	(98328516,44 „)
Königreich Sachsen	„	95810018,15 „	(94786416,87 „)
Also diese 4 V.Anst. zus.:		318302624,55 Mk.	

Mithin ist der 3. Teil der Vermögensbestände aller Versicherungsträger in nur 4 Versicherungsanstalten konzentriert, was keineswegs als erfreuliches Zeichen der Entwickelung betrachtet werden kann, und es kann nur unser innigster Wunsch sein, daß die Absicht des Invalidenversicherungsgesetzes, auf die Verteilung der Vermögensbestände dezentralisierend einzuwirken, in möglichst vollkommener Weise erreicht werde.

Die geringsten Vermögensbestände wiesen außer den K.E. (der Allgemeine Knappschaftsverein mit 25 Mill. Mk. und die Pensionskasse für die Arbeiter der preußisch-hessischen Eisenbahngemeinschaft mit 24 Mill. Mk. machen hiervon eine Ausnahme) auf:

Versicherungsanstalt			Ankaufspreis:
Oberpfalz	mit	4105182,59 Mk.	(4130244,12 Mk.)
Niederbayern	„	4810589,19 „	(4804114,19 „)
Unterfranken	„	5379205,56 „	(5386844,62 „)
Oberfranken	„	5695898,09 „	(5678621,73 „)
Braunschweig	„	9032448,82 „	(9032448,82 „)
Schwaben	„	9470227,20 „	(9451557,24 „)
Diese 6 V.Anst. also zus. bloß		38503551,45 Mk.	

Sie besaßen mithin zusammengenommen nicht einmal die Hälfte des Vermögens der Versicherungsanstalt Rheinprovinz oder Königreich Sachsen.

Was die Kapitalanlage für gemeinnützige Zwecke angeht, so wies die Versicherungsanstalt Königreich Sachsen bis Ende 1901 weitaus am meisten auf, nämlich 41495344 oder fast $^1/_7$ der gesamten derartigen Vermögensanlage aller Versicherungsträger, wovon allein 33274458 Mk. auf Darlehen an städtische und ländliche Gemeinden zum Bau von Kranken- und Genesungshäusern[1]) 2c. entfielen. —

Zur Befriedigung des landwirtschaftlichen Kreditbedürfnisses trugen am meisten bei:

Pommern mit 11163400 Mk. und Sachsen Anhalt mit 10065322,40 Mk., während Ostpreußen, Berlin, Posen, Rheinprovinz, Königreich Sachsen, Braunschweig, Hansestädte, sowie alle K.E. außer der „Norddeutschen Knappschaftspensionskasse" (letztere über 2 Mill. Mk.) sich einer solchen Vermögensanlage enthielten. —

Auch bezüglich der Darlehen an Gemeinden für Kranken- und Genesungshäuser 2c. steht die V.Anst. Königreich Sachsen mit 33274458 Mk. an 1. Stelle (siehe auch oben); dagegen fehlt bei $^2/_3$ der K.E. eine sozialpolitische Tätigkeit in diesem Sinne. —

In der Kapitalanlage zum Bau von Arbeiterwohnungen hatte bis Ende 1901 die Versicherungsanstalt Rheinprovinz mit 18907734 Mk. (Zinsfuß: 3—$3^1/_2$ %) den Ehrenplatz; ihr reihte sich an 2. Stelle Hannover an mit 14884695 Mk. (Zinsfuß meist 3—$3^1/_2$ %). Bei Niederbayern, Oberpfalz und Regensburg, Mecklenburg, sowie merkwürdigerweise auch bei 3 K.E. (Saarbrücker Knappschaftsverein, Arbeiterpensionskasse der kgl. sächs. Staatseisenbahnen und Pensionskasse für die Arbeiter der Reichseisenbahnverwaltung) fehlt diese Kapitalanlage völlig.

Die größten Summen für eigene Veranstaltungen verwandte Berlin, nämlich 10961882,60 Mk. oder 62 % des gesamten derartigen Aufwands der Versicherungs-

[1]) Siehe S. 122.

träger, von denen nur 15 Versicherungsanstalten und 4 K.E. mit ihren Vermögensbeständen sich in dieser Richtung produktiv beteiligten. —

Natürlich waren die finanziell günstig gestellten Anstalten imstande, weit mehr und Umfassenderes zu leisten, als die ärmeren Versicherungsanstalten und K.E. Als Beispiel, in welcher Weise eine gut situierte Anstalt die Fürsorge für ihre Versicherten auszugestalten vermag, sei speziell die Landesversicherungsanstalt Berlin angeführt[1]). Die Gesamtsumme, welche Berlin für die Arbeiterwohlfahrt bis Ende 1901 angelegt hat, beträgt über 13 Mill. Mk. Sie besitzt 2 Arbeiterheilstätten in Beelitz, 1 Invalidenhaus und 1 Heilstätte für Geschlechtskranke in Lichtenberg und hat sogar zur Einrichtung einer Arbeitsbörse ein Gebäude in Berlin gepachtet. Außerdem hat sie — meistens zu einem Zinsfuß von 3% — für folgende Einrichtungen Kapitalbestände ausgeliehen:

Für Errichtung von Arbeiterwohnungen	1152000 Mk.
Für Errichtung einer Heilstätte für Nervenkranke	200000 "
Für Errichtung einer Trinkerheilstätte	70000 "
Für Errichtung von Lungenheilstätten	374550 "
Für Errichtung eines allgemeinen Krankenhauses	152850 "
Für eine Arbeiterkolonie	115000 "
Für ein Asyl für Obdachlose	165000 "
Für ein Gewerkschaftshaus und die Errichtung einer Herberge .	650000 "
Für ein Volkserziehungsunternehmen	150000 "
Für ein Unternehmen zur Förderung höherer Bildung und Erwerbstätigkeit des weiblichen Geschlechts	400000 "
Für ein Unternehmen zum Schutze gegen Arbeitslosigkeit für junge Mädchen	319000 "
zusammen:	3740000 Mk.

Wir sind hiermit zum Abschluß der Leistungen der J.V. gelangt.

Um ein anschauliches Gesamtbild derselben zu gewähren, dürfte ein Vergleich derselben mit den anderen Zweigen der staatlichen Arb.V. wohl am Platze sein (siehe Tabelle XIII).

Hinsichtlich der Zahl der Versicherten steht die J.V. an 2. Stelle. Bezüglich der Einnahmen übertraf sie die U.V. im Jahre 1901 um mehr als 21 Millionen Mark, erreichte dagegen nicht diejenigen der Kr.V. (Differenz 18 Millionen Mark), während ihre Ausgaben im gleichen Jahre hinter denen der Kr.- und U.V. weit zurückblieben.

Der Vermögensbestand der Invalidenversicherungsträger betrug 1901 72,9% des Vermögens aller Arb.V.-Einrichtungen. Ihre Entschädigungsleistungen überstiegen im Jahre 1901 um über 7 Millionen Mark die der U.V.; dagegen kann sie natürlich an die Entschädigungsleistungen der Kr.V. aus den oben (S. 115) erörterten Gründen nicht heranreichen. Ihre Gesamtverwaltungskosten erreichten unter allen Arb.V.-Einrichtungen sowohl absolut, wie auch auf die Entschädigungen bezogen die größte Höhe. Andererseits stand ihr Jahresbudget im Verhältnis zu dem der U.- und Kr.V. äußerst günstig, da die Einnahmen mehr wie doppelt so hoch wie die Ausgaben waren. Die Entschädigungsleistungen, die auf den einzelnen Fall kamen, sind bei den J. und A.R. nur um ein weniges geringer als die relativ die höchsten Renten (außer Kr.R. bei der J.V.) gewährende U.V.; die Kr.R. der J.V. überstiegen dagegen auch die U.R. —

Betrachten wir dies Resultat näher, so nimmt gewiß die J.V. einen hervorragenden Platz in der deutschen Arb.V. ein; wir sehen hieraus aber auch

[1]) Vergl. „Arb.-Versorgung" 1902 Nr. 22; ferner Soz. Praxis 11. Jahrg. S. 1152 ff.

sofort manche Mängel derselben, d. i. einmal die teuere Verwaltung und dann das zu enormer Vermögensansammlung führende Verhältnis zwischen Einnahmen und Ausgaben. Die Reformvorschläge, die sich hieraus ergeben, sind: Billigere Verwaltung und anderes Rentendeckungsverfahren (siehe auch S. 68/69), nämlich die Einführung des Kapitaldeckungsverfahrens mit längeren Perioden, durch welches die Beiträge sich bedeutend ermäßigen ließen.

Zweiter Teil.

Wirkungen der Invalidenversicherung.

§ 19.

I. Wirkung auf die Arbeiterschaft.

Das bisher Geschilderte hat sich mit den Leistungen der mit der Durchführung der J.V. betrauten Organe befaßt und in eingehender Weise darzutun versucht, daß die J.V. einen hervorragenden Platz in der gesamten deutschen Arb.V. einnimmt. Es bleibt uns nun noch übrig, die Wirkungen der J.V. zu untersuchen.

Dabei ist es einmal schon schwer, die Wirkungen der Arb.V. überhaupt genau zahlenmäßig festzustellen, und bei den vielen Berührungspunkten, die die einzelnen Zweige derselben gegenseitig haben, greifen die Wirkungen der verschiedenen Arbeiterversicherungszweige in einander über, so daß sich für die Wirkungen eines jeden Zweiges nur in groben Zügen ein einigermaßen anschauliches Bild ergibt. Doch diese Bedenken sollen uns nicht abhalten, eine Schilderung der Wirkungen der deutschen J.V. zu versuchen.

Den namhaftesten Einfluß übt die J.V. naturgemäß auf die Arbeiterschaft aus, sowohl hinsichtlich der materiellen und hygienischen Verhältnisse als auch der Rechtsstellung des Arbeiters.

Hinsichtlich der ersteren trat eine namhafte Besserstellung der Lage der Arbeiter ein durch die öffentlich-rechtlich garantierten Renten und die sonstigen Leistungen der J.V., zu deren Deckung sie nur einen Bruchteil zu leisten haben (§ 27 J.V.G.). Der Reallohn ist also gegen früher erhöht um die Summe, welche der Unternehmer als Beitrag zur Versicherung zahlen muß und um den Zuschuß, den das Reich zu jeder J.- und A.R. gewährt. Die Befürchtung, daß der Unternehmer die ihn treffenden Beitragslasten auf den Arbeiter durch entsprechende Kürzung des Lohns abwälzen werde, erwies sich erfreulicherweise als unbegründet. Nicht nur, daß Arbeitgeber, besonders Dienstherrschaften, häufig die Beiträge der Arbeitnehmer auf ihre eigenen Kosten übernahmen; sondern es erfolgte sogar ein Steigen des Geldlohnes[1]).

Diese Lohnsteigerung kommt u. a. auch in der Erhöhung der Beiträge zur J.V. zum Ausdruck. Seit Inkrafttreten des Gesetzes ist nämlich nicht bloß die Gesamtzahl der entrichteten Beiträge und der Gesamterlös aus denselben namhaft gestiegen, sondern auch die Einzahlungen in die höheren Versicherungsklassen sind gewachsen[2]). Es betrug nämlich die Zahl der Beitragsmarken im Jahre 1892[3])

---

[1]) Siehe hierzu S. 34 Anm. 1.

[2]) Siehe auch S. 89/90.

[3]) Das Jahr 1891 ist wegen der mit den Uebergangsbestimmungen des Invalidenversicherungsgesetzes verbundenen statistischen Unregelmäßigkeiten unberücksichtigt geblieben.

gegenüber der Zahl im Jahre 1899[1]) in den einzelnen Lohnklassen im Verhältnis zu der Gesamtzahl der Beitragsmarken:

Lohnklasse	1892 %	1899 %
I.	24	20
II.	40	35
III.	22	25
IV.	14	20

Hand in Hand mit der eintretenden Erhöhung der Arbeitslöhne ging eine Steigerung des Wohlstandes der unteren Klassen überhaupt, wie sowohl aus der sächsischen[2]) wie der preußischen[3]) Einkommensteuerstatistik hervorgeht. Nicht minder ergibt sich dies aus der Konsumstatistik, wonach die breite Masse an dem Verbrauche besserer Lebensmittel von Jahr zu Jahr größeren Anteil nimmt. Der Konsum der Gebrauchsartikel wuchs von 1890—1898 auf den Kopf der Bevölkerung sehr beträchtlich:

Bierkonsum	von	105,8	auf	124,2 l.
Zuckerkonsum . . .	„	9,5	„	12,4 kg.
Reisverbrauch . . .	„	1,92	„	2,51 „
Rindfleischverbrauch .	„	14,0	„	15,2 „
Schweinefleischverbrauch	„	20,6	„	26,2 „

Natürlich hat diese Wirkung, wie auch verschiedene andere, die J.V. nicht allein verursacht, sondern daran hat die ganze deutsche Wirtschafts- und Sozialpolitik und das Aufblühen der gesamten deutschen Volkswirtschaft einen entsprechenden Anteil.

Außer dieser Steigerung des Konsums läßt auch die große Zunahme der Sparkasseneinlagen[4]) im letzten Jahrzehnt seitens der ärmeren und minderbemittelten Volksklassen auf eine Besserung der materiellen Lage derselben schließen.

---

[1]) Vergl. A.N. d. R.V.A.: Statistik der J.V. von 1891—1899.

[2]) In Sachsen entfielen von der Gesamtsumme der steuerpflichtigen Einkommen auf die Steuerklassen

bis Mk.	1879 %	1894 %	1898 %
800	39,7	29,6	23,4
3300	33,5	37,7	42,0

(1898: 3400 Mk.)

— (Vergl. Laß und Zahn a. a. O. S. 209).

[3]) In Preußen bezogen ein steuerpflichtiges Einkommen von mehr als 900 bis 3000 Mk. in den Jahren:

Jahr	% der Zensiten	bezw.	% der Bevölkerung
1892	86,99		7,09
1896	87,52		7,41
1900	87,74		8,85
1901	88,05		9,43

Und zwar kamen Zensiten auf 1000 der Bevölkerung:

von Mk.	bis Mk.	1892	1896	1900	1901
900	1200	36,66	38,75	47,53	50,72
1200	1500	14,32	14,37	18,27	20,06
1500	1800	8,14	8,23	9,05	9,43
1800	2400	7,83	8,08	8,77	9,03
2400	3000	3,93	4,62	4,92	5,05

(Vergl. Statistische Korrespondenz: 28. Jahrg. Nr. 24 u. 37.)

[4]) Die Zunahme der umlaufenden Sparkassenbücher betrug in den einzelnen Jahren von 1891—1900 gegenüber dem Vorjahre in Preußen: 180294, 201826, 280725, 271830, 349327, 384699, 382477, 405759, 399848, 220934. Vergl. Statistische Korrespondenz 28. Jahrg. Nr. 3.

Diese Hebung der materiellen Lage der Arbeiter ist gleichzeitig von einer Förderung der hygienischen Verhältnisse derselben begleitet gewesen.

Die Gefährdung der Gesundheit der Arbeiter wird tunlichst abgewendet durch die vorbeugende Tätigkeit der Versicherungsträger, indem diese an der Besserung der Arbeiterwohnverhältnisse mitwirken und belehrende Flugschriften über gesundheitliche Verhaltungsmaßregeln verbreiten[1]). Tritt aber die Schädigung der Gesundheit wirklich ein, so wird dieselbe dank der Leistungen der Versicherungsträger durch möglichst rationelle Pflege in Krankenhäusern, Rekonvaleszentenanstalten rc., wie wir im vorhergehenden Teile ausführlich geschildert haben, weitmöglichst aufgehoben.

Nun könnte man glauben, der höhere Lohn und die bessere Lebenshaltung der Arbeiter sei durch ökonomische Ausbeutung derselben wieder ausgeglichen worden. Doch dem ist nicht so; denn sonst hätte sich auch bei der ganzen Bevölkerung eine Steigerung der Sterblichkeit bemerkbar gemacht, die bei der großen Masse der Arbeiter unbedingt auch bei der Gesamtsterblichkeit des deutschen Volkes hätte zum Ausdruck kommen müssen. Die Statistik von 1885—1898 weist aber einen Rückgang der Sterblichkeit von 2,75 % auf 2,18 % der Einwohner auf. Sogar die durch die Tuberkulose, besonders diejenige der Lungen, bewirkte Sterblichkeitsgefahr scheint bereits im Begriffe zu sein nachzulassen. So starben z. B. nach einer Denkschrift des Kaiserlichen Gesundheitsamts (vergl. Sten. Ber. des Reichstages 1900/03 Anl. Bd. Nr. 851) in Deutschland in dem Zeitraum von 1892/95 490335 Personen, dagegen von 1897 bis 1900 nur mehr 460070 Personen an Tuberkulose; d. h. also im letztgenannten Zeitraum, in dem die Bevölkerungszahl viel größer war als im erstgenannten, war dennoch die absolute Zahl der Sterbefälle um rund 30000 geringer als in der Periode 1892/95. In Preußen erlagen von 1000 Lebenden im Jahre 1892 noch 2,41 der Lungenschwindsucht, 1897 dagegen nur mehr 2,18 und 1900 nur noch 2,11. Die geringste Sterblichkeit an Tuberkulose zeigte (analog der in dem betr. Jahre niedrigsten Sterbeziffer überhaupt) das Jahr 1898 mit 20,08 ‱. Im Vergleiche zur allgemeinen Sterbeziffer, die von 21,7 im Jahre 1895 auf 23,3 im Jahre 1900 in Preußen stieg, während die Sterbeziffer für die Lungentuberkulose in demselben Zeitraum von 23,26 auf 21,13 sank, ist die Sterblichkeit an Lungentuberkulose in den letzten Jahren also bedeutend zurückgegangen (vgl. Preußische Statistik 42. Jahrg. 171 S. I u. IV/V).

Natürlich haben an der günstigeren Gestaltung der durch Tuberkulose der Lungen hervorgerufenen Sterblichkeit nicht nur die Arbeiter, sondern alle Volksklassen Teil; zu dem Behufe müßte daher die Sterblichkeit der versicherten Arbeiter speziell geprüft werden, um einen unwiderleglichen Beweis für obige Behauptung zu haben. Leider fehlt uns aber bis jetzt eine derartige Erhebung völlig, und auch die am besten spezialisierte Berliner Statistik würde uns kein zuverlässiges Resultat betreffs der Sterblichkeit *der Arbeiter geben, die der J.V. unterworfen sind.* — Aber nicht bloß in Bezug auf die mit ihr verbundene Todesgefahr wurde die Lungentuberkulose abgeschwächt, sondern auch die von ihr bedrohte Erwerbsfähigkeit wurde, wie im vorigen Teile erläutert worden, vielfach wieder hergestellt.

Diese durch die J.V. direkt oder indirekt hervorgerufenen günstigen Einflüsse auf dem Gebiete der Hygiene in Verbindung mit der Besserung der materiellen Verhältnisse des Arbeiters *heben* unzweifelhaft den *physischen Kräftezustand* desselben, *erhöhen* seinen *Lebensmut* und *steigern* seine *Arbeitsfähigkeit*. Die erwachsene Arbeiterschaft wird widerstandsfähiger

[1]) Vergl. *Laß u. Zahn* a. a. O. S. 211.

gegen Invalidität, und das heranwachsende Arbeitergeschlecht entfaltet sich von vornherein gesünder und kräftiger.

Diese Ausgestaltung der Hygiene übt weiter auch eine bedeutsame Rückwirkung auf unsere Wehrkraft aus und erhöht die Militärtauglichkeit der gewerblichen Arbeiter.

An die Besserung der materiellen und hygienischen Verhältnisse des Arbeiterstandes reiht sich endlich noch eine verbesserte Rechtsstellung, die die J.V. diesem Stand gebracht hat.

Während vorher der Invalide durch seine Verdienstlosigkeit oder doch durch seinen äußerst geringen Verdienst entweder von seinen Angehörigen ernährt werden mußte oder falls solche nicht vorhanden waren oder dieselben nicht imstande waren, ihn zu unterhalten, der Armenpflege anheimfiel, hat er jetzt ein klagbares, unentziehbares, unbedingtes Recht auf Unterstützung in Gestalt der Rente. Er ist nicht mehr Bettler, sondern Pensionär. Damit ist der Arbeiter auch all der in gewisser Hinsicht entehrenden Folgen einer Armenunterstützung z. B. Verlust des Wahlrechts 2c. überhoben, und er bewahrt bei Empfang der Rente seine volle Selbständigkeit, den Vollbesitz der bürgerlichen Rechte. — Ferner bedeutet die Rente einen nicht gering anzuschlagenden Zuschuß zu dem Haushalte, dem der Rentner angeschlossen ist; letzterer wird daher von seinen Angehörigen viel lieber in deren Haushalt aufgenommen wie früher, wo er denselben oft eine Last war. — Weiterhin ist eine rechtliche Besserstellung des Arbeiters im öffentlichen Leben dadurch herbeigeführt, daß er an Verwaltung und Rechtsprechung in Invalidenversicherungssachen teilnehmen kann. Arbeitervertreter wirken mit in den mündlichen Verhandlungen vor den unteren Verwaltungsbehörden, ferner als Beisitzer der Rentenstellen, als Mitglieder des Vorstandes der Versicherungsanstalten, als Beisitzer der Schiedsgerichte und als nichtständige Mitglieder des R.V.A.

Der Einfluß der J.V. erstreckt sich aber nicht nur auf die als Vertreter der Arbeiter fungierenden Personen, sondern auch auf die übrigen Kreise der Versicherten. Zur Uebermittelung dieser Wirkung der J.V. tragen besonders auch die Arbeitersekretariate[1]) bei, welche dadurch, daß sie den Versicherten Aufklärung über die J.V.=Gesetzgebung erteilen, sehr wohltätig wirken.

Zu besonderen Erwartungen hinsichtlich der Beteiligung der Arbeiter an der praktischen Regelung der sie angehenden Verhältnisse, sowie der daraus sich ergebenden günstigen Folgen berechtigen die in dem Invalidenversicherungsgesetz vorgesehenen Rentenstellen. Diesen können unter Wahrung gewisser Voraussetzungen (§ 80 J.VG.) ausgedehnte Obliegenheiten übertragen werden, wie die Mitwirkung bei der Vermögensverwaltung, besonders bei Beteiligung der Anstalten an der Wohnungsfrage, dann namentlich die Auskunftserteilung auf Gebieten, welche die J.V. betreffen. Bei weiterem Ausbau kann dies dazu führen, daß die Rentenstellen Ortsstellen für verwandte Gebiete des Arbeiterschutzes und der Arbeiterfürsorge werden, so daß dann die Arbeiter durch rege Mitarbeit bei denselben für sich direkt oder indirekt hohe Vorteile ziehen können.

Außer diesen Wirkungen sozialpädagogischer Art ist aber auch das Nichteintreten von Wirkungen zu verzeichnen, die manche von der J.V. befürchteten. Viele meinten, die Initiative und die individuelle Energie der Arbeiter

---

[1]) Die Arbeitersekretariate entlasten und erleichtern durch ihre Tätigkeit auch nicht wenig die Geschäftstätigkeit des R.V.A.

Vergl. v. Woedtke: Das Invalidenversicherungsgesetz vom 13. Juli 1899. Berlin 1900 S. 154.

im Kampfe um das Wohlergehen ihrer Person und ihrer Familie werde durch die staatliche Fürsorge abgeschwächt, der Leichtsinn und die Gleichgiltigkeit der Arbeiter durch eine obligatorische Arb.V. erhöht. Dieser Gefahr ist man jedoch wirksam entgegen getreten, indem man die Entschädigungen der J.V. derart festsetzte, daß sie in keinem Fall den Lohn des gesunden Arbeiters erreichen. Die eigene Fürsorgetätigkeit des Arbeiters hat noch ein weites Feld für sich. Und in der Tat wird diese Tätigkeit neben der Zwangsversicherung in zahlreichen Privatkassen („Zuschußkassen") gepflegt. So verausgabten die deutschen Gewerkschaften für Invalidenunterstützung im Jahre 1892 21972 Mk. und im Jahre 1898 bereits 79587 Mk.[1]). Daß die Sparlust der Arbeiter nicht zurückgegangen ist, dafür bilden weitere Belege die Nachweise der Sparkassenstatistik[2]) und die zunehmende Ausbreitung der sog. Volksversicherung, bei welcher die Arbeiterschaft namhaft beteiligt ist.

Ferner hat das Bedenken, daß die J.V. demoralisierend auf die Arbeiterschaft wirke in Gestalt einer Zunahme von Simulation, praktisch nur wenig Bedeutung. Denn es hat sich herausgestellt, daß die Arbeiter ohne Quittungskarte überhaupt nicht in Betrieben Anstellung finden. Der Rentenbezieher ist aber bei der niedrigen Höhe der Renten noch zum Erwerb gezwungen, findet diesen aber nicht oder nur sehr schwer ohne Quittungskarte. Er wird es deshalb vorziehen, das Gesuch um J.R. möglichst hinauszuschieben.

Auch politisch ist ein erzieherischer Einfluß der J.V. zweifelsohne vorhanden. Der Arbeiter wird durch die staatliche Fürsorge mehr und mehr mit den bestehenden Verhältnissen befreundet und ist weit mehr wie früher an den Bestand des Reiches gefesselt. „Insonderheit hat der vom Reiche geleistete Zuschuß zu jeder Rente eine enge Verknüpfung der materiellen Interessen der Versicherten mit den Interessen und der Existenz des Reichs zur notwendigen Folge. Von diesem Standpunkte aus ist es mit als ein Zeichen des erhöhten realpolitischen Verständnisses der Arbeiterschaft zu betrachten, daß während das Invaliditäts- und Altersversicherungsgesetz nur eine Mehrheit von 20 Stimmen im Reichstag erzielte, das Invalidenversicherungsgesetz fast einstimmig von einem mit mehr als 200 Mitgliedern besetzten Hause angenommen worden ist und daß diesesmal auch die Sozialdemokraten — und zwar zum erstenmal für ein sozialpolitisches Gesetz — demselben zugestimmt haben[3])."

§ 20.

II. Wirkung auf die Unternehmer.

Pekuniär wie rechtlich bedeutete das Invalidenversicherungsgesetz für die Arbeitgeber eine neue Last. Zahlte doch z. B. die Firma Friedrich Krupp in Essen (ohne Grusonwerk, Germania-Werft und Zeche Ver. Sälzer und Neuack) allein 226123 Mk. im Jahre 1898 für diese Versicherung[4]). Zu dieser pekuniären Belastung kommt noch, daß die Unternehmer viel Arbeit und Zeit aufwenden, die der Verwaltungsapparat erfordert. Gleichwohl sind diese Lasten sehr leicht erträglich. Nach den Voranschlägen des Gesetzgebers verursacht die J.V. nur 4 Pfg. Beitragskosten pro Kopf und Tag, wovon aber der Arbeitgeber nur etwas

[1]) Vergl. Korrespondenzblatt der deutschen Gewerkschaften vom 21. August 1899.

[2]) Vergl. auch „Stat. Jahrbuch für das Königreich Bayern" Jahrg. 1898 und 1899, sowie „Blätter für administrative Praxis" Bd. 49 S. 206.

[3]) Laß u. Zahn a. a. O. S. 219.

[4]) Vergl. Laß u. Zahn a. a. O. S. 219.

über die Hälfte zu tragen hat. Hierdurch dürfte der Arbeitgeber kaum sehr belastet werden, was auch von industrieller Seite bestätigt wird. Fabrikdirektor Greißl (München) hat berechnet[1]), daß die höchste Belastungsziffer der Arbeitgeber bei der J.V. 1 % des Lohns oder 1 Pfg. pro 1 Mk. Lohn beträgt und daß prozentual auf die J.V. $18^1/_4$ % von aller Belastung durch die Arb.V. treffen.

Selbst eine noch weitere Ausdehnung der Arb.V. auf die Witwen- und Waisenfürsorge birgt keineswegs die Gefahr in sich, unsere Industrie dadurch konkurrenzunfähig zu machen. Auf dem 5. internationalen Kongreß für soziale Arbeiterversicherung in Paris vom 25. Juni 1900 fanden daher die Worte Dr. Zachers großen Beifall, als er erklärte, indem er auf die Ausstellung der deutschen Produkte in Paris hinwies, als deren Jurymitglied er das Juryabzeichen trug: „Daß unsere Industrie die Lasten tragen kann, zeigt sie, daß sie sich trotz der Lasten gut entwickelt, sehen Sie“[2]). — In der Hauptsache dürften die neuen Lasten, die die J.V. den Unternehmern aufbürdet, auch einigermaßen ein weiterer Ansporn gewesen sein, die Technik des Betriebs zu verbessern. Denn je mehr Lohn im fertigen Produkt steckt und je größere Gefahr für Leben und Gesundheit des Arbeiters mit einem Betriebe verknüpft ist, desto größer ist die Belastung. Diese aber zwingt den Arbeitgeber zu technischen Verbesserungen, welch letztere wiederum bloß anwendbar sind mit dem durch höheren Lohn leistungsfähiger gewordenen Arbeiter.

Nicht durchweg war freilich der Einfluß der J.V. wirtschaftlich so günstig. Teilweise bewirkte die Versicherung, mit anderen Ursachen, eine Verschiebung der Produktion aus dem Fabrikbetriebe in die Hausindustrie[3]). Zur Verhinderung einer derartigen Entwickelung wurde die J.V. vom Bundesrat auf die Hausgewerbetreibenden der Tabakfabrikation und einen großen Teil derjenigen der Textilindustrie ausgedehnt. — Hoffentlich läßt die Ausdehnung der obligatorischen Versicherung auf alle Zweige der Hausindustrie nicht mehr lange auf sich warten.

Die anfängliche Unzufriedenheit der Unternehmer aber schwindet immer mehr. Sie gelangen allmählich zur Ueberzeugung, daß Arbeiterfürsorge gleichzeitig eine Hebung der Qualität und Quantität der Arbeitsprodukte bedeutet. Sie finden sich jetzt schon viel leichter mit den mit der Versicherung der Arbeiter verbundenen Unzuträglichkeiten zurecht, zumal auch die ursprünglichen Härten des Invalidenversicherungsgesetzes ja im Laufe des Vollzuges des Gesetzes möglichst beseitigt werden. Zu letzterem gehört z. B. die Anwendung von Marken, die für einen längeren Zeitraum als eine Woche gelten, ferner die Einziehung der Beiträge und das Kleben von Marken durch die Krankenkassen, Gemeindebehörden und sonstige Hebestellen. Des weiteren ist bei Berechnung des steuerbaren Einkommens in Preußen, Baden, Hessen ausdrücklich vorgesehen, daß die Beiträge zur J.V. in Abzug gebrach werden dürfen. — Außer den Leistungen, zu denen der Arbeitgeber gesetzlich verpflichtet ist, unterstützt derselbe vielfach den Arbeitnehmer bei der Durchsetzung seiner Ansprüche gegenüber den Versicherungsanstalten, und auch die staatliche Fürsorge wird noch durch besondere Zuwendungen öfters ergänzt. So spendeten nach einer Zusammenstellung im „Arbeiterfreund“ (37. u. 41. Jahrg.) im Jahre 1898 103 Aktiengesellschaften, 90 private Arbeitgeber und 48 sonstige Personen 27 Mill. Mk. zu gunsten ihrer Fabrikangestellten und Arbeiter, 1899 39 Mill. Mk. und im 1. Halbjahre 1903 sogar 49,8 Mill. Mk. In Wirklichkeit dürfte

---

[1]) Vergl. Schmollers Jahrbuch 23. Jahrg. S. 855.

[2]) „Soziale Praxis“ 9. Jahrg. S. 1029 ff.

[3]) „Amtliche Mitteilungen aus den Jahresberichten der Gewerbeaufsichtsbeamten“ Jahrg. 1895 S. 237; 1896 S. 276; 1897 S. 43, 73, 142, 144; 1898 S. 29, 107; ferner Laß und Zahn a. a. O. S. 222/223.

die Summe noch weit größer sein, zumal nur von einer beschränkten Zahl Arbeitgeber die Angaben vorliegen. Zum großen Teil sind diese Spenden der Einrichtung und Erhaltung statutarisch geregelter Pensions- und Unterstützungskassen für Angestellte, Arbeiter und deren Angehörige gewidmet und bilden so eine erfreuliche Ergänzung nicht nur der J.V., sondern auch der gesamten Leistungen der Arb.V. Fortgesetzt werden von den Unternehmern neue Pensionskassen und Arbeitersparkassen ins Leben gerufen und teilweise selbst unterhalten, deren Formen höchst mannigfaltig sind. Außerdem geschieht seitens der Unternehmer namentlich der größeren, viel für hygienisch befriedigende Verhältnisse in ihren Arbeitsstätten, für die Einrichtung gut und billig liefernder Speisewirtschaften, für Errichtung guter Arbeiterwohnräume rc.

Diese soziale Tätigkeit der Unternehmer übt eine versöhnende Wirkung aus auf die zwischen Arbeitgeber und Arbeitnehmer vorhandenen Gegensätze, was noch gefördert wird durch die gemeinschaftlichen Beratungen und Sitzungen, zu welchen die J.V. Arbeitgeber und Arbeiter zusammenführt.

§ 21.

III. Wirkung auf die Gemeinden.

Dadurch, daß den Gemeindebehörden als den unteren Verwaltungsbehörden ein großer Teil der Ausführungsarbeiten für die J.V. zugefallen ist, erscheinen die Gemeinden nicht unerheblich gegen früher belastet, und man könnte in Versuchung kommen zu behaupten, daß für die Kommunalverbände die Einführung der J.V. nur schädlich gewirkt habe. — Anders stellt sich aber die Sache, wenn man den Wirkungen der J.V. auf die Gemeindeverbände näher nachforscht.

Was zunächst den Einfluß der J.V. auf die Armenpflege angeht, bezüglich deren von Anfang an eine Entlastung durch die J.V. zwar nicht unmittelbar bezweckt, aber doch als unausbleibliche Folge vermutet wurde, so kann leider auch hier trotz der Spezialbeobachtungen, wie sie sowohl von Reichs wegen, wie seitens der Armenverwaltungen in besagter Richtung geschehen sind, absolut ziffermäßig eine Einwirkung nicht nachgewiesen werden. Gleichwohl haben die bisherigen Beobachtungen eine bemerkenswerte Entlastung der Armenpflege durch die J.V. feststellen können, wie sie bei den übrigen Arbeiterversicherungszweigen in dem Maße nicht zu verzeichnen ist.

Schon eine Enquete des deutschen Vereins für Armenpflege und Wohltätigkeit im Jahre 1893, die 378 Armenverwaltungen umfaßte, konstatierte trotz der erst kurzen Dauer der J.V.-Gesetzgebung, daß eine Einwirkung der Invaliden- und Altersversicherung in erheblichem Maße bei der Almosenpflege in Betracht komme [1]).

Eine Erhebung von Reichs wegen im Jahre 1894 [2]) bestätigte im wesentlichen das Ergebnis der Umfrage des deutschen Vereins für Armenpflege und Wohltätigkeit. Und zwar wurde allgemein dem Invaliditäts- und Altersversicherungsgesetz der merkbarste Einfluß auf die Armenpflege beigelegt, indem ein großer Prozentsatz aller derer, die eine Rente beziehen, zu jenen zählen, für welche die Armenpflege hätte eintreten müssen, wenn die Versicherung nicht bestände.

So waren in Berlin bis Ende 1891 bei 109 mitgeteilten Altersrentnern

[1]) Vergl. Schriften des Deutschen Vereins für Armenpflege u. Wohltätigkeit Heft 21 u. 23.

[2]) Vergl. „Vierteljahrshefte zur Statistik des Deutschen Reichs" Jahrg. 1897 Heft II. S. 1 ff.

47 zugleich Almosenempfänger; 11 von diesen konnten die Armenunterstützung mit der Zeit entbehren, und bei 26 konnte die Unterstützung erniedrigt werden.

Küstrin bezifferte seine Ersparnisse wegen der J.V. auf 1020 Mk. pro Jahr, Fürstenwalde auf 678 Mk., Charlottenburg auf 458 Mk., Memmingen in Bayern auf 1600 Mk., Weissenburg a. S. auf 1500 Mk., Karlsruhe auf 7000 Mk., Boizenburg auf 1500 Mk. pro Jahr ꝛc.

Mühlhausen berichtete, daß durch die J.V. auch insofern eine Entlastung für die Armenpflege erwachse, als die alten Leute, welche Renten beziehen, viel leichter bei ihren Kindern Aufnahme finden, während früher die Armenpflege sich um sie kümmern mußte. — Ein Verwaltungsbericht der Stadt Osnabrück für 1897/98 berichtet, daß der Einfluß der Invaliden- und Altersversicherung auf die Höhe der öffentlichen Armenlast ein fortdauernd steigender ist. So konnten daselbst von 50 unter 403 Rentenempfängern, die aus öffentlichen Armenmitteln unterstützt wurden, nach und nach 20, als sie in den Genuß der Rente traten, aus der Armenpflege entlassen werden, und in den 30 übrigen Fällen brauchte die Armenpflege nur ergänzend einzutreten, indem die Rente zur Bestreitung des notwendigen Lebensunterhaltes für den Empfänger und dessen Familienangehörige nicht hinreichte [1]). Ein weiterer Verwaltungsbericht derselben Stadt für das Jahr 1899/1900 teilt mit, daß die U.V. nur in beschränktem Maße die Armenverwaltung entlaste, wohl aber die Alters- und Invalidenversicherung, indem von 68 unter 563 Invalidenrentnern nach und nach 23, als dieselben in den Genuß der Rente traten, aus der Armenpflege entlassen werden konnten [2]).

Eine Untersuchung der Hamburger Armenverwaltung ergab bis Ende des Jahres 1899 eine jährliche Entlastung des Budgets der Armenverwaltung um 13 908,70 Mk. durch den Einfluß des Invaliditäts- und Altersversicherungsgesetzes und von 1894—1899 (31. Dez.) ein Sinken der Zahl der dauernd Unterstützten von 19924 auf 19390 oder um 2,68 %, was sie neben der allgemeinen wirtschaftlichen Hebung zu einem nicht unerheblichen Teil auf die Einwirkung des Invaliditäts- und Altersversicherungsgesetzes zurückführt, dessen Einfluß sich in hohem Maße und stets steigender Tendenz fühlbar mache [3]).

Wenn sich die Zahl der Unterstützten und der Aufwand für dieselben im allgemeinen seit der Einführung der J.V. trotzdem in den Armenverwaltungen vermehrt hat, so hat dies folgende Gründe:

Zunächst wird eine Reihe von Hilfsbedürftigen von den Arbeiterversicherungsgesetzen garnicht oder nur zum Teil getroffen; sodann trägt zur Vermehrung der Armenlast der große Bevölkerungszuwachs in den größeren Städten bei, besonders durch den Zuzug von hilfsbedürftigen, arbeitslosen Familien, sowie die Verteuerung der Mietspreise, die Steigerung der Lebenshaltung der unteren Klassen und die große Zahl der Erwerbslosen bei schlechter Konjunktur. Auch tritt die Scheu vor dem almosenartigen Charakter der Armenunterstützung mehr und mehr zurück, indem die öffentliche Fürsorge von Nichtversicherten und Nichtrentenempfängern häufiger denn früher als Anspruch geltend gemacht wird, so daß sie selbst Privatwohltätigkeit zuweilen zurückweisen. Auch fühlen sich durch die Leistungen, welche den versicherten Personen seitens der Kassen zufließen, die Nichtversicherten versucht, eine reichlichere Unterstützung als ihnen bisher zuteil geworden, bei der Armenverwaltung nachzusuchen und erreichen sie nicht selten. Sodann wollen einige Armenverwaltungen auch eine gewisse Be-

---

[1]) „Soziale Praxis“ 8. Jahrg. Sp. 407.
[2]) „Soziale Praxis“ 10. Jahrg. Sp. 363.
[3]) „Soziale Praxis“ 9. Jahrg. Sp. 1119 ff.

gehrlichkeit solcher Personen, die mit einem Rentenanspruch abgewiesen wurden bezw. denselben wegen ungenügenden Nachweises nicht erheben konnten, beobachtet haben; sie verlangen von der Armenverwaltung Unterstützung oder, wenn sie eine solche bereits bezogen, so begehren sie wegen ihres vermeintlichen Rentenanspruchs eine ergiebigere Unterstützung. In mehreren preußischen Provinzen wird die Vermehrung der Ausgaben für Armenzwecke außerdem auf das preußische Unterstützungswohnsitzgesetz und dessen Ausführungsgesetz vom 11. Juli 1891 zurückgeführt, wonach (§ 31 der Novelle) die Landarmenverbände die Verpflichtung haben, für Bewahrung, Kur und Pflege der hilfsbedürftigen Geisteskranken Idioten ꝛc., soweit dieselben der Anstaltspflege bedürfen, in geeigneten Anstalten Fürsorge zu treffen. — Dagegen beruht die Zunahme der Armenlast nur in sehr beschränktem Maße auf einer freiwilligen Geneigtheit der Armenpflege, die Armenfürsorge weiter auszudehnen und reichlichere Unterstützungen zu gewähren.

Ein Eingreifen der Armenpflege neben den Leistungen der J.V. kommt gleichfalls zuweilen noch vor, teils weil die Armenpflege nicht immer die erforderderliche Kenntnis davon hat, daß der von ihr Unterstützte bereits in eine Rente eingewiesen ist, teils weil die versicherungsrechtlichen Unterstützungen vielfach nicht ausreichen, besonders in Städten mit teurer Lebenshaltung (z. B. Berlin, Hamburg ꝛc).

Auch selbst da, wo infolge der J.V. die Armenlasten stark zurückgegangen sind, reicht diese Minderung nicht an den Aufwand für Versicherungszwecke hin. Man muß eben beachten, daß die bereis erzielte und noch später zu erzielende Entlastung der Armenpflege durch die J.V. immer nur einen geringen Teil der Segnungen der J.V.-Gesetzgebung ausmacht. Indessen entfalten die Armenverwaltungen in der Pflege und Förderung der Leistungen der J.V. eine verdienstliche Tätigkeit. Ueberhaupt ist zu wünschen, wenn die Armenpflegeorgane und die Versicherungsanstalten bei ihrem gleichen Ziele, das sie verfolgen, ständig zusammen arbeiten und ihre Tätigkeit zweckmäßig verteilen. Zu diesen Aufgaben der Armenfürsorge gehört neben der zweckmäßigen Ergänzung unzureichender Leistungen der Versicherung hauptsächlich die Aufklärung der Bedürftigen über die Wohltaten der J.V. und ihre eigenen etwaigen Ansprüche an die Versicherungsanstalt, sowie durch Belehrung der Versicherten die Verhütung leichtsinnigen Aufgebens der Anwartschaft, besonders seitens der weiblichen Versicherten, die leider in der großen Mehrzahl immer noch die Beitragserstattung der Erhaltung der Anwartschaft vorziehen und bei eingetretener Invalidität gewöhnlich der Armenfürsorge anheimfallen und dann zu spät ihren Jugendfehler einsehen. Von besonderer Wichtigkeit ist im Interesse der Verhütung des Eintritts der Armenfürsorge ein Hand in Handarbeiten der Armenverwaltungen und Versicherungsträger auf dem Gebiete des Heilverfahrens. Denn gerade letztere Tätigkeit trägt nicht wenig zur Entlastung der Armenfürsorge bei, indem sie Leuten wieder die Erwerbsfähigkeit gibt, die sonst lebenslänglichem Siechtum und damit in vielen Fällen wegen der oft unzureichenden Höhe der Renten und der vielfachen Unfähigkeit, sich nebenher noch etwas zu verdienen, der Armenfürsorge anheimfallen würden[1]).

Von ebenfalls hoher Bedeutung für die Entlastung der Armenverwaltung ist die Benutzung von Invalidenhäusern durch die Versicherungsanstalten, zu der man sich anfangs nicht entschließen wollte, in letzter Zeit aber doch überzugehen beginnt. Nach Hugo Meyer (siehe Arb.Versorg. 1903 S. 350ff.) war die Invaliden-

[1]) Vergl. „Soziale Ausgestaltung der Armenpflege" von Dr. Flesch und Dr. Soetbeer und „das Verhältnis der Armenverbände zu den Versicherungsanstalten" von Dr. Olshausen und W. Helling 54. bezw. 53. Heft der Schriften des deutschen Vereins für Armenpflege und Wohltätigkeit.

hauspflege (§ 52 J.V.G.) in den Jahren 1900—1901 folgendermaßen ausgestaltet:

V.Anst.	Beginn	1900 Zugang	1900 Abgang	Bestand Ende 1900	1901 Zugang	1901 Abgang	Bestand Ende 1901	Ueberhaupt verpflegt
		Verpflegung in eigenen Invalidenhäusern						
Berlin . . .	13. Nov. 1901	—	—	—	20	—	20	20
Thüringen . .	1. Nov. 1900	16	—	16	29	7	38	45
Braunschweig .	1. April 1900	12	1900 u. 1901 Gesamtabg. 11 u. Gesamtzug. 11				12	23
		Verpflegung in fremden Invalidenhäusern						
Westfalen . .	1901	—	—	—	21	—	21	21
Königr. Sachsen	1901	—	—	—	?	?	?	?
Württemberg .	1900		Es sind nur wenige Fälle vorgekommen					?
Oldenburg . .	1900	8	3	5	9	7	7	17
Zusammen . .	1900—1901	36	?	21?	?	?	108?	126?

Mithin stieg der Bestand der Pfleglinge von ungefähr 21 auf etwa 108, und die Zahl der überhaupt Verpflegten belief sich auf ungefähr 126. — Diesen verpflegten Rentenberechtigten kamen in folgenden Versicherungsanstalten zu gute:

	Jahr	% des Rentenbetrages
Westfalen	1902	210
Württemberg	1900	152
"	1901	292
Oldenburg	1900	175
"	1901	177
Königreich Sachsen	1901	624[1])

Die gesamten Ausgaben der Versicherungsanstalten für die Invalidenhauspflege haben i. J. 1901 54294,19 Mk. betragen, wovon jedoch durch Einbehaltung der Renten 8120,75 Mk. erstattet und durch Zuschüsse von anderer Seite 1093,69 Mk. ersetzt wurden, so daß den Versicherungsanstalten aus der Anwendung des § 25 des Invalidenversicherungsgesetzes eine endgiltige Ausgabe von 45079,75 Mk. erwuchs[2]). Wie diese Berechnungen erkennen lassen, läßt die praktische Anwendung des durch die Novelle geschaffenen Paragraphen noch viel zu wünschen übrig[3]), obwohl gerade hier Gelegenheit geboten wäre, die humanitären Grundgedanken des Invalidenversicherungsgesetzes je nach der Lage des Einzelfalles am besten zu verwirklichen. Denn wenn auch meist die Gewährung der Rente dem Zwecke entsprechen wird, so dürfte aber doch nicht selten mehr Segen dadurch gestiftet werden, daß man die Invalidität des Erwerbsunfähigen durch Anstaltspflege erleichtert.

Andererseits muß aber auch berücksichtigt werden, daß die Invalidenhauspflege nur von solchen Versicherungsanstalten übernommen werden kann, die bei

[1]) Dieser Satz dürfte — auch nach H. Meyers Ansicht — etwas zu hoch sein; wahrscheinlich enthalten die Ausgaben, auf welche Meyer seine Berechnungen basiert, auch Beträge, die nicht auf die im Jahre 1901 verpflegten Rentenberechtigten allein entfielen.

[2]) Siehe A.N. d. R.V.A. 19. Jahrg. Nr. 1 S. 143.

[3]) Seit 16. Juli 1903 besitzt auch die hanseatische V.Anst. ein eigenes Invalidenheim für tuberkulöse Männer.

ihrem Sondervermögen nennenswerte Ueberschüsse erzielt haben. Daher mag es finanziell nicht ungerechtfertigt erscheinen, wenn die Versicherungsanstalten in dieser Richtung nur allmählich vorgehen. Bei Uebernahme des Heilverfahrens liegt die Sache ganz anders. Hier hofft man auf eine rentierliche Anlage des aufgewandten Kapitals, indem durch die Heilbehandlung den Invaliden ihre Erwerbsfähigkeit wiedergegeben werden soll, wodurch dann die Zahlung der Rente wegfällt.

Worin besteht nun diese Invalidenhauspflege? Es ist eine Ersetzung der Geldrente durch Anstaltspflege und Naturalleistungen. In den Invalidenhäusern, die Eigentum von Versicherungsanstalten sind, werden die Pfleglinge — natürlich ohne Zwang — mit leichter Arbeit, wie Korbschnitt, Knüpfarbeiten, Tischlerei, Besenbinden, Anfertigung von Holzpantoffeln ꝛc. und landwirtschaftlichen Arbeitsleistungen beschäftigt. Das Material zur Arbeit wird von der Anstalt geliefert; das fertige Produkt geht in den Besitz der Pfleglinge über. Die landwirtschaftlichen Produkte werden im Invalidenheim verbraucht. Die Versicherungsanstalt Thüringen gewährt sogar den Pfleglingen halbjährlich Arbeitsprämien in der Höhe von 6—18 Mk., um zur Arbeit anzuregen, sowie ein Taschengeld von monatlich 1 Mk; ferner hat sie den Pfleglingen eine kleine Bibliothek und Spiele zur Unterhaltung beschafft, und das Weihnachtsfest versammelt die Angehörigen des Invalidenheims zu gemeinsamer Weihnachtsfeier. Diejenigen Versicherungsanstalten, die ein eigenes Invalidenheim besitzen, nehmen nur Rentenempfänger desselben Geschlechts — bisher nur Männer — auf, während die übrigen, die ihren Rentenempfängern — vielfach (z. B. Westfalen und Oldenburg) unter Zusicherung von Zuschußzahlungen seitens der Ortsgemeinden, Armenverbände ꝛc. — die Aufnahme in Invalidenhäuser ermöglichen, leichter für beide Geschlechter sorgen können.

Der Kapitalwert der Anstaltspflege ist vielfach, wie oben (S. 134) dargelegt ist, dem doppelten Geldwert der Rente gleichzusetzen; gleichwohl scheint es, als ob die Invalidenhauspflege bei den Rentenempfängern keine große Beachtung findet[1]).

Außer der direkten Entlastung der Kommunalverbände und Armenverbände, gab die reichsgesetzliche J.V. den Gemeinden eine Anregung in gleicher Richtung, wie die J.V.-Gesetzgebung, vorzugehen, um das Los der von ihnen beschäftigten Arbeitnehmer zu bessern.

Früher wurden invalide oder altersschwache Gemeindearbeiter in der Regel solange wie möglich noch beschäftigt (z. B. als Straßenkehrer ꝛc.) und dann auf die Armenpflege oder sonstige Unterstützungen verwiesen. Auch heute findet man dies noch vielfach; immerhin mehrt sich aber doch die Zahl der Fälle, in denen Stadtgemeinden ebenso, wie für die schon länger Pensionsrechte besitzenden städtischen Angestellten, auch für die alt oder invalid gewordenen Arbeiter und deren Angehörigen, durch Pensionskassen oder ähnliche Einrichtungen Sorge tragen, um die Leistungen der gesetzlichen Versicherung, die — besonders in den Großstädten — oft als zu niedrig bezeichnet werden müssen, zu ergänzen.

Während nur einzelne Arbeiterpensionskassen sich an die Reichsgesetzgebung anlehnen und die Pension in Form eines Zuschusses zur J.- oder A.R. gewähren, sind die meisten abhängig eingerichtet[2]). Fast alle aber ziehen die Leistungen der gesetzlichen Versicherung ganz oder teilweise ab. Fast überall finden wir die Festsetzung einer Wartezeit von zehn ununterbrochenen Dienstjahren, die aber gewöhnlich erst von einem bestimmten Alter, z. B. dem vollendeten

---

[1]) Siehe hierüber H. Meyers Aufsatz in der Arb.-Versorg. 1903 S. 350 ff.

[2]) Siehe Arbeiterwohl 22. Jahrg. S. 287 ff.

21. oder 25. Lebensjahre an gerechnet wird. Andererseits ist aber auch in vielen Gemeinden die Pensionsberechtigung dann ausgeschlossen, wenn bei Eintritt in städtische Dienste schon eine gewisse Altersgrenze überschritten ist. — Gewöhnlich ist volle Erwerbsunfähigkeit oder die Vollendung des 65. Lebensjahres die Voraussetzung der Pensionierung. Die Grundbeträge der Renten sind entweder in ihrer absoluten Höhe fixiert oder sie richten sich nach dem bei voller Erwerbsfähigkeit erreichten Jahresarbeitsverdienst des letzten oder früherer Jahre. Die Rentensätze schwanken zwischen 20 % und 40 % des Jahresarbeitsverdienstes; bei niedrigen Grundbeträgen ist der Steigerungssatz, um welchen sich in bestimmten Zeitabschnitten je nach den geleisteten Dienstjahren der Rentenanspruch vergrößert (1 – 1½ %), meist etwas höher wie bei hohen Grundbeträgen. Die Maximalbeträge sind ebenfalls absolut oder relativ bestimmt und bewegen sich zwischen 60 und 75 % des Arbeitsverdienstes. Vielfach ist außer dem Grundbetrag auch noch ein Mindestbetrag festgesetzt. Die meisten Kassen bewilligen auch Witwen- und Waisengelder. Fast nirgends besteht eine Beitragspflicht; dann aber haben die Arbeiter aber auch kein Recht der Mitverwaltung und keinen Rechtsanspruch auf Pension.

In der Regel kann die Rente (z. B.) nach den Statuten in jedem einzelnen Fall vom Magistrat festgesetzt und bewilligt und jederzeit geändert und wieder entzogen werden. Jedoch ist die Nichtbewilligung oder Wiederentziehung meist von der Zustimmung der Stadtverordnetenversammlung abhängig. Beitragspflicht und Rechtsanspruch besteht nur in München[1]). In dieser Stadt beträgt der Aufwand für die Pensionskasse der Arbeiter 90 000 Mk. Fünfjährige Zugehörigkeit zur Kasse ermöglicht dort den Beginn der J.R., deren Grundbetrag sich auf 30 % des letzten Jahresverdienstes beläuft und deren jährliche Steigerungssätze 1½—80 % (Höchstbetrag) betragen. Der Beitrag beziffert sich bei Eintritt vor vollendetem 30. Lebensjahre auf 3,5 % und bei Beitritt zwischen dem 30. und 40. Lebensjahre auf 4 % des Lohnbezuges. Der Rechtsanspruch erlischt mit dem Ausscheiden aus dem Gemeindedienst. Hat ein Arbeiter bereits einen Rechtsanspruch erworben, so kann ihm nur auf Grund Magistratsbeschlusses gekündigt werden; jedoch werden die eingezahlten Beiträge bei Kündigung seitens der Gemeinde ganz, bei Kündigung seitens des Arbeiters zur Hälfte, in beiden Fällen ohne Zinsen zurückerstattet, bei Entlassung auf disziplinarem Wege aber nur ausnahmsweise und höchstens bis zur Hälfte.

Nach Paul Mombert[2]) erhält ein Arbeiter, bei dessen Pensionierung ein Jahresverdienst von 1000 Mk. in Anrechnung kommt und der vor Eintritt in städtische Dienste bezw. vor Beginn der sog. Wartezeit schon fünf Jahresbeiträge zur J.V. geleistet hat, an J.R. und Pension zusammen nach einer Dienstzeit von

in	10	20	30	35 Jahren
	Mk.	Mk.	Mk.	Mk.
Frankfurt a. M. .	240	500	500	575
Berlin	442	660	675	675
			(schon mit 25 Jahren)	
Dresden . . .	242	294	346	372
München . . .	375	525	675	750

Damit ist der Einfluß der J.V. auf die kommunale Sozialpolitik aber noch nicht abgeschlossen. Eine weitere, und zwar hygienisch vorbeugende, Tätigkeit zu gunsten der Arbeiterschaft üben — abgesehen von Vereinen — die Ge-

[1]) Siehe Arbeiterwohl 22. Jahrg. S. 289.

[2]) „Die deutschen Stadtgemeinden und ihre Arbeiter" (S. 185) Stuttgart 1902 von Paul Mombert.

meinden, und zwar vielfach mit Hilfe reichlicher finanzieller Unterstützung seitens der Versicherungsanstalten (siehe vorigen Teil) aus durch Förderung der Bestrebungen für gute, billige und gesunde Arbeiterwohnungen, durch Schaffung von freien, zur Erholung der Bevölkerung bestimmten Plätzen und Parks, von Turn-, Spiel- und Sportplätzen, von Volksbädern, ferner durch zweckmäßige Schulhygiene, durch Anlage guter Wasserleitungen und Kanalisationen, sowie durch Desinfektions- und Abfuhranstalten[1]).

Ebenso wird dem Bildungsbedürfnis der Arbeiterschaft immer mehr seitens der Gemeinden durch Einrichtung von Volksbibliotheken, Volkslesehallen, Volksvorlesungen, Haushaltungsschulen, Fortbildungsschulen, Waisenpflege rc., wozu gleichfalls Versicherungsanstalten Geldsummen (z. B. Berlin: siehe vorigen Teil) zur Verfügung stellen, Rechnung getragen[1]).

In der Erkenntnis ferner, daß der Arbeiter nur dann die Wohltaten des Invalidenversicherungsgesetzes sich zu sichern vermag, wenn er in einem die Versicherungspflicht begründenden Arbeitsverhältnis sich befindet, sind an vielen Orten Arbeitsvermittelungsanstalten errichtet, welche Zentralstellen für den Arbeitsmarkt bilden und das Auffinden von Arbeitsgelegenheit erleichtern und beschleunigen. Am bedeutendsten hat sich von diesen Aemtern das städtische Arbeitsamt in München entfaltet.

Die Arbeitsbörse in Berlin verdankt, wie schon früher (siehe S. 124) erwähnt, ihr Entstehen der dortigen Versicherungsanstalt, welche die Wichtigkeit der Arbeitsvermittelungsanstalten für die J.V. wohl erkannt hat.

Außer den Versicherungszwecken liegt aber auch der große gemeinnützige Zweck dieser Arbeitsämter klar auf der Hand und bedarf nicht der weiteren Ausführung.

§ 22.

IV. Wirkung der Invalidenversicherung auf die Gesamtheit.

Nicht nur die Arbeiterschaft, die Unternehmer, die Gemeinden, selbst die Gesamtheit der Bevölkerung steht unter dem Einfluß der J.V.

Um zunächst einer Wirkung Erwähnung zu tun, die sowohl für die Arbeiterschaft, wie für die gesamte deutsche Nation von Wichtigkeit ist, so können (§ 4 J.V.G.) durch Bundesratsbeschluß Ausländer von der Versicherungspflicht befreit werden, eine Befugnis, von der der Bundesrat neuerdings durch Beschluß vom 21. Februar 1901 gegenüber polnischen Arbeitern österreichischer oder russischer Staatsangehörigkeit Gebrauch gemacht hat[2]). Dies ist ein Schritt von prinzipieller Bedeutung. Denn die durch den Fortfall der Beiträge der Arbeiter zur J.V. eingetretene Begünstigung fremder Arbeiter wird durch die Verpflichtung ausgeglichen, daß der Arbeitgeber für die eventuell in Dienst genommenen fremden Arbeiter die vollen Beiträge zahlen muß. Man hat es hier also in der Tat mit nichts anderem als einer Art Schutzzoll gegen die ausländische Arbeit zu tun, und es liegt kein Grund vor, bei diesem einen schüchternen Versuch nach dieser Richtung hin stehen zu bleiben. Das Schlagwort vom „Schutz der nationalen Arbeit“ gewinnt somit einen ganz neuen Sinn. Nicht die Produkte der nationalen Arbeit werden von der Konkurrenz der im Auslande hergestellten Produkte geschützt, sondern der heimische Arbeiter selbst wird davor

---

[1]) Siehe Laß u. Zahn a. a. O. S. 233.

[2]) Vergl. A.N. d. R.V.A. 18. Jahrg. Nr. 4 S. 339; „Die J. u. A.V. i. Deutschen Reich“ 11. Jahrg. Nr. 18.

bewahrt, von Ausländern im Wettbewerb um die Arbeitsgelegenheit geschlagen zu werden. Und damit wird auch gleichzeitig die deutsche Nation vor einer für die Erhaltung des Staats gefährlichen Untermischung mit fremden Nationalitäten möglichst zu schützen gesucht. Der immer regere Verkehr, in dem die europäischen Völker unter einander und auch mit überseeischen Rassen treten, läßt erwarten, daß diese Art von Schutz im laufenden Jahrhundert mehr und mehr das öffentliche Interesse in Anspruch nehmen wird.

Doch damit dürfte der Einfluß der J.V. auf die Gesamtheit noch nicht erschöpft sein. Besonders hat die durch die J.V. veranlaßte gewaltige Vermögensansammlung, die am Ende des Jahres 1900 über 71 % des Vermögens der ganzen Arb.V. betrug, einen nicht zu unterschätzenden Einfluß auf den Geldmarkt ausgeübt. Wohl werden der Produktion bedeutende Summen entzogen, diese fließen jedoch in die Volkswirtschaft bald wieder zurück und zwar einmal durch die Leistungen für die Versicherten, dann aber auch in Form von Darlehen aus den Kapitalien der Versicherungsträger an Korporationen und Einzelpersonen. Man bedenke nur, daß von dem Vermögen der Versicherungsanstalten, welches Ende 1901 die gewaltige Summe von 929162180,19 Mk. aufwies, allein 883917525,62 Mk. in Wertpapieren und Darlehen angelegt waren, deren jährlicher Zinsertrag von 1891—1901 von 3,67 % auf 3,56 % im Durchschnitt fiel und in den Jahren 1897 und 1898 den niedrigsten Stand (3,49 %) hatte. Daß auf diese Weise der allgemeine Zinsfuß in seiner sinkenden Tendenz bestärkt wird, ist sehr wahrscheinlich. Dies kommt dem aufstrebenden Arbeiter und dem auf Kredit unternehmenden Teil der Arbeitgeber zu statten, welcher so die Last der Arbeitgeberbeiträge teilweise dem beweglichen Leihkapitale zuwälzt. Dagegen dürfte sich die Erwartung[1]) kaum oder doch nur in sehr geringem Maße erfüllen, daß auch der Geldumsatz auf dem Lande durch die Summen der J.V. sich insofern vermehren werde, als der ländliche Arbeiter durch die Versicherung besser gestellt und dadurch leichter zum Bleiben auf dem Lande veranlaßt werde, sowie daß die städtischen Rentenempfänger infolge der relativ geringen Höhe der Renten nach dem Lande oder kleinen Städten, wo die Lebenshaltung im allgemeinen billiger ist als in Industriezentren, ziehen und dort Wohnung nehmen würden. Denn alle industriellen Anstalten melden ein relativ fortwährendes enormes Steigen der Invalidenrentner und eine relativ langsame Abnahme, einige sogar eine Zunahme der Altersrentner. So hatte z. B. die landwirtschaftliche Versicherungsanstalt Ostpreußen im Jahre 1892 einen Zugang von 1053 Invalidenrentnern und im Jahre 1900 einen solchen von 6653 Invalidenrentnern; dagegen die industrielle Versicherungsanstalt Berlin im Jahre 1892 einen Zugang von nur 193, aber im Jahre 1900 schon einen solchen von 3048 Invalidenrentnern.

Während die Zahl der Invalidenrentner also in Ostpreußen bis 1. Januar 1901 auf das Sechsfache stieg, stieg sie im gleichen Zeitraume in Berlin auf das Sechzehnfache. — In der hanseatischen Versicherungsanstalt betrug ihre Zahl am 1. Januar 1901 das Fünfzehnfache, in Sachsen das Zwölffache der Zahl des Jahres 1892.

Die Anzahl der Altersrentner fiel in Ostpreußen in derselben Zeitperiode von 2835 auf 652 oder um 77 %, in Berlin dagegen von 432 auf 383 oder um bloß 12 %; in der hanseatischen Versicherungsanstalt von 377 auf 310 oder um 18 %. In Sachsen stieg sie sogar von 1857 auf 2457 oder um 25 %; auch in Württemberg überstieg die Zahl der Altersrentner des Jahres 1900 diejenige des Jahres 1892.

---

[1]) Siehe auch Laß u. Zahn a. a. O. S. 234.

Einen erheblichen Nutzen zieht von den Versicherungskapitalien die Landwirtschaft, indem ihr gegen niedrige Verzinsung bis Ende 1902 über 67 Mill. Mk. zur Befriedigung des landwirtschaftlichen Kreditbedürfnisses — für Hypotheken, Kleinbahnen, Land- und Wegeverbesserungen, Hebung der Viehzucht, Linderung der Futternot — zur Verfügung gestellt worden sind.

Auch sonst sind die Versicherungskapitalien Geldquellen für gemeinnützige Zwecke, indem sie, wie schon erwähnt, den Bau von guten Arbeiterwohnungen, Kranken- und Genesungshäusern, Volksheilstätten, die Errichtung von Gemeindepflegestationen, Herbergen zur Heimat, Arbeiterkolonien, Volksbädern, Blindenheimen, Kleinkinderschulen, Schlachthäusern, Wasserleitungs-, Kanalisations- 2c. Anlagen unterstützen und fördern und indem sie Spar- und Konsumvereine und andere Wohlfahrtseinrichtungen ins Leben rufen. Auf die genannte Weise sind so bis 1. Januar 1903 fast 213 Mill. Mk. seitens der J.V. verwandt worden, wovon allein $103^1/_2$ Mill. Mk. dem Bau von Arbeiterwohnungen dienten (siehe § 18).

Manchen Sozialpolitikern leisten die Versicherungsanstalten in dieser Hinsicht, besonders für Verbesserung des Wohnungswesens, noch nicht genug. Sie verlangen, daß die Versicherungsanstalten durch Gesetz gezwungen werden müßten, eine bestimmte Quote ihres Vermögens für den Bau von billigen Wohnungen zur Verfügung zu stellen.

Das hieße denn doch die wirtschaftliche Selbständigkeit der Versicherungsanstalten zu sehr einschränken und den Versicherungsanstalten Verpflichtungen auferlegen, durch die eventuell ihr eigentlicher sozialpolitischer und wirtschaftlicher Charakter zum Schaden der Versicherten notleiden könnte. — Auch dürfte es vom Standpunkte des Wohnungswesenreformers verfehlt sein, in den Versicherungsanstalten eine hauptsächliche finanzielle Stütze für die zur Lösung der Wohnungsfrage erforderlichen Mittel zu suchen.

Auch „der Gemeinsinn der Bevölkerung“ erfuhr eine namhafte Neubelebung und Stärkung durch die J.V. In der richtigen Erkenntnis, daß die obligatorische J.V. die besitzenden Klassen keineswegs von der allgemeinen Menschen- und Christenpflicht der Fürsorge für die Armen und Bedrängten entbindet, haben sich zahlreiche Vereine [1]) gebildet, welche die Aufgabe verfolgen, die Gedanken und Ziele der einzelnen Zweige der Arb.V. fortzubilden und weiter auszugestalten [2]), und auch internationale Kongresse sind diesen Fragen näher getreten, um möglichst der ganzen Menschheit die segensreichen Wirkungen einer J.-, wie einer gesamten Arb.V. zu gute kommen zu lassen (z. B. die Arb.V.- und Tuberkulosenkongresse).

§ 23.

Schluß: Rückblick.

Werfen wir, nachdem wir so ein entwickelungsgeschichtliches Bild der gesetzgeberischen wie materiell praktischen Seite der deutschen J.V. entworfen haben, zum Schluß noch einmal einen Rückblick auf die Entwickelung dieser Versicherung, so können wir die Ergebnisse unserer Erörterung in folgendem zusammenfassen:

---

[1]) Z. B. „Die Vereinigung zur Fürsorge für kranke Arbeiter zu Leipzig“ (gegründet 1894); „Institut für Gemeinwohl zu Frankfurt a. Main“; „Verein für Unfallverletzte“ (gegründet 1899); „Westdeutsche Heil- und Heimstätte für Verkrüppelte, Bethesda“ (gegründet 1899 in Kreuznach); „Organisation vom „Roten Kreuz“ u. a. m.

[2]) Laß u. Zahn a. a. O. S. 235 ff.

Die anfängliche, in vieler Beziehung auch berechtigte, geringe Sympathie im Volke für das Gesetz beruhte — abgesehen von den tatsächlichen Mängeln des Invaliditäts- und Altersversicherungsgesetzes und seiner Durchführung — in den ersten Jahren nicht zum wenigsten auf der geringen Beobachtung der gesetzgeberischen Bestimmungen, besonders bezüglich der Beitragsleistung. Nach und nach, zumal nachdem auch das Gesetz an und für sich durch die Novelle von 1899 eine wesentliche Besserung erfahren hatte und auch die Versicherungsträger mit ihrer Aufgabe besser vertraut waren, legte sich die Antipathie wesentlich, und es mehren sich die Anzeigen, daß das Gefühl der Zufriedenheit und Zusammengehörigkeit im Volke wächst. Wohl haften der Gesetzgebung noch manche Härten und Unzuträglichkeiten an, die jedoch — wie man hoffen darf — im Laufe der Zeit beseitigt werden dürften. Um aber eine wirklich gute und durchgreifende Reform zustande zu bringen und eine möglichst segensreiche Wirkung der J.V. zu erzielen, dazu bedarf es nicht zum mindesten der tätigen Mitarbeit der Arbeiterschaft selbst und einer Agitation unter ihr, die es ihr zum Bewußtsein bringt, daß Gesetze für sie da sind und daß deren Einhaltung von ihr selbst zum größten Teile abhängt. Dann wird man auch einen bedeutungsvollen Schritt vorwärts tun nach dem Endziel der Sozialreform, dem Ausgleich ungesunder, gesellschaftlicher Gegensätze.

Daß die Wirkungen der deutschen J.V. weit über die Grenzen des Reichs hinausgehen, ist allgemein bekannt und bei Deutschlands augenblicklicher politischer und wirtschaftlicher Stellung leicht begreiflich. Es regen sich auch die übrigen Kulturvölker, dem Beispiele Deutschlands zu folgen (vgl. hierzu Dr. Zacher: „Leitfaden zur deutschen Arb.V.“ 1900 und 1902). So bedeutet die Einführung der staatlichen J.V. in Deutschland nicht nur eine deutsche, sondern auch eine weltgeschichtliche Wendung der Arb.V. und damit der gesamten Sozialpolitik. — Möge diese segensreiche Entwickelung der deutschen J.V., welche dem Wohle der Arbeiter, dem Wohle der Allgemeinheit, dem sozialen Frieden in hohem Maße förderlich ist, in keiner Weise in der Zukunft gestört werden, vielmehr sich immer blühender gestalten zum Besten des Reichs und zum Segen unserer weiteren wirtschaftlichen und kulturellen Entwickelung.

Tabellen.

Tabelle

Einnahmen, Ausgaben und Vermögen der

Jahr	Einnahmen			Aus-
	V.Anst.	K.E.	V.Tr. überhaupt	V.Anst.
	M	M	M	M
1891	89626342,10	5141721,29	94768063,39	12824103,09
1892	92199085,87	7353488,26	99552574,13	17637842,60
1893	96199815,97	7479777,38	103679593,35	20975792,18
1894	102129131,11	8049435,44	110178566,55	25145667,47
1895	107754733,87	8370520,94	116125254,81	30539806,99
1896	116172042,77	8820912,85	124992955,62	37216521,27
1897	121616911,13	9587836,31	131204747,44	43335986,49
1898	128959027,62	10203668,87	139162696,49	49938332,67
1899	140375556,23	10888910,84	151264467,07	57116559,26
1900	143318506,76	12990156,07	156308662,83	67244067,63
1901	151801446,71	13852943,87	165654390,58	76158418,97
1891—1901	1290152600,14	102739372,12	1392891972,26	438133098,62

[1]) Diese Summe weicht etwas von dem wirklichen Vermögensbestande (ausschließlich geschätzt werden konnte (vergl. A.N. d. R.V.A. 1902 Nr. 1 S. 132 und „Statistik der I.V. für für Ende 1901 nur 929162180,19 M.

I.

Versicherungsträger in den Jahren 1891—1901.

gaben		Vermögenszuwachs ausschließlich Inventar		
K.E.	V.Tr. überhaupt	V.Anst.	K.E.	V.Tr. überhaupt
ℳ	ℳ	ℳ	ℳ	ℳ
324905,40	13149008,49	76802239,01	4816815,89	81619054,90
552622,77	18190465,37	74561243,27	6800865,49	81362108,76
752534,59	21728326,77	75224023,79	6727242,79	81951266,58
1134625,77	26280293,24	76983463,64	6914809,67	83898273,31
1270796,99	31810603,98	77214926,88	7099723,95	84314650,83
1637574,72	38854095,99	78955521,50	7183338,13	86138859,63
1953255,46	45289241,95	78280924,64	7634580,85	85915505,49
2512299,54	52450632,21	79020694,95	7691369,33	86712064,28
3309289,23	60425848,49	83258996,97	7579621,61	90838618,58
5967384,03	73211451,66	76074439,13	7022772,04	83097211,17
6092842,41	82251261,38	75643027,74	7760101,46	83403129,20
25508130,91	463641229,53	852019501,52	77231241,21	929250742,73 [1])

Inventar) Ende 1901 ab, da bei den K.E. das Vermögen bis zum Jahre 1899 zum Teil nur die Jahre 1891—1899, 1901, 1. Beiheft S. 11); infolgedessen beträgt das Vermögen der V.Tr.

Tabelle II.

Es beträgt in 1000 ℳ

die Differenz des mutmaßlichen Vermögensbestandes und des mutmaßlichen Deckungskapitals der laufenden Renten am 1. Januar 1900 (St.B. d. R. Anlage IV, Aktenstück Nr. 93, 1898/99).

Überschuß = +; Fehlbetrag = –.

Nr.			Nr.			Nr.		
1	Ostpreußen	– 10288,5	14	Oberbayern	8915,9	22	Königreich Sachsen .	58897,1
2	Westpreußen . . .	+ 501,9	15	Niederbayern . . .	– 1320,4	23	Württemberg . . .	14214,3
3	Berlin	39650,4	16	Pfalz	+ 5877,5	24	Baden	16866,0
4	Brandenburg . . .	17512,1	17	Oberpfalz	537,5	25	Großherzogtum Hessen	9890,6
5	Pommern	5844,1	18	Oberfranken . . .	1180,7	26	Mecklenburg . . .	3332,0
6	Posen	542,6	19	Mittelfranken . . .	7980,0	27	Thüringen	13419,5
7	Schlesien	19259,5	20	Unterfranken . . .	1373,9	28	Oldenburg	2633,5
8	Sachsen-Anhalt . .	25255,8	21	Schwaben	3782,3	29	Braunschweig . . .	5405,6
9	Schleswig-Holstein .	4304,9				30	Hansestädte	24037,3
10	Hannover	11048,8	14—21	zusammen . . .	28327,4	31	Elsaß-Lothringen . .	14062,6
11	Westfalen	24341,5				22—31	zusammen . . .	162758,5
12	Hessen-Nassau . . .	17630,5				1—31	zusammen . . .	398802,6
13	Rheinprovinz . . .	52031,5				32—40	= K.E.	47290,1
1—13	zusammen	207716,7				1—40	zusammen . . .	446092,7

Tabelle III.

Aufwendungen der 40 Versicherungsträger an Renten, Beitragserstattungen und für Heilbehandlung.

Jahr	Renten überhaupt	J.R.	Kr.R.	A.R.	Beitrags-erstattungen	Heil-behandlung[1])	insgesamt
	ℳ	ℳ	ℳ	ℳ	ℳ	ℳ	ℳ
1891	15 299 132,86	129,07	—	15 299 003,79	—	372,84	15 299 505,70
1892	22 363 970,00	1 338 961,70	—	21 025 008,30	—	31 884,20	22 395 854,20
1893	27 912 706,37	5 207 092,61	—	22 705 613,76	—	108 338,52	28 021 044,89
1894	34 451 412,83	10 031 897,34	—	24 419 515,49	—	364 576,61	34 815 989,44
1895	41 829 540,30	15 332 798,94	—	26 496 741,36	219 345,32	631 788,93	42 680 674,55
1896	48 171 308,87	20 844 728,75	—	27 326 580,12	1 975 247,66	1 175 504,38	51 322 060,91
1897	54 617 289,77	27 061 334,74	—	27 555 955,03	3 390 931,16	1 885 610,15	59 893 831,08
1898	61 813 194,77	34 363 359,60	—	27 449 835,17	4 497 478,03	2 629 752,14	68 940 424,94
1899	69 194 021,67	42 368 463,24	—	26 825 558,43	5 446 146,82	4 016 457,51	78 656 626,00
1900	80 448 760,06	53 573 150,10	651 406,81	26 224 203,15	6 616 720,64	6 210 720,33	93 276 201,03
1901	90 977 028,68	rund: 65 000 000	rund: 1 300 000	rund: 24 700 000	6 925 166,13	7 912 219,85	105 814 414,66
1891—1901	547 078 366,18	etwa: 275 121 916,09	etwa: 1 951 406,81	etwa: 270 028 014,60	29 071 035,76	24 967 225,46	601 116 627,40

[1]) Bezüglich der Aufwendungen für Heilbehandlung fanden in den Jahren 1900 und 1901 die Angaben der „Statistik der Heilbehandlung" (A.N. d. R.V.A. 1. Beiheft 1902) Verwendung und nicht diejenigen der „Statistik der J.V." (A.N. d. R.V.A. 1. Beiheft 1901).

Tabelle

Von den im Jahre 1900 bezw. 1901 zugegangenen Renten (J.-, Kr.-, A.R.) entfallen

Alter zur Zeit der Rentenbewilligung		J.R. Von dem gesamten Zugang an J.R. Zahl	J.R. Jahresbetrag ℳ	J.R. Von 1000 der Zahl	J.R. Von 1000 des Jahresbetrags	Kr.R. Von dem gesamten Zugang an Kr.R. Zahl	Kr.R. Jahresbetrag ℳ	Kr.R. Von 1000 der Zahl	Kr.R. Von 1000 des Jahresbetrags
20—24	1900	2907	383543,40	23	22	678	89388,60	105	94
	1901	3390	450256,20	26	24	720	95733,60	97	85
25—29	1900	4670	657826,80	38	37	973	138784,20	151	145
	1901	5484	790891,20	43	42	1231	179168,40	167	160
30—34	1900	4603	665629,20	37	38	784	115042,20	121	121
	1901	4830	719568,60	37	38	935	142620,60	126	127
35—39	1900	5036	739584,60	40	42	816	123556,20	126	129
	1901	5457	826832,40	42	44	954	147241,20	129	131
40—44	1900	6354	936247,80	51	53	801	122200,80	124	128
	1901	6834	1036301,40	53	55	906	143319,60	123	128
45—49	1900	8288	1217883,00	67	69	765	117684,60	118	123
	1901	8556	1298166,00	66	69	842	132184,80	114	118
50—54	1900	12601	1849160,40	101	104	646	98411,40	100	103
	1901	13766	2084549,40	107	110	833	130535,40	113	117
55—59	1900	18245	2642014,80	147	149	578	86491,20	89	91
	1901	19381	2883921,00	150	152	580	90441,00	78	81
60—64	1900	24686	3504852,00	198	198	301	45054,60	47	47
	1901	25619	3741499,20	198	198	280	43068,00	38	38
65—69	1900	23946	3342767,40	192	189	104	15686,40	16	16
	1901	24143	3467033,40	187	183	102	15762,60	14	14
70	1900								
	1901								
71	1900								
	1901								
72	1900								
	1901								
73	1900								
	1901								
74	1900	13252	1756695,00	106	99	17	2476,20	3	3
	1901	11774	1610322,60	91	85	8	1252,20	1	1
75—79	1900								
	1901								
80—84	1900								
	1901								
85—89	1900								
	1901								
90 und mehr Jahre	1900								
	1901								
Zusammen	1900	124588	17696204,40	1000	1000	6463	954776,40	1000	1000
	1901	129234	18909341,40	1000	1000	7391	1121327,40	1000	1000

(The J.R. values for age 70 and over are bracketed together and printed in the 74 row.)

IV.

auf die nebenbezeichneten Alter:

A.R.			
Von dem gesamten Zugang an A.R.		Von 1000	
Zahl	Jahresbetrag	der Zahl	des Jahresbetrags
	M		
.	.	.	.
.	.	.	.
.	.	.	.
.	.	.	.
.	.	.	.
.	.	.	.
.	.	.	.
.	.	.	.
.	.	.	.
.	.	.	.
.	.	.	.
.	.	.	.
.	.	.	.
.	.	.	.
.	.	.	.
.	.	.	.
.	.	.	.
.	.	.	.
.	.	.	.
.	.	.	.
11491	1736727,60	581	603
10411	1596087,00	705	719
4743	677752,80	240	235
3006	439423,20	204	198
1384	187965,60	70	65
560	79323,00	38	36
641	85220,40	32	30
281	38725,80	19	17
412	53332,20	21	19
135	18568,20	9	8
857	107563,20	43	37
275	36780,60	19	17
216	26070,60	11	9
77	9595,20	5	4
43	5039,40	2	2
11	1353,60	1	1
3	327,60	—	—
3	331,20	0	0
19790	2879999,40	1000	1000
14759	2220187,80	1000	1000

Von den im Jahre 1899 am 31. Dezember laufenden Renten entfallen auf die nebenbezeichneten Alter:

Altersgruppen	J.R.		A.R.	
	absolut	%	absolut	%
	M		M	
20—25	2370	0,7	.	.
25—30	7541	2,3	.	.
30—35	8732	2,7	.	.
30—40	10066	3,1	.	.
40—45	12908	4,1	.	.
45—50	18462	5,8	.	.
50—55	28392	8,9	.	.
55—60	92431	13,3	.	.
60—65	60990	19,2	.	.
65—70	69349	22,1	.	.
70—75	46818	14,7	76307	39,8
75—80	7908	2,5	79669	41,5
80—85	1584	0,5	30490	15,9
85—90	} 225	} 0,1	4976	2,6
90—95			400	0,2
90—100			16	—
100 und darüber			4	—
Summe	317776	100	191862	100

Tabelle V.

Alter der Renten-empfänger in Jahren	Auf das nebenstehende Alter bei Rentenbeginn entfallen von 1000 bis Ende 1899 festgesetzten																	
	Invalidenrenten									Altersrenten								
	welche beginnen im Jahre																	
	1891	1892	1893	1894	1895	1896	1897	1898	1899	1891	1892	1893	1894	1895	1896	1897	1898	1899
20—24	15	16	23	28	28	31	31	28	23	.	.	.	.	.	.	.	.	.
25—29	19	25	31	37	36	37	40	39	35	.	.	.	.	.	.	.	.	.
30—34	26	31	36	38	38	40	39	38	34	.	.	.	.	.	.	.	.	.
35—39	34	38	44	46	47	48	47	45	38	.	.	.	.	.	.	.	.	.
40—44	53	55	60	60	56	54	54	54	46	.	.	.	.	.	.	.	.	.
45—49	70	69	77	81	78	80	77	77	68	.	.	.	.	.	.	.	.	.
50—54	102	104	114	116	112	113	107	103	100	.	.	.	.	.	.	.	.	.
55—59	148	143	148	150	156	153	150	148	146	.	.	.	.	.	.	.	.	.
60—64	225	204	198	196	200	199	203	200	208	.	.	.	.	.	.	.	.	.
65—69	272	263	225	206	205	193	188	183	200	.	.	.	.	.	.	.	.	.
70	22	37	33	31	32	39	52	73	90	172	881	896	673	866	846	844	854	867
71—74										526	93	96	231	128	145	152	140	129
75—79	13	11	9	9	10	11	10	10	10	245	20	7	76	5	7	3	5	3
80—84	1	3	2	2	2	2	2	2	2	51	5	1	18	1	2	1	1	1
85 und darüber	—	1	0	0	0	0	0	0	0	6	1	0	2	0	0	0	—	0

Tabelle VI.
Rentenempfänger nach Invaliditätsursache und Geschlecht[1]).

Invaliditätsursache[2])	Männlich	Weiblich	Männlich	Weiblich	Männlich	Weiblich
	Absolute Zahlen		Verhältniszahlen[3])		Reihenfolge der Invaliditätsursachen nach ihrer Häufigkeit	
I. Allgemeinerkrankungen:						
1. Entkräftung, Blutarmut, Altersschwäche	12284	5489	107	150	3	1
2. Gelenkrheumatismus und Gicht	7361	3142	64	86	4	3
3. Muskelrheumatismus	2628	770	23	21	14	14
4. Tuberkulose der Lungen	14002	2786	122	76	2	5
5. " anderer Organe	1050	374	9	10	21	22
6. Krebs rc.	1799	760	16	21	17	15
7. Sonstige Allgemeinleiden	683	231	6	6	25	25
II. Oertliche Krankheiten:						
8. Geisteskrankheiten	1373	467	12	13	18	20
9. Gehirnschlagfluß rc.	3366	893	29	24	10	13
10. Epilepsie und verwandte Formen	881	357	8	10	23	23
11. Krankheiten des Rückenmarks	2906	513	25	14	12	18
12. " einzelner Nerven und Nervenbezirke	2294	974	20	27	16	12
13. " der Augen	5288	2291	46	63	7	7
14. " der Ohren	423	187	4	5	27	26
15. " der Atmungswege	4977	984	44	27	8	11
16. " des Brustfells	539	83	5	2	26	27
17. " der Lunge (ausschließlich Tuberkulose)	23507	4524	205	124	1	2
18. " des Herzens und der großen Blutgefäße	5959	3029	52	83	6	4
19. Sonst. Krankheiten der Blutgefäße, Lymphgefäße und -drüsen	965	587	8	16	22	17
20. Krankheiten des Magens	3628	1150	32	32	9	9
21. Darm-, Leber- und Milzkrankheiten	1233	404	11	11	20	21
22. Krankh. d. sonst. Verdauungsorgane	218	37	2	1	28	28
23. Unterleibsbrüche	3020	485	26	13	11	19
24. Krankheiten der Nieren	1281	297	11	8	19	24
25. Harn- und Geschlechtskrankheiten	826	1448	7	40	24	8
26. Krankheiten der Haut und des Unterhautzellgewebes	2093	1092	23	30	15	10
27. Krankheiten der Bewegungsorgane	6733	2463	59	68	5	6
III. Mechanische Verletzungen:						
28. Folgen mechanischer Verletzungen	2764	685	24	19	13	16
Zusammen	114581	36502	1000	1000		

1) Vergl. A.N. d. R.V.A.: Statistik der Ursachen der Erwerbsunfähigkeit.

2) Die Scheidung der Krankheiten, die zur Invalidität geführt haben, in zusammen 28 Gruppen geschah seitens des R.V.A. nach Benehmen mit dem Kaiserl. Gesundheitsamt und den Vorständen der J.V.Anst. Sie stimmt in der Reihenfolge der Gruppen völlig mit der Klassifikation J. Bertillons bezüglich der Todesursachen überein. Das Prinzip, das ihr zu Grunde liegt, ist Klassifizierung der Krankheiten „d'après leur siège anatomique et non d'après leur nature“ (J. Bertillon). (Vergl. Jaques Bertillon: „Sur une nomenclature des causes de décès.“ Bulletin de l'institut international de statistique. Tome XII p. 270 ff.; ferner Tome VIII p. 304 ff.)

3) Da diese Verhältniszahlen Gliederungszahlen sind, so folgt noch nicht mit absoluter Genauigkeit aus deren Höhe die entsprechende größere oder geringere Häufigkeit der betreffenden Krankheiten, welche Invalidität verursacht haben; besser wären Verhältniszahlen, die in Beziehung gesetzt wären zu der Anzahl der Versicherten. Immerhin ergeben erstere einen allgemeinen Ueberblick über die Invaliditätsursachen.

Tabelle VII.

Jahr	Aufwendungen an Beitragserstattungen[1]) in den Jahren:					An Erstattungsansprüchen[1]) wurden anerkannt in den nebenbezeichneten Jahren:				
	in Fällen von Verheiratung	in Todesfällen	zusammen	Von 100 M erstatteten Beiträgen entfallen auf		in Fällen von Verheiratung	in Todesfällen	zusammen	Von 1000 bewilligten Beitragserstattungen entfallen auf	
				Fälle von Verheiratung	Todesfälle				Fälle von Verheiratung	Todesfälle
	M	M	M			M	M	M		
1895	158562,76	60782,56	219345,32	72	28	8245	2271	10516	784	216
1896	1458073,59	517174,07	1975247,66	74	26	63444	16766	80210	791	209
1897	2587407,05	803524,11	3390931,16	76	24	99805	22537	122342	816	184
1898	3461341,36	1036136,67	4497478,03	77	23	121977	25811	147788	825	175
1899	4103080,00	1343066,82	5446146,82	75	25	135097	30367	165464	816	184
1900	4964678,00	1675377,94	6640055,94	75	25	156188	34127	190315	821	179
1901	5209167,52	1758158,94	6967326,46	75	25	158111	32258	190369	835	165
Zusammen	21942310,28	7194221,11	29136531,39	75	25	742867	164137	907004[1])	819	181

[1]) Ohne die Erstattungen für Unfälle.

Tabelle VIII.

Auf die nebenbezeichneten Alter kommen (1900 bezw. 1901):

Alter zur Zeit der Rentenbewilligung		Von der Gesamtheit der Erstattungen in Fällen von Verheiratung		Von 1000 der Erstattungen		Von der Gesamtheit der Erstattungen in Unfällen		Von 1000 der Erstattungen		Von der Gesamtheit der Erstattungen in Todesfällen		Von 1000 der Erstattungen	
		Zahl	Betrag	der Gesamtzahl	des Betrags	Zahl	Betrag	der Gesamtzahl	des Betrags	Zahl	Betrag	der Gesamtzahl	des Betrags
			M		M		M		M		M		M
unter 20	1900	3	61,00	0	0	—	—	—	—	—	—	—	—
	1901	1	15,00	0	0	—	—	—	—	—	—	—	—
20—24	1900	66004	1796619,27	423	361	4	137,00	17	12	392	12381,00	11	7
	1901	66334	1797281,26	420	345	13	367,00	36	19	346	11367,00	11	6
25—29	1900	65609	2282283,13	420	460	16	541,00	68	49	1928	81070,62	57	48
	1901	67565	2457600,76	427	472	41	1673,00	114	88	2023	92860,00	63	53
30—34	1900	16645	599379,60	107	121	24	1113,00	103	101	3040	146230,46	89	87
	1901	16124	631620,50	102	121	45	2234,00	125	117	2917	153491,50	90	87
35—39	1900	4879	178291,00	31	36	34	1708,00	145	154	3769	192257,09	110	115
	1901	5127	204841,00	32	39	39	220,00	108	116	3724	211188,05	115	120
40—44	1900	1899	70823,00	12	14	33	1644,00	141	148	4595	235552,43	135	141
	1901	1872	74729,00	12	14	36	2048,00	100	107	4336	247600,10	134	141
45—49	1900	772	28483,00	5	6	23	1129,00	98	102	4628	236337,81	136	141
	1901	718	28935,00	5	6	41	2212,00	114	116	4302	243914,00	133	139
50—54	1900	270	9902,00	2	2	28	1276,00	120	115	4857	246723,31	142	147
	1901	278	10700,00	2	2	31	1839,00	86	96	4467	250946,79	139	143
55—59	1900	87	3174,00	0	0	26	1257,00	111	113	4438	219099,12	130	131
	1901	76	2844,00	0	1	34	1960,00	95	103	4187	230837,50	130	131
60—64	1900	14	505,00	0	0	26	1287,00	111	116	3581	172534,60	105	103
	1901	16	601,00	0	0	42	2344,00	117	123	3327	180412,00	103	103
65—69	1900	6	159,00	0	0	14	741,00	60	67	2430	114894,50	71	69
	1901	—	—	—	—	30	1747,00	83	92	2219	117047,00	69	67
70 u. mehr Jahre	1900	—	—	—	—	6	251,00	26	23	469	18297,00	14	11
	1901	—	—	—	—	8	449,00	22	23	410	18495,00	13	10
Zusammen	1900	156188	4964678,00	1000	1000	234	11084,00	1000	1000	34127	1675377,44	1000	1000
	1901	158111	5209167,52	1000	1000	360	19083,00	1000	1000	32258	1758158,94	1000	1000

Tabelle

Umfang und Kosten

In den Jahren	Ständig behandelte Personen														
	I. Art der Heilbehandlung von Personen, welche														
I.	Kranken-häusern		Heilanstalten, Luftkurorten		Genesungs-heimen, Rekonvaleszentenanstalten		Bädern		Privatpflege, Landaufenthalt, eigener Wohnung		nicht näher bezeichneten Heilstätten 2c. 2c.		Summe		
	absolut	%[2]	absolut	%[2]	absolut	%[2]	absolut	%[2]	absolut	%[2]	absolut	%[2]	männlich	weiblich	zusammen
1901	481	3,3	11816	80,6	125	0,9	2206	15	21	0,1	7	0,05	10812	3844	14656
1900	653	5,9	8942	80,6	30	0,3	1431	12,9	35	0,3	3	0,03	8442	2652	11094
1899	437	5,7	6303	81,8	56	0,8	873	11,3	29	0,4	—	—	6032	1666	7698
1898	324	6,6	3958	80,6	89	1,8	523	10,7	9	0,2	7	0,1	3806	1104	4910
1897	—	—	—	—	—	—	—	—	—	—	—	—	2598	736	3334
1897 bis 1901													31690	10002	41692
II.	II. Art der Heilbehandlung von Versicherten, welche mit														
1901	7538	49,9	923	6,8	2103	13,9	4316	28,4	292	1,9	13	0,09	9176	6009	15185
1900	7327	52,2	1049	7,5	1035	7,4	4272	30,4	331	2,4	17	0,1	8755	5276	14031
1899	5913	55,4	796	7,5	568	5,2	3070	28,9	309	2,9	16	0,1	6870	3802	10672
1898	4130	55,0	397	5,3	846	11,1	2059	27,4	35	0,5	47	0,7	5025	2489	7514
1897	—	—	—	—	—	—	—	—	—	—	—	—	4082	1806	5888
1897 bis 1901													33908	19382	53290
I + II													65598	29384	94982

In den Jahren	Ueberhaupt behandelte Personen I + II					
	in ständiger Heilbehandlung			in nichtständiger Heilbehandlung		
	männlich	weiblich	überhaupt	männlich	weiblich	überhaupt
1901	19988	9853	29841	2015	854	2869
1900	17197	7928	25125	1749	553	2302
1899	12902	5468	18370	1339	330	1669
1898	8831	3593	12424	1131	203	1334
1897	6680	2542	9222	1147	195	1342
1896	—	—	—	—	—	—
1895	—	—	—	—	—	—
1894	—	—	—	—	—	—
1893	—	—	—	—	—	—
1892	—	—	—	—	—	—
1891	—	—	—	—	—	—
1891 bis 1901	—	—	—	—	—	—

1) Die Abweichung der Kosten für Heilverfahren in dieser Tabelle von den in der Tabelle III angegebenen hat seinen Grund „Statistik der J V." verwandt wurden. Die Abweichungen beider Angaben erklären sich daraus, daß in der „Statistik der Heil- Fälle einschließlich einer Verzinsung mit 3% der in eigenen Heilstätten der V Anst. und K.E angelegten Kapitalien darstellen, also teil-

2) = vom Hundert der in dem betreffenden Jahre ständig behandelten Lungentuberkulösen bezw. an anderen Krankheiten

3) = vom Hundert der in dem betreffenden Zeitraume für Behandlung von Personen der bezeichneten Krankenkategorien

IX.

der Heilbehandlung.

Nicht ständig behandelte Personen			Behandelte Personen überhaupt			Kostenaufwand				
an Lungentuberkulose erkrankt waren, in										
						bei ständig behandelten Personen		bei nichtständig behandelten Personen		überhaupt
männlich	weiblich	zusammen	männlich	weiblich	zusammen	absolut	% [3])	absolut	% [3])	
						ℳ		ℳ		ℳ
50	51	101	10862	3895	14757	5034796,63	99,93	3954,76	0,07	5038751,39
27	29	56	8469	2681	11150	3765162,89	99,96	1598,89	0,04	3766761,78
42	19	61	6074	1685	7759	2401657,34	99,88	3379,66	0,12	2405037,00
16	11	27	3822	1115	4937	1546758,75	99,90	1605,35	0,10	1548364,10
27	13	40	2625	749	3374	1024507,28	99,75	2589,12	0,25	1027096,40
162	123	285	31852	10125	41977	13772882,89	99,91	13127,78	0,09	13786010,67
anderen Krankheiten als Lungentuberkulose behaftet waren:										
1965	803	2768	11141	6812	17953	2783827,59	96,88	89640,87	3,12	2873468,46
1722	524	2246	10477	5800	16277	2389065,71	97,76	54892,84	2,24	2443958,55
1297	311	1608	8167	4113	12280	1611521,77	97,56	40416,42	2,44	1651938,19
1115	192	1307	6140	2681	8821	1196231,94	97,98	24734,19	2,02	1220966,13
1120	182	1302	5202	1988	7190	959405,08	97,50	24647,27	2,50	984052,35
7219	2012	9231	41127	21394	62521	8940052,09	97,45	234331,59	2,55	9174383,68
7381	2135	9516	72979	31519	104498	22712934,98	98,93	247459,37	1,07	22960394,35

Summe			Summe der Heilbehandlungskosten I + II		
männlich	weiblich	überhaupt	bei der ständigen Heilbehandlung	bei der nichtständigen Heilbehandlung	Summe
22003	10707	32710	7818624,22	93595,63	7912219,85
18946	8481	27427	6154228,60	56491,73	6210720,33
14241	5798	20039	4013179,11	43796,08	4056975,19
9962	3796	13758	2742990,69	26339,54	2769330,23
7827	2737	10564	1983912,36	27236,39	2011148,75
—	—	—	—	—	1175504,38
—	—	—	—	—	631788,93
—	—	—	—	—	364576,61
—	—	—	—	—	108338,52
—	—	—	—	—	31884,20
—	—	—	—	—	372,84
—	—	—	—	—	25272859,83

darin, daß in der ersteren überall die Zahlen der „Statistik der Heilbehandlung", dagegen in der letzteren bis 1899 die Angaben der behandlung" die daselbst als Kosten des Heilverfahrens angegebenen Zahlen die Kosten der in den betreffenden Jahren abgeschlossenen weise bereits im Vorjahre verausgabte Beträge und andererseits nicht sämtliche in dem betr. Jahre gemachten Aufwendungen enthalten.
leidenden Personen.
aufgewandten Kosten.

Tabelle X.

	Ständige Heilbehandlung									
	Lungentuberkulose					Andere Krankheiten				
	1897	1898	1899	1900	1901	1897	1898	1899	1900	1901
	M	M	M	M	M	M	M	M	M	M
1. Kostenaufwand für eine behandelte Person										
a) bei Männern und Frauen zusammen	307,29	315,02	311,98	339,39	343,53	162,44	159,20	151,00	170,27	183,33
b) bei Männern allein	295,24	307,50	310,31	345,13	348,58	168,79	166,57	156,47	177,59	188,11
c) bei Frauen allein	249,83	340,95	318,04	321,12	329,34	149,73	144,32	141,13	158,13	176,02
2. Kostenaufwand für einen Verpflegungstag										
a) bei Männern und Frauen zusammen	4,05	4,18	4,20	4,57	4,60	3,07	3,16	3,04	3,41	3,60
b) bei Männern allein	4,05	4,20	4,25	4,78	4,82	3,25	3,35	3,26	3,62	3,79
c) bei Frauen allein	4,04	4,12	4,03	4,00	4,03	2,69	2,78	3,68	3,07	3,34
3. Zahl der Verpflegungstage für eine behandelte Person	Tage	Tage	Tage	Tage	Tage	Tage	Tage	Tage	Tage	Tage
a) bei Männern und Frauen zusammen	76	75	74	74	75	53	50	50	50	51
b) bei Männern allein	73	73	73	72	72	52	50	48	49	50
c) bei Frauen allein	87	83	79	80	80	56	52	53	52	53

	Nichtständige Heilbehandlung									
	Lungentuberkulose					Andere Krankheiten				
	1897	1898	1899	1900	1901	1897	1898	1899	1900	1901
	M	M	M	M	M	M	M	M	M	M
Kostenaufwand für eine behandelte Person										
a) bei Männern und Frauen zusammen	64,73	59,46	55,40	28,55	39,16	18,93	18,92	25,13	24,44	32,38
b) bei Männern allein	61,52	41,54	57,38	37,94	59,27	17,17	17,00	23,13	21,69	29,00
c) bei Frauen allein	71,40	85,51	51,03	19,81	19,43	29,75	30,09	33,48	33,48	40,66

Tabelle XI[1].

Krankheitsgruppen und Geschlecht der ständig behandelten Personen	Auf 100 ständig behandelte Personen					Auf 100 ständig behandelte und kontrolierte Personen														
	wurde bei Abschluß des Heilverfahrens Heilerfolg erzielt, so daß Invalidität in absehbarer Zeit nicht zu besorgen war					hat der														
						1897					1898				1899			1900		1901
	im Jahre					erzielte Heilerfolg gedauert bis zum Schluß des Jahres														
	1897	1898	1899	1900	1901	1897	1898	1899	1900	1901	1898	1899	1900	1901	1899	1900	1901	1900	1901	1901
A. bei den wegen Lungentuberkulose behandelten Personen und zwar:																				
a) bei Männern und Frauen zusammen . .	68	74	74	72	77	62	44	30	30	27	68	45	39	34	67	48	41	66	50	72
b) Männer allein	68	74	74	72	77	61	42	25	28	25	68	44	38	33	67	48	40	66	49	72
c) Frauen allein	68	73	73	72	77	64	50	35	36	32	69	49	43	40	67	51	44	67	52	73
B. bei den wegen anderer Krankheiten als Lungentuberkulose behandelten Personen u. zwar:																				
a) bei Männern und Frauen zusammen . .	69	73	71	72	74	59	44	39	36	34	66	48	44	41	61	47	43	64	50	68
b) Männer allein	69	73	71	71	73	60	45	39	36	34	66	48	43	40	60	47	42	62	49	67
c) Frauen allein	67	72	69	74	75	58	43	39	35	35	66	50	45	43	62	48	44	66	52	69

[1]) Vergl.: „Statistik der Heilbehandlung a. a. O." S. 27.

Tabelle XII.

Vermögen und Anlage des Vermögens der Versicherungsträger							
in den Jahren	Gesamtvermögen ausschließlich Inventar	Barbestände		in Wertpapieren und Darlehen angelegte Kapitalien		in Grundstücken angelegte Kapitalien	
		absolut	‰	absolut	‰	absolut	‰
	M	*M*		*M*		*M*	
1891	81619054,90	1084952,57	13	78221010,92	958	2313091,41	29
1892	162981163,66	4847781,76	29	152867588,70	938	5265793,20	33
1893	244932430,24	5862865,92	24	231231171,16	966	7838393,16	10
1894	328830703,55	9753930,14	30	310239056,86	943	8837716,55	27
1895	413145354,38	9024077,93	22	394623921,01	955	9497355,44	23
1896	499284214,01	8003264,09	16	481422392,74	964	9858557,18	20
1897	585199719,50	6760436,32	12	567031201,40	969	11408081,78	19
1898	671911783,78	8178207,76	12	651280346,59	969	12453229,43	19
1899	762750402,36	13808349,78	18	732785663,08	961	16156389,50	21
1900	845759050,99	13592795,75	16	809879694,32	958	22286560,92	26
1901	929162180,19	13851114,89	15	883917525,62	951	31393539,68	34

Tabelle XIII.

Leistungen der Arbeiterversicherung[1]) im Jahre 1901.

	Leistungen	Kr.Vers.	U.Vers.	J.Vers.	Arb.Vers.
I.	Versicherte Personen .	10316125	18866712[2])	13274000	Gesamtbevölkerung Ende 1901 etwa 57 Millionen
		M	M	M	M
II.	Einnahmen	183688628	144578695,01	165654390,58	493921713,59
III.	Ausgaben	178039195	123278560,68	82251261,38	383569017,06
IV.	Vermögen (Ende 1901)	163013163	182597025,71	929250742,73	1274860931,44
V.	Entschädigungsleistungen	163355589	98555868,57	105814414,66	367725872,23
VI.	Verwaltungskosten . .	10281573	9335133,77	10850615,73	30467322,50
VII.	Auf einen Fall kamen Entschädigungsleistungen in M	45,16	150,47	Renten: J.R. 146,32, K.R. 151,72, A.R. 150,43; Beitragserstattungen bei: Heir. 32,95, Unf. 53,01, Tod 54,50	
VIII.	Auf 1 M Verwaltungskosten kamen Entschädigungen . . .	15,92	10,56	9,75	
IX.	Auf 100 M Ausgaben kamen Einnahmen .	103	117	201	

[1]) Siehe A.N. d. R.V.A. 1903 Nr. 1 und „Vierteljahrshefte zur Statistik des deutschen Reichs" 12. Jahrg. 2. Heft; vergl. auch Dr. Zacher: „Leitfaden zur Arb.Vers. d. D. R." (i. A. d. R.V.A. zusammengestellt).

[2]) Hier dürften $1^1/_2$ Millionen Personen doppelt erscheinen, die gleichzeitig in gewerbl. und landw. Betrieben beschäftigt und versichert waren.

J. Schweitzer Verlag (Arthur Sellier) München

Becher, Dr. H., K. Landgerichtsrat in München.

Die Ausführungsgesetze zum Bürgerlichen Gesetzbuche. Sammlung der von den Bundesstaaten zur Ausführung des Bürgerlichen Gesetzbuchs und seiner Nebengesetze erlassenen Gesetze und mit Gesetzeskraft versehenen Verordnungen. Gr. 8°. 2 Bände und ein Ergänzungsband mit einem Gesamtregister (215 Bogen). **Mk. 32.60;** in Halbfranz gebunden **Mk. 38.50.**

Jaeger, Dr. E., ord. Professor in Würzburg.

Das Bürgerliche Gesetzbuch mit Nebengesetzen und einem Gesamtregister für den akademischen und praktischen Gebrauch.

Erschienen sind die Ausgaben für:

Das Deutsche Reich 30 Reichsgesetze. (IV, 801 S.) In Ganzleinen geb. **Mk. 6.—.**

Das Königreich Preussen 70 Gesetze. (VIII, 1408 S.) In Halbfranz geb. **Mk. 11.—.**

Das Königreich Bayern 60 Gesetze. (VIII, 1376 S.) In Halbfr. geb. **Mk. 10.50.**

Das Königreich Sachsen 70 Gesetze. (VIII, 1370 S.) In Halbfr. geb. **Mk. 11.—.**

Das Grossherzogtum Baden 70 Gesetze. (VIII, 1330 S.) In Halbfr. geb. **Mk. 11.—.**

Die Reichslande Elsass-Lothringen 65 Ges. (VIII, 1289 S. In Halbfr. geb. **Mk. 11.—.**

Soeben erschien: **Nachtrag zur Ausgabe für Bayern** mit 23 Gesetzen, Verordnungen etc. gr. 8°. (IV, 277 S.) In Halbleinen gebunden **Mk. 3.50.**

Meikel, Gg., K. II. Staatsanwalt in München.

Das Bürgerliche Gesetzbuch für das Deutsche Reich nebst Einführungsgesetz mit Wiedergabe der verwiesenen Paragraphen und ausführlichem Sachregister. gr. 8°. (38 Bogen.) In Ganzleinen gebd. **Mk. 3.60.**

Dasselbe, Ausgabe auf Schreibpapier mit breiten Rändern. 4°. geb. **Mk. 6.—.**

Maenner, K., Reichsgerichtsrat in Leipzig.

Das Recht der Grundstücke nach dem bürgerlichen Gesetzbuche und der Grundbuchordnung für das Deutsche Reich. gr. 8°. (VIII, 408 S.) 1899. Broschiert **Mk. 9.—,** in Halbfranz gebd. **Mk. 11.—.**

Müller, Dr. Ernst, K. Landgerichtsrat u. Mitglied des Reichstages für Meiningen.

Das Deutsche Urheber- und Verlagsrecht I. Band: 1. Teil: **Das Reichsgesetz betr. das Urheberrecht an Werken der Literatur und Tonkunst.** 2. Teil: **Die internationalen Urheberrechtsbeziehungen des Deutschen Reichs.** 3. Teil: **Das Reichsgesetz betr. das Verlagsrecht.** Mit Erläuterungen und ausführlichem Sachregister. 8°. (VIII, 425 S.) 1901. Brosch. **Mk. 7.—,** in Ganzleinen gebd. **Mk. 8.20.**

Band II wird das **künstlerische und photographische Urheberrecht** sowie das **Geschmacksmustergesetz** nach ihrer Neubearbeitung umfassen.

Die Bände sind **einzeln** käuflich.

Schweitzers altes und neues Handelsgesetzbuch (mit Seerecht) nebst Einführungsgesetz. **Vergleichende Textausgabe** mit alphabetischem Sachregister. In Ganzleinen gebd. **Mk. 3.50.**

Schweitzers alte und neue Civilprozessordnung und Gerichtsverfassungsgesetz. **Vergleichende Textausgabe** mit alphabetischem Sachregister. In Ganzleinen gebd. **Mk 3.—.**

Schweitzers alte und neue Konkursordnung nebst den zugehörigen Einführungsgesetzen und Gesetz betr. die Anfechtung von Rechtshandlungen eines Schuldners ausserhalb des Konkursverfahrens. **Vergleichende Textausgabe** mit alphabetischem Sachregister. In Ganzleinen gebd. **Mk. 1.50.**

J. Schweitzer Verlag (Arthur Sellier) München

Bonschab, Fr., Direktor der Bayer. Landwirtschaftsbank.

Das Reichsgesetz, betr. die Erwerbs- und Wirtschaftsgenossenschaften, vom 1. Mai 1889. In der Fassung des gemäss Art. 13 des Einführungsgesetzes zum Handelsgesetzbuch vom 10. Mai 1897 revidierten Textes. 8°. (VIII, 134 S.) 1899. Gebd. **Mk. 3.—.**

Bonschab, Fr.

Hypothekenbankgesetz vom 13. Juli 1899. Handausgabe mit Erläuterungen und ausführlichem Sachregister. 8°. (VIII, 69 S.) 1899. Gebd. **Mk. 1.80.**

Bonschab, Fr.

Gesetz, betr. die gemeinsamen Rechte der Besitzer von Schuldverschreibungen. Handausgabe mit Erläuterungen und ausführlichem Sachregister. 8°. (XII, 35 S.) 1900. Gebd. **Mk. 1.—.**

Schweyer, Dr. Fr., K. Bezirksamtsassessor.

Bankdepotgeschäfte in geschichtlicher, wirtschaftlicher und rechtlicher Beziehung dargestellt. gr. 8°. (VI, 171 S.) 1899. **Mk 3.50.**

Hermann, J., Rechtsanwalt.

Civilrechtliche Fristen und Verjährungen der Deutschen Reichsgesetze. 8°. (485 S.) In Ganzleinen gebd. **Mk. 8.—.**

Wochinger, K., K. Amtsgerichtssekretär in Nürnberg.

Die Prozessgebührengesetze für das Deutsche Reich in der Neutextierung vom 20. Mai 1898, umfassend: **Das Gerichtskostengesetz, die Gebührenordnung für Zeugen und Sachverständige, die Gebührenordnung für Gerichtsvollzieher, die Gebührenordnung für Rechtsanwälte.** Handausgabe mit Erläuterungen, Tabellen und ausführlichem Sachregister. 8°. (VIII, 295 S.) In Ganzleinen gebd. **Mk. 4.20.**

Keidel, Fr., K. Amtsrichter in München.

Gesetz über die Angelegenheiten der freiwilligen Gerichtsbarkeit vom 17. Mai 1898. Handausgabe mit Erläuterungen und ausführlichem Sachregister. 8°. (XII, 190 S.) 1898. In Ganzleinen gebd. **Mk. 3.20.**

Bloch, Dr. Ed., Rechtsanwalt in München.

Der kaufmännische Lehrvertrag. Auf Grund des H.G.B. vom 10. Mai 1897 und des B.G.B. 1898. **Mk. —.60.**

Neumeyer, Dr. K., Privatdozent in München.

Die gemeinrechtliche Entwickelung des internationalen Privat- und Strafrechts bis Bartolus. Erstes Stück: **Die Geltung der Stammesrechte in Italien.** Gr. 8°. (VII, 313 S.) 1901. Broschiert **Mk. 8.—.**

Allfeld, Dr. Ph., ord. Professor an der Universität Erlangen.

Die Strafgesetzgebung des Deutschen Reichs. Sammlung aller Reichsgesetze strafrechtlichen und strafprozessualen Inhalts mit einem Gesamtregister. Für den akademischen Gebrauch und die Praxis. = Vollständige Ausgabe mit Nachtrag. = gr. 8°. (XII. u. 1349 S.) In Halbfranz geb. **Mk. 11.50;** enthält 152 Gesetze.

J. Schweitzer Verlag (Arthur Sellier) München

Rehm, Dr. Hermann, Univ.-Prof. in Strassburg.

Die Bilanzen

der Aktiengesellschaften und Gesellschaften m. b. H., Kommanditgesellschaften auf Aktien, eingetragenen Genossenschaften, Versicherungsvereine auf Gegenseitigkeit, Hypotheken- und Notenbanken und Handelsgesellschaften überhaupt

nach deutschem und österreichischem

Handels-, Steuer-, Verwaltungs- und Strafrecht.

Lex. 8°. (XX und 938 S.)

Preis: **ungebd. Mk. 27.—, in Halbfranz gebd. Mk. 30.—.**

Urteile.

Der Aktionär, Nr. 2906 vom 22. Oktober 1903:

Ein ebenso theoretisch bedeutendes wie praktisch überaus wertvolles umfangreiches Werk, das wohl zum erstenmal überhaupt in erschöpfender Weise eine wissenschaftliche, systematische Darstellung von Bilanzhandelsrecht, sowie von öffentlichem Bilanzrecht, von Bilanzsteuerrecht, Bilanzverwaltungsrecht und Bilanzstrafrecht gibt . . .

. . . Das Buch wird sicherlich dazu beitragen, dass in den Kreisen des geschäftlichen Lebens mehr als bisher die Wissenschaft sich Bahn bricht, indem es zu einem standard work für jede Handelsgesellschaft wird. (Dr. A. Manes.)

Deutsche Juristenzeitung, 1903, Nr. 21:

Mit grossem Verständnis behandelt Rehms Werk alle Bilanzfragen vom buchtechnischen, zivilrechtlichen und steuerrechtlichen Standpunkte. Es enthält eine wahre Fundgrube zur Lösung von Einzelfragen auf diesem wichtigen Gebiete. (Staub.)

J. Schweitzer Verlag (Arthur Sellier) München

Im Erscheinen ist begriffen:
Die **zweite** vollständig umgearbeitete **Auflage** von

J. v. Staudinger's
Kommentar zum Bürgerlichen Gesetzbuch

und dem Einführungsgesetz

herausgegeben von

Dr. Theodor Loewenfeld, Univ.-Professor und Rechtsanwalt in München
Dr. Erwin Riezler, Professor an der Universität Freiburg i. B.
Philipp Mayring, k. Oberlandesgerichtsrat in München
Karl Kober, k. Landgerichtsrat in München
Dr. Theodor Engelmann, k. Landgerichtsrat in München
Dr. Felix Herzfelder, Rechtsanwalt in München
Joseph Wagner, k. Oberlandesgerichtsrat in Augsburg.

Die bis Ende 1903 ausgegebenen 9 Lieferungen enthalten:
Einleitung und Allgemeiner Teil (§§ 1—110) erläutert von Prof. Dr. Loewenfeld und Prof. Dr. Riezler. Preis **Mk. 7.—,**
Sachenrecht erläutert von K. Kober (vollständig). Gr. 8°. (VIII, 664 S.) Brosch. **Mk. 15.—,** geb. in eleg. Halbfranz **Mk. 17.50,**
Familienrecht (§§ 1297—1493) erläutert von Dr. Th. Engelmann.

Der Schluss des Allgemeinen Teils und des Familienrechts wird demnächst folgen.

Vom **Erbrecht** gelangt anfangs 1904 eine grössere Lieferung zur Ausgabe.

Der Staudingersche Kommentar, dessen erste Auflage in verhältnismässig kurzer Zeit, noch vor ihrer Vollendung, vergriffen war, hat es von allen grossen Kommentaren zum BGB. zu allererst erreicht, in allen Teilen in zweiter Auflage zu erscheinen. Diese Tatsache ist die beste Bestätigung der überaus freundlichen Aufnahme, die dem Kommentar bei Publikum und Kritik zu teil geworden ist.

Besonderes Augenmerk ist in der neuen Auflage der landesrechtlichen Ausführungsgesetzgebung zugewendet worden. Die Ausführungsgesetze von Preussen, Bayern, Sachsen, Württemberg und Baden sind ständig, die der übrigen Bundesstaaten, soweit es die Wichtigkeit der einzelnen Materie erheischte, in Berücksichtigung gezogen; daneben ist auch der Vergleichung des neuen Rechtes mit dem bisherigen Rechtszustand in erweitertem Umfange Rechnung getragen worden.

Der Gesamtpreis der 2. Auflage wird etwa Mk. 80.— betragen.
Zu jedem Bande werden geschmackvolle Halbfranzdecken ausgegeben.

Archiv für bürgerliches Recht 1901:
. . . Die Erörterungen sind durch Ausgiebigkeit, Scharfsinn und Selbständigkeit so ausgezeichnet, dass sie hinter keinem der anderen Kommentare über die behandelten Paragraphen zurückstehen, die meisten erheblich übertreffen.

Centralblatt für Rechtswissenschaft (1903), 11/12. Heft:
. . . Der Kommentar ist dem Planckschen durchaus ebenbürtig. Es unterliegt keinem Zweifel, dass er gleich diesem ausgezeichneten Werke zu den standard works der deutschen Juristenwelt zählen wird. Schück.

J. Schweitzer Verlag (Arthur Sellier) München

Oefele, F. X., K. Regierungsrat in Landshut, Vorsitzender des Schiedsgerichts für Arbeiterversicherung in Niederbayern.

Das Gewerbe-Unfallversicherungsgesetz und das Bau-Unfallversicherungsgesetz nach dem Gesetze betr. die Abänderung der Unfallversicherungsgesetze vom 30. Juni 1900. Lex. 8°. (VIII, 447 S.) 1902. In Ganzleinen gebd. **Mk. 10.—.**

Lass, Dr. jur. Ludw., Kaiserl. Regierungsrat im Reichsversicherungsamt zu Berlin.

Maier, Dr. jur. Rud., Referent im Kaiserl. Aufsichtsamt für Privatversicherung.

Haftpflichtrecht und Reichsversicherungsgesetzgebung. Zum praktischen Gebrauche bearbeitet. **Zweite völlig umgearbeitete Auflage.** Gr. 8°. (XX, 303 Seiten.) 1902. Brosch. **Mk. 7.20**; in Ganzleinen gebd. **Mk 8.20.**

Frankenburger, Dr. Heinrich, Rechtsanwalt in München.

Handelsgesetzbuch für das Deutsche Reich (mit Ausnahme des Seerechts) nebst dem Einführungsgesetze. Handausgabe mit Erläuterungen und ausführlichem Sachregister. **2. vollständig umgearbeitete Auflage.** 8°. (XI, 724 S.) 1902. In Ganzleinen gebd. **Mk. 8.60.**

Augsburger Abendzeitung. 1902. Nr. 225 vom 16. 8.

. . . . Das Buch ist nun die aktuellste Ausgabe unserer Handelsgesetzgebung und hat den Vorzug, dass es in sorgfältiger, gründlicher und doch kurzer Weise die gesamte Literatur und Judikatur bis in die allerjüngste Zeit verwertet.

Leo, Dr. Martin, Rechtsanwalt in Hamburg.

Seehandelsrecht (Handelsgesetzbuch; Buch IV, Seehandel, in der Fassung des Ges. v. 10. Mai 1897 und des Abänderungsgesetzes vom 2. Juni 1902) nebst einem Anhang, enthaltend die Nebengesetze. Handausgabe mit Erläuterungen und ausführlichem Sachregister. 8°. (X, 417 S.) 1902. In Ganzleinen gebd. **Mk. 7.60.**

Meyer, K., k. Landgerichtsrat in München.

Die Konkursordnung für das Deutsche Reich nebst den zugehörigen Einführungsgesetzen und das Reichsgesetz, betr. die Anfechtung von Rechtshandlungen eines Schuldners ausserhalb des Konkursverfahrens in der Fassung vom 20. Mai 1898. Handausgabe mit Erläuterungen, ausführlichem Sachregister und einem Anhang. 8°. (VIII, 459 S.) In Ganzleinen gebd. **Mk. 6.—.**

Kahn, Dr. Jul., Rechtsanwalt und Sekretär der Handels- und Gewerbekammer für Oberbayern.

Das Gesetz zur Bekämpfung des unlauteren Wettbewerbes vom 27. Mai 1896. Handausgabe mit Anmerkungen. 8°. (IV, 115 S.) 1896. In Ganzleinen gebd. **Mk. 2.40.**

Rehm, Dr. Herm., Univ.-Prof. in Strassburg i. E.

Die Reichsfinanzreform ihre Gründe und ihre Durchführung. gr. 8°. (41 S.) 1903. Brosch. **Mk. 1.—.**

K. b. Hof- und Univ.-Buchdruckerei von Junge & Sohn in Erlangen.

www.ingramcontent.com/pod-product-compliance
Lightning Source LLC
LaVergne TN
LVHW060621300926
849162LV00008B/1681